Studienkurs Sozialwirtschaft

Lehrbuchreihe für Studierende der Sozialwirtschaft und des Sozial-managements an Universitäten und Hochschulen.

Praxisnah und verständlich führen die didaktisch aufbereiteten Bände in die zentralen Felder der Sozialwirtschaft und des Sozial-managements ein: sozialwirtschaftliche Organisationen und Unter-nehmensformen, Personalmanagement, Qualitätsmanagement, Wissensmanagement, Management des Wandels etc.

Herausgegeben von
Prof. Dr. Armin Wöhrle

Wöhrle | Gruna | Kolhoff | Kortendieck
Nöbauer | Tabatt-Hirschfeldt | Zillmann

Personalmanagement – Personalentwicklung

 **Nomos**

Die Deutsche Nationalbibliothek verzeichnet diese Publikation in
der Deutschen Nationalbibliografie; detaillierte bibliografische
Daten sind im Internet über http://dnb.d-nb.de abrufbar.

ISBN 978-3-8487-4339-1 (Print)
ISBN 978-3-8452-8563-4 (ePDF)

1. Auflage 2019

Inhaltsverzeichnis

Einführung

Armin Wöhrle

Die Reihe „Studienkurs Management in der Sozialwirtschaft" startete 2003 in der Nomos Verlagsanstalt mit dem Band „Grundlagen des Managements in der Sozialwirtschaft". Es folgten insgesamt 12 Bände mit den Themen „Sozialwirtschaft", „Organisationen der Sozialwirtschaft", „Betriebswirtschaftliche Grundlagen des Managements in der Sozialwirtschaft", „Rechtliche Grundlagen des Managements in der Sozialwirtschaft", „Personalmanagement", „Qualitätsmanagement", „Führung und Zusammenarbeit", „Wissensmanagement", „Sozialmanagement in Europa", „Projektmanagement", „Sozialinformatik".

Nach zehn Jahren war es an der Zeit, all diese Bände gründlich zu überarbeiten.

Begonnen wurde die Überarbeitung 2013 mit drei Grundlagen-Bänden (den generellen Grundlagen, den betriebswirtschaftlichen und den rechtlichen). Der Systematik folgend steht nun die Überarbeitung der Bände zur Organisationsentwicklung und dem Change Management, der Personalentwicklung, der Qualitätsentwicklung und zum Thema Führung an. Charakteristisch für die grundlegenden Überarbeitungen ist, dass sie nicht mehr von einzelnen Autoren verfasst werden, sondern von Teams aus Fachleuten zu diesen Themen, die zudem nicht nur aus Deutschland kommen. Man kann also durchaus von grundlegenden Neufassungen sprechen.

Der vorliegende Band fußt auf den „Grundlagen des Managements in der Sozialwirtschaft" (Wöhrle/Beck/Grunwald/Schellberg/Schwarz/Wendt 2013). Darin sind die Bestimmungen hinsichtlich der Sozialwirtschaft bereits vorgenommen worden (darin: Wendt, 11 ff.), der sozialpolitische Kontext und daraus entspringende Steuerungsversuche können als bekannt vorausgesetzt werden (darin: Beck/Schwarz, 35 ff.), die Soziale Arbeit wurde in ihrer Selbstverortung und hinsichtlich der Steuerungsfragen für sozialwirtschaftliche Unternehmen bereits erörtert (darin: Grunwald, 81 ff.), die Sozialwirtschaft in ihrem Verhältnis zu den Wirtschaftswissenschaften bestimmt (darin: Schellberg, 117 ff.) und das Management in der Sozialwirtschaft im Kontext der Organisationstheorien und Managementlehre dargelegt (darin: Wöhrle, 157 ff.).

Im vorliegenden Band wird die Logik des 2006 erschienenen Bandes „Personalmanagement und Personalwirtschaft" (Kolhoff/Kortendieck) aufgegriffen. Seitdem haben sich die Herausforderungen für das Personalmanagement weiter erhöht. Nicht nur, dass es einen wesentlichen Beitrag für den Wandel der Organisationen zu leisten hat, es hat aktuell und zukünftig auf einen steigenden Personalbedarf zu reagieren und kann dabei oft nur eine schlechte Bezahlung und prekäre Arbeitsbedingungen bieten.

In diesem Band geht es um folgende zentrale Fragen:

– Was sind Personalwirtschaft, Personalmanagement und Personalführung?
– Welches sind die aktuellen Herausforderungen für das Personalmanagement?
– Was stehen dem Personalmanagement für Möglichkeiten der Systemgestaltung und Verhaltenssteuerung zur Verfügung?
– Was bedeutet strategisches Personalmanagement?
– Welche Anforderungen richten sich an die Person des Vorgesetzten?
– Gibt es auch für kleine Träger Möglichkeiten des Personalmanagements?

Literatur

Kolhoff, Ludger/Kortendieck, Georg (2006): Personalmanagement und Personalwirtschaft, Baden-Baden: Nomos.

Wöhrle, A./Beck, R./Grunwald, K./Schellberg, K./Schwarz, G./Wendt, W.R. (2013): Grundlagen des Managements in der Sozialwirtschaft, Baden-Baden: UTB Nomos.

Armin Wöhrle

1. Personalsituation in der Sozialwirtschaft und Herausforderungen für das Personalmanagement

Armin Wöhrle

Der einführende Beitrag sucht Folgendes zu verdeutlichen:
- Die Erfassung der Sozialwirtschaft als volkswirtschaftliche Kategorie ist nicht besonders weit fortgeschritten. Dennoch wird die Sozialwirtschaft in ihrer volkswirtschaftlichen Bedeutung bereits deutlich wahrgenommen.
- Aufgrund von neuen Herausforderungen, die sich seit den 1990er Jahren durch Veränderungen in der Sozialpolitik und Verwaltung ergeben, muss das Management in der Sozialwirtschaft den Umbau der Organisationen betreiben, um für die Überlebenssicherung gut aufgestellt zu sein. Dabei ist insbesondere das Personalmanagement mit in der Pflicht und muss für besonders gut qualifizierte Fachkräfte sorgen.
- Die Nachfrage nach Beschäftigten in der Sozialwirtschaft steigt seit deren zahlenmäßiger Erfassung an und laut aktueller Prognosen wird sie weiterhin im Vergleich zu anderen Berufsgruppen überproportional ansteigen.
- Das Personalmanagement ist deshalb besonders gefordert, weil der Arbeitsmarkt insbesondere in den Gesundheits- und Sozialberufen einen Fachkräftemangel signalisiert, wobei gleichzeitig und erschwerend eine schlechte Bezahlung und eine Vielzahl prekärer Arbeitsverhältnisse in der Sozialwirtschaft und insbesondere für Deutschland die Sociosclerose, also zersplitterte Tarifverhältnisse in der Sozialwirtschaft mit einem Sog zur schlechteren Bezahlung, festgestellt werden.

1.1 Organisationen in der Sozialwirtschaft

In Organisationstheorien werden Organisationen ohne konkrete Menschen gedacht. Das klingt zunächst befremdlich, weil wir uns aus eigener Erfahrung keine Organisationen ohne konkrete Menschen vorstellen können. Aber es macht Sinn. Es leuchtet insofern ein, wenn wir uns vergegenwärtigen, dass Organisationen länger existieren, als konkrete Menschen leben können. Also müssen die konkreten Menschen austauschbar sein und die

Organisationen bedürfen eines Bauplans und eines Gerüsts, aufgrund dessen immer wieder Menschen neu in das Gefüge integriert werden und im Interesse des übergeordneten Ganzen aktiv werden können. Als Bauplan und Gerüst kann die Aufbauorganisation (Über- und Unterordnungsverhältnisse, zuständige Abteilungen, Weisungsberechtigungen etc.) dienen. Allerdings muss ein übergeordnetes Ganzes erkennbar sein, auf das die Struktur der Organisation ausgerichtet ist und wodurch der Sinn und Zweck der Unternehmung deutlich wird. Die Fragen nach dem Sinn und Zweck der Organisation, aber auch nach ihren Werten sollten in der Betriebsphilosophie (auch Selbstverständnis, Leitbild usw. genannt) beantwortet werden. Damit eng verbunden sind die strategische Ausrichtung und die operationalisierten Organisationsziele, an denen sich die Mitarbeitenden hinsichtlich einer erfolgreichen Arbeit ausrichten können. Ablauforganisation und Vorgaben für konkrete Arbeitsschritte dienen der weiteren Orientierung. Das eigentliche Wesen des Organismus ist allerdings die Kommunikation, mit der alles in Bewegung gesetzt wird (Luhmann 1984) und die Kultur, in deren Rahmen die Normen, Werte und Regeln entstehen und vorgegeben werden (Grunwald 2013, 722 ff., Bate 1997, Schein 2003), sich aber auch Riten und Mythen ausbilden (Wöhrle 2013, 677 ff., 847 ff.,– vertiefende Literatur zu Organisationen und Management in der Sozialwirtschaft: Wöhrle/Beck/Grunwald/Schellberg/Schwarz/Wendt 2013).

Auf diesem grob entworfenen Hintergrund können nun konkrete Organisationen beschrieben werden. Allerdings sind in der Sozialwirtschaft sehr unterschiedliche Organisationen tätig, die – je nach Blickwinkel – unterschiedlichen Rubriken zugeordnet werden. Die Sozialwirtschaft ist gekennzeichnet durch die großen Wohlfahrtsverbände ebenso wie durch die vielen kleinen gemeinnützigen Vereine und Initiativen. Theoretisch können einzelne Organisationen sowohl dem Dritten Sektor zugerechnet werden als auch den Nonprofit-Organisationen oder den Nongovernment-Organisationen. Unter all diesen Oberbegriffen wird allerdings eine große Zahl von Organisationen mit erfasst, die ihr Selbstverständnis nicht aus der Sozialwirtschaft beziehen und auch keine versorgenden, erziehenden und pflegenden Berufsgruppen beschäftigen (z.B.: Sport, Umweltschutz, Tierschutz, Gewerkschaften). Gleichzeitig werden Professionelle aus sozialen Berufen in der öffentlichen Verwaltung (Jugendamt, Sozialamt) benötigt und sogar in Wirtschaftsunternehmen (Gesundheits- und Sozialabteilungen), womit deutlich wird, dass es keine eindeutige Kategorie zur Erfassung der Berufsgruppen mit Qualifikation für soziale Berufe gibt (Wöhrle 2013).

Es macht zunächst einmal Sinn, den Begriff der Sozialwirtschaft zu definieren, was Wolf Rainer Wendt folgendermaßen versucht:

„In intensionaler Definition, das heißt dem Sinn und den Eigenschaften nach, besteht der Charakter der Sozialwirtschaft darin, für Menschen in organisierter Form eine Versorgung zu leisten, durch die sie mit dem für sie sozial und gesundheitlich Nötigen versehen werden. Darin besteht das primäre *Sachziel* sozialwirtschaftlichen Handelns (unabhängig vom Formalziel eines Unternehmens, als Betriebsergebnis einen Gewinn ausweisen zu können). Versorgen heißt im Einzelnen, dass Menschen unterstützt, beraten, behandelt, gepflegt, erzogen, betreut und integriert werden. Bei der Versorgungsaufgabe in »Diensten am Menschen« und in einer Gemeinschaft ist zu bedenken: Menschen versorgen sich seit jeher schon selbst und sie kümmern sich umeinander. Sie kommen aber unter beeinträchtigenden und benachteiligenden Bedingungen in der Gesellschaft und wegen allfälliger Risiken nicht alleine zurecht. Deshalb hat sich komplementär und kompensatorisch zur Selbstsorge ein vielgestaltiges betriebliches Geschehen ausgebildet, in dem ein Sorgen miteinander und füreinander erfolgt" (Wendt 2013, 11 f., zur Vertiefung empfohlen: Wendt 2017).

1.2 Beschäftigtenzahlen in der Sozialwirtschaft

Dass es sich hier um keinen zu vernachlässigenden Anteil des Wirtschaftens in Europa handelt, wird deutlich, da die Kommission der Europäischen Gemeinschaften innerhalb der damaligen Generaldirektion XXIII 1989 ein Referat „Economie Sociale" einrichtete. Ebenfalls 1989 erging eine „Mitteilung der Kommission der Europäischen Gemeinschaften an den Rat über die Unternehmen der Economie Sociale und die Schaffung des europäischen Marktes ohne Grenzen". In dieser Mitteilung wurden die bestehenden Organisationen benannt und ihr Platz im europäischen Wirtschafts- und Sozialraum erörtert. Anhand der damals festgelegten Definition existieren in Europa zwei Millionen dieser sozialwirtschaftlichen Unternehmen (das sind 10 bis 12 Prozent aller europäischen Unternehmen). In diesem Zehntel aller Betriebe der Europäischen Union (EU) sind über sechs Prozent aller Beschäftigten tätig (vgl. Spear 2012). Die Sozialwirtschaft erwirtschaftet rund zehn Prozent des Bruttoinlandprodukts. Der Sektor beschäftigt in ca. zwei Millionen Sozialunternehmen rund 14,5 Millionen Menschen (Braem 2017, 14).

Infolge der Finanz- und Wirtschaftskrise wird die quasi antizyklische Wirkung der Sozialwirtschaft deutlich (vgl. Ehrentraut/Hackmann/ Krämer/Plume 2014).

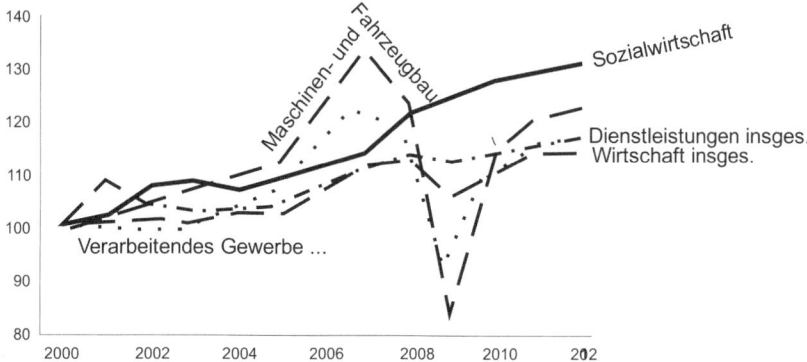

Abb. 1: Bruttowertschöpfung (Quelle: Ehrentraut/Hackmann/Krämer/ Plume 2014, 2)

In diesem Zusammenhang wird die Bedeutung der Sozialwirtschaft als ein vergleichsweise beschäftigungsintensiver und krisensichererer Wirtschaftsakteur wahrgenommen und in ihr wird eine treibende Kraft für die wirtschaftliche und soziale Entwicklung gesehen. Um dem Rechnung zu tragen, startete die Europäische Union am 25.10.2014 die „Initiative für Soziales Unternehmertum" (Bank für Sozialwirtschaft 2015) mit den Zielen „Anerkennung und Bewusstseinsbildung für soziales Unternehmertum, Zugang zu Finanzmitteln, förderlicher Rechtsrahmen für Sozialunternehmen" (Braem 2016, 2017).

Da es an einer einheitlichen Begriffsverwendung innerhalb der Länder der EU fehlt, sind nur mit großem Aufwand vergleichbare Zahlen zu ermitteln. Auch innerhalb Deutschlands ist es ausgeschlossen, eine präzise Aussage über Größenverhältnisse, weder über den Bereich der Organisationen, die Soziale Arbeit leisten, noch über die Sozialwirtschaft, zu treffen. Trotz fehlender volkswirtschaftlicher Berechnungszusammenhänge und damit der Einschränkungen hinsichtlich eines umfassenden Bildes der Sozialwirtschaft soll hier mithilfe von ausschnitthaften Daten verdeutlicht werden, dass es sich auch in Deutschland um einen bedeutsamen Wirtschaftsfaktor handelt. Insbesondere interessieren hier die Beschäftigtenzahlen.

Eine verlässliche Datengrundlage kann in den Angaben des Statistischen Bundesamtes (Statistisches Bundesamt, Statistisches Jahrbuch 2017) gesehen werden. Die neuesten Angaben bestätigen einen bereits seit einem Jahrhundert währenden Trend, demzufolge die Beschäftigtenzahlen in der Land- und Forstwirtschaft sowie Fischerei deutlich und beständig zurückgehen sowie den sich seit den 1950er Jahren abzeichnenden Trend, dass sie auch im produzierenden Gewerbe wahrnehmbar abnehmen. Demgegenüber ist ein deutlicher Anstieg im Dienstleistungsbereich festzustellen. Die aktuellen Zahlen belegen den Zeitraum 1991 bis 2016.

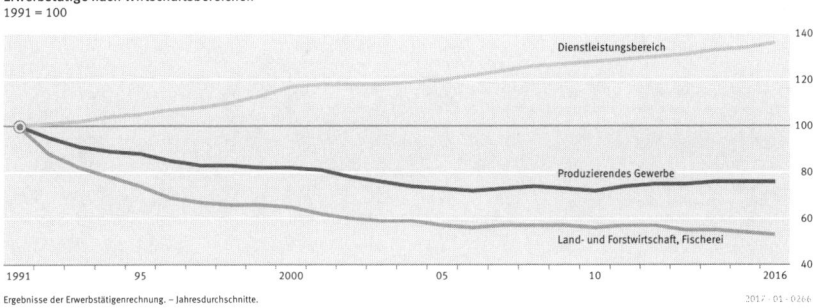

Abb. 2: Erwerbstätige nach Wirtschaftsbereichen (Statistisches Bundesamt, Statistisches Jahrbuch 2017, 354)

Betrachten wir die Zahlen zu den Erwerbstätigen in den einzelnen Wirtschaftsgliederungen, so wird deutlich, dass der Rubrik Gesundheits- und Sozialwesen eine besondere Bedeutung zukommt. So nimmt der Abstand zum verarbeitenden Gewerbe beständig ab. Und innerhalb der wachsenden Dienstleistungsbereiche ist der Anstieg in der Rubrik am deutlichsten.

Für die Sozialwirtschaft geben die Daten hinsichtlich der Wohlfahrtsverbände ausnahmsweise genaue und deutliche Hinweise. Hier sind bereits 2,8 Millionen Menschen mit umgerechnet 1,85 Millionen Vollzeitbeschäftigungen erfasst.

13 Arbeitsmarkt

13.2 Erwerbstätige und Erwerbslose
13.2.1 Erwerbstätige im Inland nach Wirtschaftsabschnitten

Nr. der Klassifikation [1]	Wirtschaftsgliederung	1991	1995	2000	2005	2010	2015 [2]	2016 [2]
		Durchschnitt in 1 000						
	Erwerbstätige							
A – T	Alle Wirtschaftsbereiche	38 790	37 958	39 917	39 326	41 020	43 057	43 595
A	Land- und Forstwirtschaft, Fischerei	1 174	866	758	668	661	637	617
B – F	Produzierendes Gewerbe	13 856	12 128	11 358	10 095	10 036	10 517	10 560
B	Bergbau und Gewinnung von Steinen und Erden	301	182	120	87	71	58	...
C	Verarbeitendes Gewerbe	10 064	8 040	7 828	7 243	7 138	7 512	7 531
D	Energieversorgung	378	335	264	247	249	250	...
E	Wasserversorgung, Entsorgung u. Ä.	225	251	252	241	247	267	...
F	Baugewerbe	2 888	3 320	2 894	2 277	2 331	2 430	2 456
G – T	Dienstleistungsbereiche	23 760	24 964	27 801	28 563	30 323	31 903	32 418
G	Handel; Instandhaltung und Reparatur von Kraftfahrzeugen	5 576	5 673	6 037	5 797	5 813	5 887	5 950
H	Verkehr und Lagerei	2 195	1 955	1 897	1 897	1 983	2 132	2 168
I	Gastgewerbe	1 043	1 157	1 445	1 514	1 680	1 837	1 873
J	Information und Kommunikation	959	948	1 081	1 149	1 162	1 213	1 233
K	Finanz- und Versicherungsdienstleister	1 206	1 259	1 288	1 260	1 214	1 187	1 181
L	Grundstücks- und Wohnungswesen	253	331	439	444	463	467	468
M	Freiberufliche, wissenschaftliche und technische Dienstleister	1 113	1 357	1 860	2 148	2 408	2 669	...
N	Sonstige Unternehmensdienstleister	1 195	1 339	1 950	2 187	2 764	3 088	...
O	Öffentliche Verwaltung, Verteidigung; Sozialversicherung	3 280	3 109	2 943	2 769	2 741	2 538	...
P	Erziehung und Unterricht	1 696	1 827	1 977	2 098	2 292	2 406	...
Q	Gesundheits- und Sozialwesen	3 114	3 605	4 138	4 449	4 882	5 518	...
R	Kunst, Unterhaltung und Erholung	382	420	520	571	621	669	...
S	Sonstige Dienstleister a. n. g.	1 128	1 262	1 400	1 443	1 509	1 441	...
T	Häusliche Dienste	620	722	826	837	791	851	...
	darunter: Arbeitnehmer/-innen							
A – T	Alle Wirtschaftsbereiche	35 227	34 161	35 922	34 916	36 533	38 721	39 290
A	Land- und Forstwirtschaft, Fischerei	509	340	330	302	309	350	348
B – F	Produzierendes Gewerbe	13 264	11 450	10 650	9 329	9 259	9 759	9 809
B	Bergbau und Gewinnung von Steinen und Erden	297	178	117	84	69	57	...
C	Verarbeitendes Gewerbe	9 756	7 717	7 539	6 941	6 857	7 255	7 273
D	Energieversorgung	378	335	264	247	249	250	...
E	Wasserversorgung, Entsorgung u. Ä.	221	247	248	235	241	260	...
F	Baugewerbe	2 612	2 973	2 482	1 822	1 843	1 937	1 971
G – T	Dienstleistungsbereiche	21 454	22 371	24 942	25 285	26 965	28 612	29 133
G	Handel; Instandhaltung und Reparatur von Kraftfahrzeugen	4 892	4 936	5 300	5 045	5 127	5 275	5 333
H	Verkehr und Lagerei	2 076	1 820	1 746	1 749	1 845	1 995	2 035
I	Gastgewerbe	746	845	1 134	1 217	1 383	1 557	1 593
J	Information und Kommunikation	918	886	989	1 004	1 018	1 077	1 101
K	Finanz- und Versicherungsdienstleister	1 098	1 143	1 154	1 101	1 061	1 039	1 028
L	Grundstücks- und Wohnungswesen	207	275	373	381	393	409	414
M	Freiberufliche, wissenschaftliche und technische Dienstleister	868	1 046	1 475	1 634	1 836	2 095	...
N	Sonstige Unternehmensdienstleister	1 016	1 163	1 768	1 982	2 535	2 838	...
O	Öffentliche Verwaltung, Verteidigung; Sozialversicherung	3 280	3 109	2 943	2 769	2 741	2 538	...
P	Erziehung und Unterricht	1 629	1 742	1 867	1 944	2 123	2 218	...
Q	Gesundheits- und Sozialwesen	2 896	3 330	3 811	4 041	4 449	5 062	...
R	Kunst, Unterhaltung und Erholung	302	319	396	420	440	481	...
S	Sonstige Dienstleister a. n. g.	906	1 035	1 160	1 161	1 223	1 177	...
T	Häusliche Dienste	620	722	826	837	791	851	...

Ergebnisse der Erwerbstätigenrechnung nach dem Inlandskonzept (Arbeitsort in Deutschland) in der Abgrenzung der Volkswirtschaftlichen Gesamtrechnungen (VGR); Stand: Mai 2017.
1 Klassifikation der Wirtschaftszweige, Ausgabe 2008 (WZ 2008).
2 Vorläufiges Ergebnis.

Abb. 3: Erwerbstätige im Inland nach Wirtschaftsabschnitten (Statistisches Bundesamt, Statistisches Jahrbuch 2017, 355)

Armin Wöhrle

Zugehörigkeit	Zahl der Unternehmen	Zahl der Arbeitnehmer	Umrechnung in Vollbeschäftigte	Entgelte in Euro	Ehrenamtliche
Arbeiterwohlfahrt	3.142	213.121	138.431	3.492.557.716	62.824
Caritas	10.719	871.345	550.370	18.912.976.591	237.579
Deutsches Rotes Kreuz	1.917	163.368	110.063	2.781.276.360	20.051
Diakonie	11.295	909.595	586.441	17.904.875.414	193.354
Parität	10.595	684.829	474.109	10.569.324.939	230.765
Ohne Spitzenverbands-zugehörigkeit	9.538	190.342	122.447	3.093.401.813	105.176
Gesamt	37.668	2.842.258	1.859.414	53.661.011.020	744.573

Die Berufsgenossenschaft für Gesundheitsdienst und Wohlfahrtspflege hat ihre Ergebnisse der Umlagenrechnung zur Freien Wohlfahrts-pflege für das letzte Jahr vorgelegt. Die Organisation ist Träger der gesetzlichen Unfallversicherung für nichtstaatliche Einrichtungen im Gesundheitsdienst und der Wohlfahrtspflege. Sie ist für über 7,7 Millionen Versicherte in mehr als 620.000 Unternehmen zuständig; neben den Unternehmen der Freien Wohlfahrtspflege gehören zu ihr beispielsweise auch Friseurbetriebe sowie Einrichtungen der Human-, Zahn-und Tiermedizin (daher die hohen Zahlen in der Rubrik »Ohne Spitzenverbandszugehörigkeit«).
www.bgw-online.de

Abb. 4: Beschäftigte in der Freien Wohlfahrtspflege (SOZIALwirtschaft 13/2016: 5)

Die Gesamtbeschäftigungszahlen, zu denen die vielen kleinen Vereine in der Sozialwirtschaft gehören, liegen wesentlich höher, so dass hinsichtlich des Gesamtvolumens davon ausgegangen wird, dass sie sich zwischen 2000 und 2014 um ein Viertel erhöht haben und in 2014 bei 4,4 Millionen bzw. elf Prozent aller Erwerbstätigen in Deutschland bewegen (WISO 2014, 2).

Beim Vergleich von Organisationen in allen Branchen wird deutlich, dass die großen Wohlfahrtsverbände in Deutschland gleich viel oder sogar mehr Mitarbeitende als große Wirtschaftskonzerne weltweit beschäftigen. Sieht man einmal von den Wal-Mart Stores in den USA mit 2,2 Millionen Beschäftigten ab, so bringen es Konzerne wie Volkswagen mit ca. 600 000 Beschäftigten (in Deutschland ca. 180 000), die Deutsche Post mit 488 824 Beschäftigten (in Deutschland ca. 170 000), der Siemens-Konzern mit 426.000 Beschäftigten (in Deutschland ca. 128 000) oder der DaimlerCh-rysler-Konzern mit 366.000 Beschäftigten mit ihren weltweiten Unterneh-mungen gerade mal auf Beschäftigtenzahlen, die ein Wohlfahrtsverband in Deutschland erreicht (Internetrecherche in 2017).

1.3 Steigende Nachfrage nach Beschäftigten

Die Nachfrage nach Beschäftigten in Berufen der Sozialwirtschaft zeigt eindeutig eine steigende Tendenz. Das 20. Jahrhundert wurde bereits als das „sozialpädagogische Jahrhundert" (Thiersch 1992) und die Berufe der

Sozialen Arbeit als „die Aufsteigerberufe schlechthin" (Rauschenbach 1993, 19) bezeichnet.

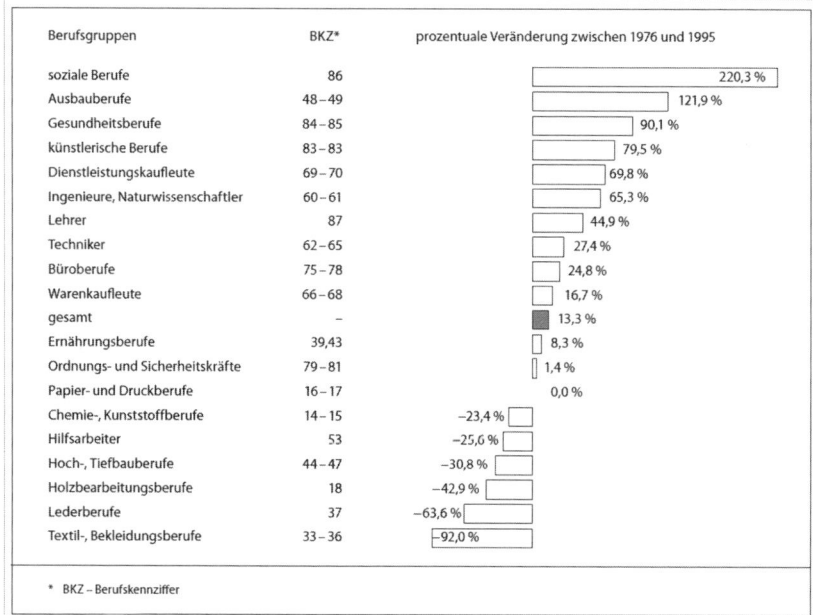

Berufsgruppen	BKZ*	prozentuale Veränderung zwischen 1976 und 1995
soziale Berufe	86	220,3 %
Ausbauberufe	48–49	121,9 %
Gesundheitsberufe	84–85	90,1 %
künstlerische Berufe	83–83	79,5 %
Dienstleistungskaufleute	69–70	69,8 %
Ingenieure, Naturwissenschaftler	60–61	65,3 %
Lehrer	87	44,9 %
Techniker	62–65	27,4 %
Büroberufe	75–78	24,8 %
Warenkaufleute	66–68	16,7 %
gesamt	–	13,3 %
Ernährungsberufe	39,43	8,3 %
Ordnungs- und Sicherheitskräfte	79–81	1,4 %
Papier- und Druckberufe	16–17	0,0 %
Chemie-, Kunststoffberufe	14–15	−23,4 %
Hilfsarbeiter	53	−25,6 %
Hoch-, Tiefbauberufe	44–47	−30,8 %
Holzbearbeitungsberufe	18	−42,9 %
Lederberufe	37	−63,6 %
Textil-, Bekleidungsberufe	33–36	−92,0 %

* BKZ – Berufskennziffer

Abb. 5: Veränderungen in der Beschäftigung in ausgewählten Berufs-gruppen im Zeitraum 1976 bis 1995 (Quelle: Rauschenbach/ Schilling 1997, S. 24)

Der Trend ist offensichtlich ungebrochen. Das Bundesministerium für Arbeit und Soziales prognostiziert bei einem erwarteten Gesamtverlust von 23.000 Arbeitsplätzen in den Jahren 2014 bis 2030 den größten Beschäftigtenanstieg in dem Segment Sozialwesen/Heime, wobei das Segment Gesundheitswesen davon unterschieden wird, ebenso Erziehung und Unterricht und beide auch noch erhebliche Zuwächse erwarten lassen (BMAS 2016).

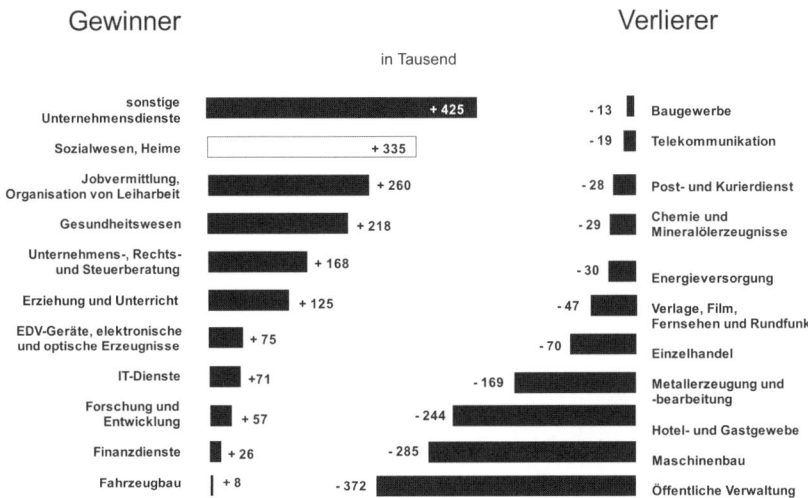

Arbeitsmarktprognose
Beschäftigte nach Branchen 2030 gegenüber 2014

Abb. 6: Arbeitsmarktprognose: Beschäftigte nach Branchen 2030 gegen-
über 2014 (Quelle: BMAS 2016)

1.4 Fachkräftemangel

Auch wenn aktuell wieder mehr Kinder zur Welt gebracht werden (so ist
die 2017 für 2015 errechnete Geburtenrate von 1,5 Kindern je Frau der
höchste Stand seit der Wiedervereinigung in Deutschland – Quelle: Spiegel Online 2017), so wird damit der generelle Trend des demografischen
Wandels (Kallweit/Weigert 2016) noch lange nicht umgekehrt. Bedingt
durch bessere Lebensumstände nimmt der Anteil der älteren Menschen in
der Relation zu den jungen Menschen weiter zu. Parallel zum raschen Al-
terungsprozess der Gesellschaft entsteht ein vermehrter Bedarf an medizi-
nischen Leistungen und Versorgung pflegebedürftiger Personen. Die Zahl
der pflegebedürftigen Personen stieg zwischen 1999 und 2013 von zwei
auf 2,7 Millionen an. „Unter der Annahme, dass die alters- und ge-
schlechtsspezifischen Pflegequoten unverändert bleiben und sich die Be-
völkerung entsprechend der 13. koordinierten Bevölkerungsvorausberech-
nung entwickelt, würde die Zahl der Pflegebedürftigen bis 2060 auf 4,7

Millionen steigen. Damit wären sechs Prozent der Gesamtbevölkerung pflegebedürftig, ein doppelt so hoher Anteil wie heute" (BMG 2016).

Schwierig wird es, wenn ausdifferenziert werden soll, welche Berufsgruppen in welchem Maße von den Steigerungsraten erfasst sind und damit am ehesten vom Fachkräftemangel betroffen sein werden. Denn das Spektrum der sozialen Berufe ist vielfältig und die Abgrenzung zu weiteren Berufsfeldern ist schwierig.

Halten wir uns zunächst an die Bestimmung sozialer Berufe, die Karl-Heinz Boeßenecker im Lexikon der Sozialwirtschaft vorlegt. Er rechnet „Familienhelfer, Heilerziehungspfleger, Betreuungspfleger, Altenhelfer, Heilpädagogen, Sozialarbeiter und Sozialpädagogen, Heimerzieher, Erzieher, Psychagogen, Krankenpfleger, Physiotherapeuten und weitere gesundheitliche Berufe" dazu (Boeßenecker 2013). Hier wird bereits deutlich, dass die Berufe den engen Rahmen der Beschäftigten in der Sozialen Arbeit überschreiten und in das Spektrum der Gesundheitsberufe ragen. Aus Sicht der Sozialwirtschaft und ihrer Organisationen werden jedoch auch Arbeitsfelder mit abgedeckt, die in den Branchen des Bildungs- und Kulturbereichs angesiedelt sind. Ein Blick in die Berufsgruppen der Arbeitsamtsstatistik (insbesondere die Berufsgruppen 8312, 8313 und 8315) machen die Schwierigkeit der Erfassung deutlich, vollends wenn Entwicklungen deutlich gemacht werden sollen, die sich auf eine frühere Einteilung (in die alten Berufsklassen 861 und 862 vor 1999) beziehen (Arbeitsamtsstatistik 2017). Zudem ist zu berücksichtigen, dass zum Personal größerer Organisationen in der Sozialwirtschaft auch Beschäftigte rechnen, die technische und verwaltungstechnische, betriebswirtschaftliche und Qualifikationen aus Medien- und IT-Bereichen mit einbringen. Und es sind verschiedene Qualifikationsstufen von Beschäftigten mit Hochschulabschlüssen in verschiedenen Disziplinen bis hin zu Hilfskräften zu berücksichtigen.

Der Bedarf an Fachkräften in Pflegeberufen steht gegenwärtig bei der Betrachtung des Fachkräftemangels deutlich im Fokus. Prognosen gehen von einem Anstieg um rund 27 Prozent bis 2025 gegenüber 2005 aus. Dies würde zu einer Lücke von rund 200.000 Pflegekräften im Jahre 2025 führen (Studie des statischen Bundesamtes und des Bundesinstitutes für Berufsbildung, Afentakis/Maier 2010). Doch der Fachkräftemangel betrifft nicht nur die Pflege. Das Deutsche Jugendinstitut berechnet einen Personalbedarf von 333 000 Fachkräften bis 2025, wobei es insbesondere feststellt: „Der Bedarf an 63.000 Fachkräften mit Hochschulabschluss

Armin Wöhrle

kann zwischen 2010 und 2025 nur mit 25.000 Personen abgedeckt werden" (KomDat 1&2/2011).

Generell wird vom Institut für Arbeitsmarkt- und Berufsforschung (IAB), dem Bundesinstitut für Berufsbildung (BIBB) sowie der Prognos-Studie „Arbeitslandschaft 2030" im Sektor Gesundheits- und Sozialberufen ein Fachkräftemangel ab dem Jahre 2020 prognostiziert. Doch neuere Untersuchungen zeigen, dass er bereits angekommen ist. Eine Befragung von akquinet business consulting GmbH in Zusammenarbeit mit der Universität St. Gallen, Institut für Wirtschaftsethik sowie der Beuth Hochschule für Technik Berlin, Fachgebiet Unternehmensführung gibt folgenden Überblick über die betroffenen Handlungsfelder, die bereits einen Fachkräftemangel wahrnehmen (akquinet 2012, 12):

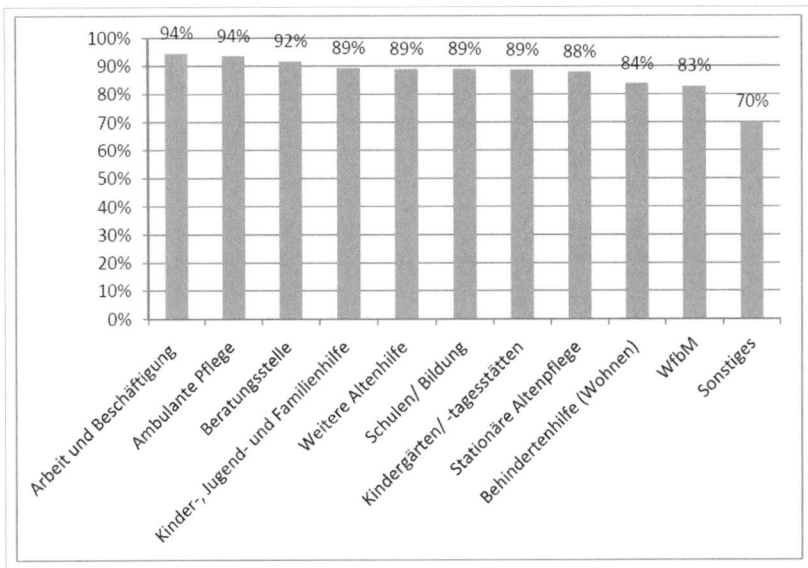

Abb. 7: Fachkräftemangel nach Arbeitsfeldern (aquinet 2012, 12)

Zusammenfassend wird Folgendes festgestellt:
- „Der Fachkräftemangel betrifft die gesamte Sozialwirtschaft (82 %). Er zieht sich durch alle
- inhaltlichen Handlungsfelder.
- Der Mangel wird deutlich, da die Unternehmen/Organisationen offene Stellen nicht
- besetzen können (zu 81 %).

– Es ist auch eindeutig ein Mangel an Fachkräften (und nicht z.B. an Hilfskräften). 58 % haben
– aktuell Probleme bei der Besetzung von Stellen mit ausgebildeten Fachkräften, in fünf Jahren
– sind es 75 %, die Probleme bei dieser Berufsgruppe erwarten" (ebd., 14).

Besonders hervorgehoben werden muss die Situation in der Altenarbeit und Pflege. Hier geben bereits 58 Prozent Probleme bei der Besetzung der Ausbildungsberufe an (König et al. 2012, S. 13).

Auch die Engpassanalyse der Bundesagentur für Arbeit gibt Hinweise. Nach dieser erhöhte sich die Vakanz offener Stellen für den Gesamtarbeitsmarkt von 80 Tagen (2014) auf 86 Tage (2015). Höher liegt sie im Bereich der Altenpflege mit 130 Tagen 2015 gegenüber 122 Tagen im Vorjahr. Insgesamt weist die Berufsgruppe Gesundheits- und Pflegeberufe gegenüber den Berufsgruppen der akademischen und nichtakademischen technischen Berufen eine höhere Vakanz auf (Bundesagentur für Arbeit 2016, 7).

1.5 Prognose: Der Fachkräftemangel wird zunehmen und die Schwierigkeiten, gut qualifiziertes Personal zu gewinnen, werden wachsen

1.5.1 Demografischer Wandel

Der demografische Wandel ist unstrittig. Die Gesamtbevölkerung in Deutschland wird bis zum Jahr 2050 um 17 Prozent auf 69 Millionen Menschen abnehmen. Gleichzeitig geht mit der Gruppe der Babyboomer (Geburten der 1950/60er Jahre) ab dem Jahr 2015, eine große Gruppe Erwerbstätiger in Rente. Falls die jungen Beschäftigten nicht durch die Zuwanderung ausländischer Arbeitskräfte oder die Ausbildung bereits zugewanderter Menschen oder das längere Arbeiten von heute Beschäftigten wenigstens zum Teil aufgefangen werden können, wird das Potenzial, das durch den Renteneintritt substituiert werden muss, nicht aufgefangen werden können. Die Substitutionsrate wird von 99 Prozent im Jahr 2004 auf 55 Prozent zwischen den Jahren 2016–2036 sinken (vgl. Mc Kinsey 2011). Einen „war of talents" wird es vermutlich aber nur in den „technischen Berufen sowie Gesundheits- und Pflegeberufen" geben (Zehner 2016). Allerdings sind hinsichtlich der Anreize die technischen Berufe weitaus attraktiver, was wiederum die Situation für die Sozialwirtschaft weiter zuspitzen dürfte.

1.5.2 Sociosclerose und schlechte Bezahlung

Wenn in einem Arbeitsfeld eine hohe Nachfrage nach qualifizierten Beschäftigten besteht, so fordert es der Markt, dass Anreize geboten werden. In der Sozialwirtschaft ist das Gegenteil der Fall. In diesem Zusammenhang sind die Untersuchungsergebnisse eines Studienprojektes, das im Auftrag der Europäischen Union (EU) in elf Ländern durchgeführt wurde, interessant. Für Deutschland wird hier eine „Sociosclerose" konstatiert (Evans/Galtschenko/Hilbert 2012). Die Sozialwirtschaft wird aus Sicht der EU als innovative Wachstumsbranche gesehen. Programme hinsichtlich der Förderung des Sozial Entrepreneurship (Sozialen Unternehmertums) werden aufgelegt. Und gerade für Deutschland wird in dieser Studie festgestellt, dass sich die „Zukunftsbranche Sozialwirtschaft ... durch zersplitterte Repräsentations- und Verhandlungsstrukturen selbst auszubremsen" drohe, was mit „Sociosclerose" bezeichnet wird (Hilbert/Evans/Galtchenko, 2013, 7). Konkret ist damit gemeint, dass in Deutschland ca. 1.500 Tarifabschlüsse und arbeitsrechtliche Vereinbarungen existieren, fast zwei Drittel auf betrieblicher Ebene. Diese Abschlüsse werden aufgrund eines Kostendrucks abgeschlossen und erzeugen eine Negativspirale hinsichtlich der Bezahlung von Beschäftigten.

Es entsteht eine Lohnabsenkung. Bis zur Einführung des Tarifvertrages für den öffentlichen Dienst (TVöD) im Jahr 2005 galt der Bundes Angestellten Tarif (BAT) als Leitwährung für den sozialen Sektor. Seitdem ist eine zunehmende Tarifflucht zu verzeichnen. Nach einer Studie der Hochschule Neubrandenburg zum Gehalt von Berufsanfängerinnen und Berufsanfänger der Sozialen Arbeit werden in Mecklenburg–Vorpommern beispielsweise nur noch ein Drittel nach Flächentarif, meist TVöD bezahlt, „ein weiteres Drittel wird nach Haustarifen bezahlt, diese und auch die restlichen frei verhandelten Eingruppierungen liegen in der Regel im Gehaltsniveau unterhalb der Flächentarifverträge" (Giesecke 2012, S. 30). Wie aus Untersuchungen (z.B. SDB 2011) ersichtlich wird, verdienen fachlich hoch qualifizierte Beschäftigte in diesen Arbeitsfeldern weit unter dem üblichen Vergütungsniveau für vergleichbare Hochschulabsolventen. (So verdienen auf dem gleichen akademischen Niveau ausgebildete Fachkräfte in den Sozialen Diensten in Berlin und Brandenburg gegenüber Ingenieuren zwischen 840 und 1470 Euro im Monat weniger, SDB 2011, 13).

1.5.3 Prekäre Arbeitsverhältnisse

Allerdings ist es nicht die Bezahlung allein, aufgrund dessen die Gewinnung von Fachkräften für die Sozialwirtschaft erschwert wird. In der bereits erwähnten Untersuchung, mit der die soziale und berufliche Lage der Fachkräfte in den Sozialen Diensten in Berlin und Brandenburg erforscht wurde (SDB 2011), werden folgende Ergebnisse vorgestellt:

– Es gibt einen erheblichen Anteil prekärer, ungeschützter und tariflich ungebundener Beschäftigungsverhältnisse in freier Trägerschaft.

– Teilzeitbeschäftigungen, Auslastungsschwankungen, unstete Beschäftigungsverhältnisse und untertarifliche Bezahlungen führen dazu, dass die Beschäftigten in diesen Arbeitsfeldern weit hinter dem üblichen Vergütungsniveau für Hochschulabsolventen zurückbleiben.

– Die Folgeproblematik, die in eine volkswirtschaftliche Rechnung nicht einbezogen wird, bedeutet: Rund zwei Drittel der Beschäftigten werden keine ausreichende Rente beziehen und damit im Alter auf Unterstützungsleistungen angewiesen sein.

Zunächst lassen sich die Aussagen zu den Teilzeitbeschäftigungen insofern relativieren, dass generell eine Abnahme der Normalarbeitsverhältnisse (NAV) in Deutschland zu verzeichnen ist: „Nach Mikrozensus ist die Zahl der Erwerbstätigen in Deutschland von 1998 bis 2008 von 32,7 auf 34,7 Millionen gestiegen, doch die Zahl der in Normalarbeit Beschäftigten ist von 23,7 auf 22,9 Millionen bzw. von 72,6 auf 66,0 Prozent zurückgegangen" (Bartelheimer 2011, S. 386). Es ist also fraglich, ob die als „Normalarbeit" bezeichnete unbefristete Vollzeitbeschäftigung im Gegensatz zu allen anderen Beschäftigungsverhältnissen noch die allein typische ist. Allerdings hat die Teilzeitbeschäftigung bei sozialen Berufen im Vergleich zu allen Erwerbstätigen stärker zugenommen: Zwischen den Jahren 1998 und 2008 nahm die Vollzeitbeschäftigung aller Beschäftigungsgruppen um sieben Prozent (von 80 auf 73 Prozent) ab, bei sozialen Berufen betrug das Minus 13 Prozent (es pendelt sich auf ein Niveau von 53 Prozent ein). Sind im Vergleich zu allen Erwerbstätigen durchschnittlich 30 Prozent betroffen, so bei Sozialarbeiterinnen und Sozialarbeitern 49 Prozent und bei Erzieherinnen und Erzieher 55 Prozent (vgl. Fuchs-Rechlin 2012, S. 33 f.).

An prekären Beschäftigungsverhältnissen lässt sich nichts relativieren, wenn sie, wie es die Untersuchung zur „Sociosclerose" nahelegt, herbeigeführt werden, um aus Tarifverträgen auszuscheren und in der Konkurrenz zu anderen Anbietern die Kosten für die Ware Arbeitskraft zu senken. Beispiele gibt es genug (u.a. die Arbeiterwohlfahrt Schwaben, die Beschäftigte in Tochtergesellschaften ausgegliederte, um eine Lohnabsenkung von bis zu 15% für Teile der Beschäftigten zu erreichen oder die Gründung einer eigenen Leiharbeitsfirma, „Personal-Service-Gesellschaft" der Arbeiterwohlfahrt in Nordrhein-Westfalen, wurde der Stundenlohn um fast 60% gekürzt wurde – vgl. Der Spiegel Nr. 51/2007, S. 28 f.).

1.5.4 Fachliche Ausdünnung in den Arbeitsbezügen und Unzufriedenheit bei den Fachkräften

Hinsichtlich eines Sozialmanagements, das Qualitätsstandard halten will, besteht auch in der Absenkung von fachlichen Standards und der Ausdünnung von Arbeitsinhalten eine Gefahr, auf die es zu regieren gilt.

Jüngste Beispiele können aufzeigen, dass die Politik aufgrund von aktuellen Anforderungen, auf die ihre Verwaltung nicht vorbereitet ist, zunächst einmal Fachstandards aufgibt. Bereits durch die Aufnahme von knapp 1.000 minderjährigen Flüchtlingen 2015, die in der Regel nach den fachlichen Mindeststandards der Kinder- und Jugendhilfe in „stationäre Obhut" genommen hätten werden müssen, wurde in Sachsen-Anhalt (aber auch in Sachsen und anderswo) ein „Maßnahmeplan zur Unterstützung der freien und öffentlichen Träger der Jugendhilfe zur Unterbringung, Versorgung und Betreuung von unbegleiteten minderjährigen ausländischen Kindern und Jugendlichen (UMA)" veröffentlicht, in dem die Standards der Kinder- und Jugendhilfe massiv aufgeweicht, insbesondere das Fachkräftegebot der Kinder- und Jugendhilfe aufgehoben wurde (vgl. z.B. Diakoniebericht 2016, 5)

Die fachliche Ausdünnung gibt es auch als eine schleichende Entwicklung. Weil hochqualifizierte Fachkräfte offensichtlich für die zu billig bezahlte Arbeit an der Basis mit den Klienten zu teuer sind, werden sie eher für die kontrollierenden und Überblickstätigkeiten (die gegenüber dem Finanzgeber zu dokumentierende Qualitätssicherung) eingesetzt. In einem Forschungsprojekt der Hans-Böckler-Stiftung, das in Kooperation mit dem Deutschen Berufsverband für Soziale Arbeit (DBSH) in den Jahren 2002 bis 2004 mit dem Untersuchungsgegenstand „Wandel von Berufsbild und Arbeitsbezügen" durchgeführt wurde, konnte festgestellt werden, dass die Arbeit in der Interaktion mit den Klienten, die ursprünglich den Sozialarbeiterinnen und Sozialarbeitern vorbehalten war, in deren Tätigkeitsbereich abnimmt und sich auf weniger qualifizierte Berufsgruppen (Erzieherinnen und Erzieher, Kinderpflegerinnen und Kinderpfleger, Krankenschwestern bzw. Pfleger etc.) bzw. Ehrenamtliche verlagert. Hingegen nehmen bei den Akademikerinnen und Akademiker der Sozialen Arbeit administrative Tätigkeiten zu. Dabei müssen zunehmend Vorgaben des Kostenträgers in der Arbeit berücksichtigt werden (vgl. Dahme/Kühnlein/Wohlfahrt 2005). Dies korrespondiert mit Befragungen von hochqualifizierten Fachkräften in der Sozialen Arbeit, bei deren Auswertung Silvia Staub-Bernasconi eine „stille Anpassung des Mandates/Arbeitsauftrags Sozialer Arbeit an das neue Steuerungsmodell" feststellt und damit die „Reduktion des Mandates auf den staatlichen Kontrollauftrag" bzw. die „Enteignung der Sozialarbeiterin von ihrem professionellen Hilfe-Mandat zugunsten einer Finanzierungsvorgabe" (Staub-Bernasconi 2016, 103 ff.). Sie befürchtet in deren Folge die „völlige Aufgabe des professionellen Mandates – die Sorge gilt dem Schutz der Organisation und des Sozialarbeiters, nicht der Klientel", selbst die „professionelle Fachsprache wird durch die Sprache des Qualitätsmanagements ersetzt" (ebd.).

Was hier zunächst für die Kosten-Nutzen-Rechnung kein Problem zu machen scheint, ist langfristig allerdings eine große Gefahr. Wenn die akademisch gestützte Fachlichkeit, die sich im Berufsverband auf einen Code of Ethik (DBS 1977) stützt, zunehmend ausgehöhlt wird, so werden alle Versuche, Qualität zu messen und belegbare Wirkungen zu erzielen, auf ein vorakademisches Niveau zurückfallen. Dies wäre so, wie wenn die Besetzung im wahrsten Sinne operativer Tätigkeiten in der Medizin mit wenig ausgebildeten Kräften vorgenommen würde, um gut qualifizierte Mediziner nur noch in der Aufsicht und Verwaltung einzusetzen.

1.5.5 Fluktuation

Bei all den belastenden und wenig Anreiz bietenden Faktoren muss mit einer hohen Fluktuation gerechnet werden. Die verschiedenen Bereiche müssten unter diesem Aspekt genau untersucht werden. Hier können nur ein paar Hinweise gegeben werden, denen genauer nachgegangen werden sollte:

Armin Wöhrle

Zunächst ist eine hohe Arbeitsbelastung zu untersuchen. Der Berufsausstieg bzw. -wechsel findet durchschnittlich nach gut acht Jahren in der Altenpflege und nach vierzehn Jahren in der Krankenhauspflege satt (Görres/ Stöver/Bomball/Adrian 2015). Erzieherinnen verlassen ihr Arbeitsfeld deutlich früher als andere weibliche Beschäftigte. Im Jahr 2011 erreichten nur 18 Prozent der in Kindertageseinrichtungen Beschäftigten im Vergleich zu 42 Prozent aller Frauen, die Regelaltersgrenze von 65 Jahren (vgl. Autorengruppe Fachkräftebarometer 2014, S. 52). Als Hauptgründe werden der Wunsch nach persönlicher und beruflicher Weiterentwicklung, mangelnde Aufstiegsmöglichkeiten und schlechte Entlohnung genannt (Klaudy/Köhling/Micheel/Stöbe-Blossey, 2016, S. 58). Für die differenzierten Tätigkeitsbereiche der Sozialen Arbeit liegen dem Verfasser keine Untersuchungen vor. Insbesondere hinsichtlich der Jugendarbeit, in der man auch nicht unbedingt noch mit 65 Jahren tätig sein sollte, wären solche Untersuchungen aufschlussreich.

Die schlechte Bezahlung fördert den Trend, dass Fachkräfte in benachbarte Bundesländer, die besser bezahlen, (z.B. von Sachsen nach Bayern) abwandern, aber es besteht auch die Tendenz, Deutschland ganz zu verlassen. Insbesondere die Schweiz und die skandinavischen Länder gelten als attraktiv. Gut 20 Prozent der Pflegekräfte können sich ihre Berufsausübung im Ausland vorstellen. Gerade bei den jüngeren Pflegekräften herrscht eine große Bereitschaft der Auswanderung vor. Hauptgründe sind „push Faktoren" wie hohe Arbeitsbelastung, geringe Entscheidungsbefugnisse und schlechte Bezahlung (Busse 2015).

1.5.6 Generation Y

Für die Fachkräftegewinnung ist insbesondere interessant, mit welchen jungen Menschen es man bei der Rekrutierung zu tun hat. Die Generation Y ist die vierte Generation, mit der sich die Wissenschaft insbesondere hinsichtlich der Einmündung auf den Arbeitsmarkt genauer beschäftigt.

Abb. 8: XYZ – Generationen auf dem Arbeitsmarkt (Quelle: absolventa)

Was zeichnet nun diese Generation, die gegenwärtig besonders für den Arbeitsmarkt interessant ist, aus? Zunächst, ganz plakativ, wird „Y" im Englischen als „why" ausgesprochen und bedeutet „warum". Dies gibt zunächst den Hinweis auf die hier skizzierte Generation, die eher Dinge hinterfragt, deren Habitus eher mit selbstbewusst, unabhängig und einfordernd beschrieben werden kann und, da gut ausgebildet, sich eher nicht einfach in ein Arbeitsleben einfügt, sondern eigene Maßstäbe an eine Work-Life-Balance hat, aber auch moralisch-ethische Ansprüche an das Unternehmen, in dem gearbeitet werden soll. Mit dieser Generation werden insbesondere folgende Merkmale in Verbindung gebracht:

Werte	Vernetzung/Teamwork Optimismus
Merkmale	Leben im Hier und Jetzt mit neuen Technologien aufgewachsen „24 Stunden online"
im Arbeitsleben	Die Arbeit muss Spaß machen, lernbereit, arbeitswillig – aber Forderung nach Privatleben sehr ausgeprägt flexibel und anpassungsbereit, selbstständige und unabhängige Arbeitsweise Führungspositionen sind ihnen nicht mehr so wichtig, eher Fachlaufbahnen und projektbezogenes Arbeiten Meister im Multi-Tasking
Kommunikations-medium	Web 2.0
Motivation	Selbstverwirklichung Vernetztsein mit Leuten auf der gleichen Wellenlänge zusammenarbeiten

Abb. 9: Merkmale Generation Y (Mörstedt 2017)

Wenn wir den allgemein vorherrschenden Fachkräftemangel zu Kenntnis nehmen, so haben die Kennzeichen dieser Generation im Hinblick auf die Arbeitskräftegewinnung prinzipiell eine enorme Bedeutung. „Zahlreiche Wahlmöglichkeiten, ständige Kommunikation und ein äußerst behütetes Aufwachsen haben in dieser Generation zu einem hohen Selbstbewusstsein und dem Streben nach sehr individuellen Entscheidungen geführt.

Daraus ergeben sich ihre speziellen Anforderungen an die Berufswelt. Arbeit hat für diese Generation im Vergleich zu vorhergehenden eine andere Bedeutung. Nicht eine Arbeitsstelle zu bekommen steht im Vordergrund, sondern der Bedeutungszuwachs für die individuelle Entwicklung. In diesem Gefüge kommt der Generation eine gewisse Machtposition gegenüber den Unternehmen zu, die es ihr ermöglicht, Forderungen zu stellen. Dabei spielen für die jungen Fachkräfte neben dem Gehalt vor allem eine sinnhafte Tätigkeit, die Vereinbarkeit von Familie, Freizeit und Beruf sowie der Wohlfühlfaktor auf der Arbeit eine wichtige Rolle" (Werner 2016, 15 ff.). Loyalität gegenüber dem Arbeitgeber wird dagegen als vergleichsweise nachrangig angesehen. Der Titel eines Bestsellers zur Generation Y lautet bezeichnenderweise „Glück schlägt Geld" (Bund 2016).

Unter der Voraussetzung, dass diese Generation mit den genannten Kennzeichen eine Bedeutung für die Berufe in der Sozialwirtschaft gewinnt, entstehen hohe Anforderungen an das Personalmanagement.

In der Literatur der Sozialwirtschaft wird bereits auf das Ankommen der Generation Y reagiert, ohne dass ihr Ankommen wirklich bewiesen wurde (Hölzl 2014). Ob die Generation Y für die Sozialwirtschaft wirklich eine Bedeutung hat, ist gegenwärtig nicht ausreichend erforscht. Selbstverständlich gibt es Berichte von Verantwortlichen aus dem Personalmanagement, die von Vertretern und Vertreterinnen der neuen Generation berichten, die aufgrund ihrer Qualifikation Forderungen stellen. Teilweise dreht sich das Verhältnis um, so wird berichtet: Die einen Job suchen, fragen, was der Arbeitgeber zu bieten hat. Aber ob dies eine signifikante Bedeutung hat, das ist für die Sozialwirtschaft nicht wirklich nachgewiesen. Es könnte durchaus sein, dass wir es in den sozialen Berufen mit jungen Menschen zu tun haben, die vom Mainstream abweichen.

Alle einschlägigen Untersuchungen zu diesem Thema wurden nicht branchenspezifisch durchgeführt. Es gibt in jüngerer Zeit auch Untersuchungen, die dem generellen Trend widersprechen. „Weder erweisen sich die Ansprüche an Mitbestimmung und direkte Beteiligung als grundsätzlich weitreichender als diejenigen der älteren Generation" (Nies/Tullius 2017, 87). Eher „individualistisch, nicht unsolidarisch" wird die Generation in einer Untersuchung der Hans-Böckler-Stiftung charakterisiert. „Viele junge Beschäftigte kennen ihre Rechte nicht. Sie trauen sich nicht, Forderungen zu stellen oder Grenzen zu ziehen" (Impuls 2017, 4). Erste Untersuchungen, die speziell auf die Sozialwirtschaft zielen und einen Unterschied feststellen (Christa/Clasen 2017), sind noch zu fragmentarisch, als dass daraus bereits Verallgemeinerungen abgeleitet werden könnten. Hier bedarf es weiterer Anstrengungen der Forschung.

1.6 Herausforderungen für das Personalmanagement

Bislang ist darauf fokussiert worden, dass die Ressource, die gewonnen werden muss, schwieriger als früher einzuwerben ist. Um sich die Ressoucengewinnung vorstellen zu können, sollten wir wissen, was das Personalmanagement generell für Aufgaben und Möglichkeiten hat. In einem groben Überblick sind es zunächst folgende Aufgaben:

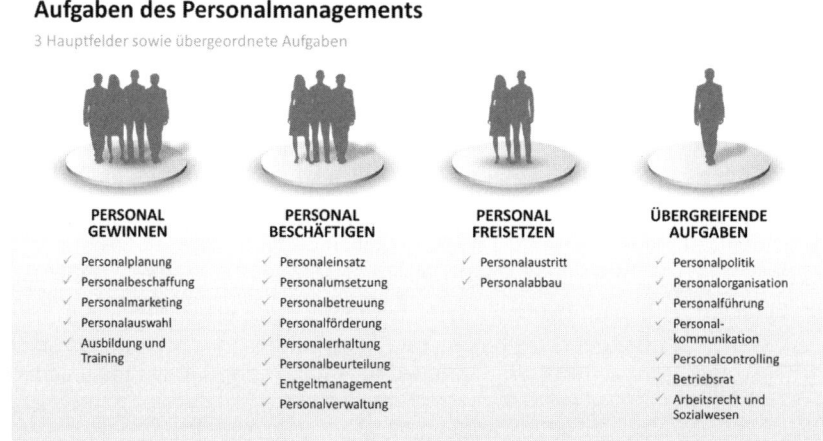

Aufgaben des Personalmanagements
3 Hauptfelder sowie übergeordnete Aufgaben

PERSONAL GEWINNEN	PERSONAL BESCHÄFTIGEN	PERSONAL FREISETZEN	ÜBERGREIFENDE AUFGABEN
✓ Personalplanung	✓ Personaleinsatz	✓ Personalaustritt	✓ Personalpolitik
✓ Personalbeschaffung	✓ Personalumsetzung	✓ Personalabbau	✓ Personalorganisation
✓ Personalmarketing	✓ Personalbetreuung		✓ Personalführung
✓ Personalauswahl	✓ Personalförderung		✓ Personal- kommunikation
✓ Ausbildung und Training	✓ Personalerhaltung		✓ Personalcontrolling
	✓ Personalbeurteilung		✓ Betriebsrat
	✓ Entgeltmanagement		✓ Arbeitsrecht und Sozialwesen
	✓ Personalverwaltung		

Abb. 10: Aufgaben des Personalmanagements (Quelle: blog 2014)

Hinsichtlich des bereits ausführlich beschriebenen Problems, nicht genügend Personal zu finden, liegen die konventionellen Vorgehensweisen klar auf der Hand. Wenn nicht die Fachlichkeit leiden soll, indem Aufgaben auf weniger qualifiziertes Personal übertragen werden, so müssen folgende Ziele verfolgt werden:
– Bewährte Mitarbeitende müssen länger im Beruf zu verbleiben. Dafür bedarf es einer altersgerechten Personalentwicklung und Gesundheitsförderung.
– Generell müssen die Bedingungen für den Verbleib von Mitarbeitenden verbessert werden. Personalmanagement sollte Anstöße für organisa-

tionale Optimierungsprozesse unter Einbeziehung der Betroffenen geben, um verbesserte Arbeitsprozesse, optimierte Arbeitsplatzgestaltung usw. zu generieren.

– Wer, wenn nicht das Personalmanagement trägt die Verantwortung für ein gutes Arbeitsklima, das aus einem wertschätzenden Umgang mit den Mitarbeitenden erwächst und ihnen etwas zutraut (Verantwortungsübertragung). Diesbezügliche Ziele können nur mit den Beschäftigten zusammen entwickelt werden, wenn sie greifen sollen.

– Es bedarf der Personalentwicklungskonzepte, durch die Mitarbeitende in ihren Arbeitsfeldern weiterqualifiziert und bei ihren Karrierewegen unterstützt und gefördert werden.

– Konzepte im Umgang mit dem Fachkräftemangel müssen zur Optimierung der Personalbeschaffung auch die Organisation hinsichtlich der Präsenz in der Umwelt in die Pflicht nehmen (z.B. Projekte mit Schulen und Hochschulen) und organisationsübergreifende Projekte der Personalentwicklung aufgreifen (siehe be/pe/so bzw. Kapitel 6).

Wenn wir die übergreifenden Aufgaben (siehe Abb. 10) mit in den Blick nehmen, so werden die Anforderungen an das Personalmanagement gleich viel komplexer. Es ist dann zu berücksichtigen, dass Organisationen in einem unübersichtlichen, da sich beständig wandelnden Umfeld tätig sind und Personalentwicklung eine Einheit mit Organisationsentwicklung und Qualitätsentwicklung im Rahmen des Change Managements bildet (vgl. Wöhrle 2003, 2005). Das organisationale Umfeld in der Sozialwirtschaft ist seit den 1990er Jahren so turbulent und unübersichtlich geworden, wie es in den Organisationen der profitorientierten Wirtschaft seit der Globalisierung wahrgenommen wurde. Die Managementliteratur ist seit dieser Zeit auf der Suche unter dem Motto „Wie lässt sich in unübersichtlichen, ja chaotischen Systemen managen?" Nicht selten wird das Bild von unbeweglichen Ozeanriesen bemüht, die zu träge sind, um auf aktuelle Wellen und Stürme reagieren zu können. Die Zielvorstellung ist es dann, sie zu wendigen, sich selbst steuernden Booten umzubauen, die unterschiedliche Richtungen in turbulenten Gezeiten finden können. Auch wenn dabei welche in die falsche Richtung fahren, so kommen doch die meisten an. Das Überleben sei so besser gesichert, als wenn der ganze Ozeanriese aufläuft.

Dabei wurde das Prinzip entdeckt, dass Komplexität dadurch reduziert werden kann, indem man nicht alle Herausforderungen bis zur Spitze der Organisationshierarchie vordringen lässt, um dort übergreifend zu entscheiden. Vielmehr können die jeweiligen Besonderheiten von Herausforderungen besser in lokalen Zusammenhängen erkannt und auf dezentraler

Ebene bearbeitet werden. Voraussetzung ist allerdings, dass diese dezentralen, sich selbst steuernden Einheiten mit entsprechenden Entscheidungsbefugnissen und Ressourcen ausgestattet werden. Diese Grundgedanken gehen auch in das neue Steuerungsmodell der öffentlichen Verwaltung ein, indem hier z.B. Dezentralisierung, Zielvereinbarungen, individuelle Ergebnisverantwortung, Budgets und ein anderes Leitungsverständnis vorgeschlagen werden. Über die entsprechende Umsetzung kann an anderer Stelle diskutiert werden.

Dieses Bild liefert auch die Basis für Konzepte wie der „Lernenden Organisation" (z.B. Senge 2017). Dabei wird hinsichtlich der Organisationsentwicklung von der Hypothese ausgegangen, dass Organisationen nicht erst in eine Krise geraten müssen, um sich zu verändern, sondern sie sich durchaus kontinuierlich zu erneuern vermögen. Allerdings bedarf ein solcher Prozess der vorausschauenden und kontinuierlichen Selbsterneuerung eines hohen Maßes an Selbstreflexion und eine ausgeprägte Vertrauenskultur in den Unternehmen. Zudem ändert sich in einem Prozess der kontinuierlichen Selbsterneuerung die Steuerungslogik. Sie erfordert eine radikale Abkehr von einem linear geplanten, hin zu einem zyklischen Verständnis von Veränderung. Dies wiederum hat Einfluss auf das Führungsverständnis, das man mit den Schlagworten vom „Top-Down" zum „activist-out" Ansatz beschreiben könnte (vgl. hierzu auch Gergs 2016).

Damit ist das Personalmanagement nicht nur in Folge, sondern in der Vorausschau gefordert. Verlangt sind sozusagen Entrepreneure oder Mitunternehmer, in jedem Fall Mitgestaltende der Organisation, die entsprechend durch das Personalmanagement in ihrer Entwicklung begleitet und unterstützt werden müssen.

Fassen wir zusammen:

Das Personalmanagement ist Teil des Change Managements, das den Umbau der Sozialpolitik und der öffentlichen Verwaltung zu meistern hat. Dabei lässt es sich kaum vom Management der Organisations- und Qualitätsentwicklung trennen. Seine durchaus separat aufzuführenden Aufgaben sind mit allen anderen Managementaufgaben verwoben. Besonders auf das Personalmanagement zugeschnitten sind folgende der generellen Herausforderungen:

1. Mit dem Umbau auf sich selbst steuernde und betriebswirtschaftlich verantwortete Einheiten bedarf es generell anderer Mitarbeitender als zu der Zeit, als die Kameralistik in der Verwaltung den Ton angab. Sie müssen in verstärktem Maße selbstständig tätig sein können und ihr

Tun auch wirtschaftlich verstehen. Im Idealfall müssen sie Mitunternehmende (Entrepreneure) sein.

2. Bei der Differenzierung der Qualifikationen und der Professionalisierungsgrade (von Akademikern/Akademikerinnen über Verwaltungskräfte bis zum Putzdienst) müssen davon teilweise Abstriche gemacht werden. Die Aufgabe des Personalmanagements ist hier, dass sie Verantwortliche identifizieren, die in ihren Bereichen Verantwortungsgrade mit entsprechenden Qualifikationen in Beziehung bringen können. Diese wiederum müssen die Untergebenen entsprechend motivieren und einbinden können.

3. Hinsichtlich der entsprechenden Personalgewinnung muss berücksichtigt werden, dass einer steigenden Nachfrage nach Personal bei zunehmender Konkurrenz ein Angebot schlecht bezahlter und prekärer Arbeitsverhältnisse gegenübersteht. Zudem ist die Generation Y bei den qualifizierten Beschäftigungsverhältnissen zu beachten. Die Aufgabe des Personalmanagements ist es hierfür insbesondere für ein gutes Image der Organisation, für ein gutes Betriebsklima, für produktive, innovative Umgebungen und ein differenziertes, Individuen förderndes Personalentwicklungskonzept zu sorgen.

4. Personalmanagement führt an dieser Stelle auch über die Organisation hinaus. Neben der ohnehin notwendigen Lobbyarbeit und der sozialpolitischen Positionierung bedarf es bei einer festgestellten Sociosclerose auch des überbetrieblichen Einsatzes für einen einheitlichen Tarifvertrag und langfristig gesicherter und ausreichend alimentierter Arbeitsverhältnisse für alle Beschäftigten.

5. Letztlich müssen Lösungen für die vielen kleinen Träger, die aufgrund ihrer Größe keine Personalentwicklung aus eigener Kraft betreiben können, gefunden werden. Dabei kann die Politik nicht außen vor bleiben.

Kontrollfragen

1. Welche Faktoren sprechen dafür, dass der Fachkräftemangel in der Sozialwirtschaft für das Personalmanagement eine größere Herausforderung ist als für das Personalmanagement in anderen Branchen?

2. Was muss getan werden, um dem Fachkräftemangel in der Sozialwirtschaft zu begegnen?

Literatur

Absolventa (2017): XYZ – Generationen auf dem Arbeitsmarkt, online unter: https://w ww.absolventa.de/karriereguide/tipps/xyz-generationen-arbeitsmarkt-ueberblick (Stand: 13.07.2017).

Afentakis, Anja/Maier, Tobias (2010): Projektionen des Personalbedarfs und -angebots in Pflegeberufen bis 2025, Statistisches Bundesamt • Wirtschaft und Statistik 11/2010, online unter: https://www.destatis.de/DE/Publikationen/WirtschaftStatistik /Gesundheitswesen/ProjektionPersonalbedarf112010.pdf?__blob=publicationFile (Stand: 28.07.2017).

akquinet (2012): akquinet business consulting GmbH/ Universität St.Gallen, Institut für Wirtschaftsethik/ Beuth Hochschule für Technik Berlin, Fachgebiet Unternehmensführung: Fachkräftemangel in der Sozialwirtschaft. Eine empirische Studie 2012, online unter: http://www.sonderpaedagogik.uni-wuerzburg.de/fileadmin/0604 0030/Downloads/Ratz/Studie_Fachkraeftemangel_2012_Ergebnisse_Langfassung_ 01.pdf (Stand: 25.04.2017);

siehe auch unter: König 2012 und 2013 u.a.

Arbeitsamtsstatistik 2017: https://statistik.arbeitsagentur.de/Navigation/Statistik/Statist ik-nach-Themen/Statistik-nach-Berufen/Statistik-nach-Berufen-Nav.html.

Autorengruppe Fachkräftebarometer (2014): Fachkräftebarometer Frühe Bildung 2014, München: Weiterbildungsinitiative Frühpädagogische Fachkräfte.

Bartelheimer, Peter (2011): Unsichere Erwerbsbeteiligung und Prekarität, WSI Mitteilungen 2011, 386–397, online unter: https://www.boeckler.de/ wsimit_2011_08_bartelheimer.pdf (Stand: 06.09.2017).

Bank für Sozialwirtschaft (2015): Initiative für Soziales Unternehmertum, online unter: https://www.eufis.eu/fileadmin/Dokumente/EU-Politik/2015-07-Soziales_Unter nehmertum_neu.pdf (Stand: 02.11.2017).

Bate, Paul (1997): Cultural Change, Strategien zur Änderung der Unternehmenskultur, München (Gerling Akademie).

Blog (2014) = online unter: http://blog.presentationload.de/wp-content/uploads/2014/1 0/PowerPoint-Personalmanagement.png (Stand: 02.01.2017).

be/pe/so ist ein dreijähriges Forschungs- und Verbundprojekt, gefördert vom Bundesministerium für Bildung und Forschung im Rahmen des Programms „Arbeiten-Lernen-Kompetenzen entwickeln. Innovationsfähigkeit in einer modernen Arbeitswelt", online unter: http://www.bepeso.de (Stand: 02.11.2017).

BMAS (2016) = Bundesministerium für Arbeit und Soziales: Weißbuch Arbeiten 4.0, Basis-Scenario, online unter: https://issuu.com/support.bmaspublicispixelpark.de/do cs/161121_wei__buch_final?workerAddress=ec2-54-91-54-15.compute-1.amazona ws.com (Stand: 01.12.2016).

BMG (2016) = Bundesministerium für Gesundheit: Pflegefachkräftemangel, online ab 16.06.2016 unter: https://www.bmg.bund.de/index.php?id=646.

Boeßenecker, Karl-Heinz (2013): Stichwort: Berufe, soziale, in: Grunwald/Horcher/ Maelicke, S. 116 ff.

Braem, Henning (2016): Europäische Union. Eine Taskforce für die Sozialwirtschaft, in: Sozialwirtschaft aktuell 4, S. 1 ff.

Braem, Henning (2017): Auf dem Weg zum „Europäischen Sozialunternehmen", in: Sozialwirtschaft 4, S. 14 ff.

Bund, Kerstin (2016): Glück schlägt Geld. Generation Y. Was wir wirklich wollen, 3. Auflage, Hamburg: Murmann Verlag.

Bundesagentur für Arbeit (Hrsg.) (2016): Der Arbeitsmarkt in Deutschland – Fachkräfteengpassanalyse. Statistik/Arbeitsmarktberichterstattung (2015), online unter: https://statistik.arbeitsagentur.de/Statischer-Content/Arbeitsmarktberichte/Fachkrae ftebedarf-Stellen/Fachkraefte/BA-FK-Engpassanalyse-2015-12.pdf (Stand: 10.01.2017).

Busse, Reinhard (2015): Welchen Einfluss haben qualitative und quantitative Parameter der Pflege in Akutkrankenhäusern auf Personal- und Patienten-Outcomes? Ergebnisse der RN4Cast-Studie. Technische Universität Berlin. pdf. (Stand: 27.07.2015).

Christa, Harald/Clasen, Heidi (2017): Generation Y. Weiche Faktoren im harten Wettbewerb, in: SOZIALwirtschaft 6, S. 38 f.

Dahme, Heinz-Jürgen/Kühnlein, Gertrud/Wohlfahrt, Norbert (2005): Zwischen Wettbewerb und Subsidiarität. Wohlfahrtsverbände unterwegs in die Sozialwirtschaft, Berlin: edition sigma.

DBS (1977): Internationaler „Code of Ethics" für den Berufsstand der Sozialarbeiter/ Sozialpädagogen. In: „Der Sozialarbeiter", Zeitschrift des DBS e. V., Heft 3, Mai/ Juni, online unter: http://www.bewaehrungshilfe.de/wp-content/uploads/2013/02/Int ernationaler-Code-of-Ethic.pdf (Stand: 07.09.2017).

Diakoniebericht (2016): online unter: https://www.diakonie-mitteldeutschland.de/2016 _diakoniebericht_auf_der_landessynode_anhalts_de.pdf (Stand: 02.10.2017).

Ehrentraut, Oliver/Hackmann, Tobias/Krämer, Lisa/Plume, Anna-Marleen (2014): Ins rechte Licht gerückt. Die Sozialwirtschaft und ihre volkswirtschaftliche Bedeutung, wiso direkt, März, online unter: http://library.fes.de/pdf-files/wiso/10615.pdf (Stand : 02.11.2017).

Evans, Michaela/Galtschenko, Wjatscheslav/Hilbert, Josef (2012): Befund „Sociosclerose": Arbeitgeber-Arbeitnehmerbeziehungen in der Sozialwirtschaft in Deutschland in Modernisierungsverantwortung. German country report to the European Project „Promoting employers' social services organisations in social dialogue", Gelsenkirchen: Duncker und Humblot.

Fuchs-Rechlin, Kirsten (2012): Soziale Berufe – von der Wachstums- zur Zukunftsbranche?, in: Sozial Extra 3/4, Stn. 32–35.

Gergs, Hans-Joachim (2016): Die Kunst der kontinuierlichen Selbsterneuerung. Acht Prinzipien für eine neues Change Management, Weinheim: Beltz.

Giesecke, Harald (2012): Sozialarbeit – ein Berufsfeld mit Zukunft? (Stn. 29–31), in: Sozial Extra, 3/4.

Görres, Stefan/Stöver, Martina/Bomball, Jaqueline/Adrian, Christian (2015): Imagekampagnen für Pflegeberufe auf der Grundlage empirisch gesicherter Daten. Einstellungen von Schüler/innen zur möglichen Ergreifung eines Pflegeberufes (Stn. 147–157), in: Zängl, Peter (Hrsg.): Zukunft der Pflege, Wiesbaden: Springer Fachmedien.

Grunwald, Klaus (2013): Organisationskultur, in: Grunwald/Horcher/Maelicke, S. 722ff.

Grunwald, Klaus/Horcher, Georg/Maelicke, Bernd (Hrsg.) (2013): Lexikon der Sozialwirtschaft, 2., aktualisierte und vollständig überarbeitete Auflage, Baden-Baden: Nomos.

Hilbert, Josef/Evans, Manuel/Galtchenko, Viacheslav (2013): Sociosclerose. Zukunftsfähigkeit gefährdet, in: SOZIALwirtschaft 3, S. 7–9.

Hölzl, Hubert (2014): Mitarbeiter der Generation Y führen, in: SOZIALwirtschaft 2, S. 30 ff.

Impuls (2017): GENERATION Y. Individualistisch, nicht unsolidarisch, Heft 13.

Internet 2017: Die Zahlen wurden am 26.07.2017 im Internet unter nachfolgenden Adressen gefunden (es wurden jeweils die höchsten Zahlen berücksichtigt und diese gerundet): https://de.statista.com/statistik/daten/studie/37130/umfrage/top-20-unternehmen-na ch-anzahl-der-beschaeftigten/.

Kallweit, Manuel/Weigert, Benjamin (2016): Demografischer Wandel in Deutschland. Gesamtwirtschaftliche Auswirkungen, Wiesbaden: Springer.

Klaudy, Elke Katharina/Köhling, Karola/Micheel, Brigitte/Stöbe-Blossey, Sybille (2016): Nachhaltige Personalwirtschaft für Kindertageseinrichtungen – Herausforderungen und Strategien. Studie Nr. 336, Düsseldorf: Hans-Böckler-Stiftung.

KomDat (Kommentierte Daten der Jugendhilfe), Deutsches Jugendinstitut, 2011, Heft 1&2, online unter: http://www.dji.de/fileadmin/user_upload/dasdji/home/Kom_Dat _Heft_1_2_2011_web_einschl_Errata.pdf (Stand: 27.06.2016).

König, Mathias/Clausen, Hartmut/Schank, Christoph/Schmidt, Matthias (2012): Fachkräftemangel in der Sozialwirtschaft – Eine empirische Studie 2012, akquinet business consulting GmbH, Universität St. Gallen, Beuth Hochschule Berlin, Hamburg.

König, Mathias/Clausen, Hartmut/Schank, Christoph (2013): Fachkräftemangel: Abwarten ist keine Lösung (Stn. 22–25), in: SOZIALwirtschaft 6.

Luhmann, Niklas (1984): Soziale Systeme. Grundriß einer allgemeinen Theorie, Frankfurt a.M.: Suhrkamp.

McKinsey Deutschland (2011): Wettbewerbsfaktor Fachkräfte – Strategien für Deutschlands Unternehmen, Berlin: McKinsey, online unter: https://www.mckinsey .de/files/fachkraefte.pdf (Stand: 06.09.2017).

Mörstedt, Antje-Britta (2017), online unter: https://www.pfh.de/fileadmin/Content/PD F/forschungspapiere/vortrag-generation-z-moerstedt-ihk-goettingen.pdf (Stand: 13.07.2017).

Nies, Sarah/Tullius, Knut (2017): Zwischen Übergang und Etablierung. Beteiligungsansprüche und Interessenorientierungen jüngerer Erwerbstätiger, Study der Hans-Böckler-Stiftung Nr. 357, Juli, online unter: https://www.boeckler.de/pdf/p_study_h bs_357.pdf (Stand: 08.09.2017).

Rauschenbach, Thomas (1993): Soziale Berufe im Umbruch, in: Sozialmagazin 4, S. 18 ff.

Rauschenbach, Th./Schilling, M. (1997): Das Ende der Fachlichkeit? Soziale Berufe und die Personalstruktur der Kinder- und Jugendhilfe im vereinten Deutschland, in: neue praxis 1, S. 22 ff.

Schein, Edgar H. (2003): Organisationskultur (The Ed Schein Corporate Culture Survival Guide), Bergisch Gladbach: Edition Humanistische Psychologie.

SDB (Soziale Dienste Berlin-Brandenburg e. V.) (2011): Abschlussbericht Befragung zur sozialen und beruflichen Lage von Fachkräften der Sozialen Dienste in Berlin und Brandenburg, Berlin, online unter:

https://www.gew-berlin.de/public/media/MO_Abschlussbericht_Fachkraeftebefragung.pdf (Stand: 06.09.2017).

Senge, Peter M. (2017): Die fünfte Disziplin: Kunst und Praxis der lernenden Organisation (Systemisches Management), 11. Auflage, Stuttgart: Schäffer-Poeschel.

Spear, Roger (2012): Discussion paper on Social Economy, online unter: http://ec.euro pa.eu/social/main.jsp?catId=1024&langId=en&newsId=1397&moreDocuments=ye s&tableName=news (Stand: 20.06.2015).

Spiegel online (2017): online unter: http://www.spiegel.de/gesundheit/schwangerschaft /geburten-in-deutschland-statistisches-bundesamt-jede-fuenfte-frau-bleibt-kinderlos -a-1159787.html (Stand: 26.07.2017).

Statistisches Bundesamt: Statistisches Jahrbuch 2017, online unter: https://www.destati s.de/DE/Publikationen/StatistischesJahrbuch/Arbeitsmarkt.pdf?__blob=publication File, oder: https://www.destatis.de/DE/Publikationen/StatistischesJahrbuch/Arbeits markt.pdf?__blob=publicationFile (Stand: 30.10.2017).

Staub-Bernasconi, Silvia (2016): „Bringing the Client Back In" – Die Relevanz von Mary Parker Folletts (1868–1933) Sozialmanagementkonzept für die heutige Soziale Arbeit unter neoliberalem Vorzeichen, in: Wöhrle/Fritze/Prinz/Schwarz: Sozialmanagement – Eine Zwischenbilanz, Wiesbaden: VS Springer.

Thiersch, Hans (1992): Das sozialpädagogische Jahrhundert, in: Rauschenbach, Th./ Gängler, H. (Hrsg.) (1992): Soziale Arbeit und Erziehung in der Risikogesellschaft, Neuwied/Kriftel/Berlin: Luchterhand, S. 9 ff.

Wendt, Wolf Rainer (2013): Sozialwirtschaft, in: Wöhrle/Beck/Grunwald/Schellberg/ Schwarz/Wendt, S. 11 ff.

Wendt, Wolf Rainer (2017): Ökonomie der Lebensführung. Wohlfahrtsbezogene Lebensführung im Kontext sozialen Wirtschaftens, Baden-Baden: Nomos.

Werner, Christin (2016): Strategien für Organisationen der Sozialwirtschaft, um junge Fachkräfte der Generation Y gewinnen und langfristig in das Unternehmen integrieren zu können. Masterarbeit an der Hochschule Mittweida, Fakultät Soziale Arbeit.

WISO (2014) = Ehrentraut, O./Hackmann, T./Krämer, L./Plume, A.-M.: Ins rechte Licht gerückt. Die Sozialwirtschaft und ihre volkswirtschaftliche Bedeutung, WISO direkt, März, online unter: http://library.fes.de/pdf-files/wiso/10615.pdf.

Wöhrle, Armin (2003): Grundlagen des Managements in der Sozialwirtschaft, Baden-Baden: Nomos.

Wöhrle, Armin (2005): Den Wandel managen. Organisationen analysieren und entwickeln, Baden-Baden: Nomos.

Armin Wöhrle

Wöhrle, Armin (2013): Mit welchen Begriffen des Managements argumentieren wir? Ein Beitrag zur Klärung der Begriffe Management von Organisationen, die Dienstleistungen der Sozialen Arbeit erbringen, Sozialmanagement, Management in der Sozialwirtschaft und Management des Sozialen, in: Kölner Journal Wissenschaftliches Forum für Sozialwirtschaft und Sozialmanagement 1, S. 34–59.

Wöhrle, Armin (2013): Mythen und Ritual, in: Grunwald/Horcher/Maelicke, S. 677 ff. und S. 847 ff.

Wöhrle, Armin/Beck, Reinhilde/Grunwald, Klaus/Schellberg, Klaus/Schwarz, Gotthart/Wendt, Wolf Rainer (2013): Grundlagen des Managements in der Sozialwirtschaft, Baden-Baden: Nomos.

Wöhrle, Armin/Fritze, Agnès/Prinz, Thomas/Schwarz, Gotthart: Sozialmanagement – Eine Zwischenbilanz, Wiesbaden: VS Springer.

Zehner, Katharina (2016): War of Talents – Fakt oder Fiktion?, online unter: https://www.ruv-blog.de/war-talents-fakt-oder-fiktion (Stand: 06.09.2017).

Armin Wöhrle

2 Bestandteile der Personalwirtschaft und des Personalmanagements

Ludger Kolhoff

Die Begriffe Personalwirtschaft und Personalmanagement werden in der Literatur nicht klar voneinander abgegrenzt. So bezeichnet Olfert mit dem Begriff Personalwirtschaft die Gesamtheit der mitarbeiterbezogenen Gestaltungs- und Verwaltungsaufgaben im Unternehmen (Olfert 2015, 31) und Staehle nutzt den Begriff Personalmanagement als Synonym für das Management des Humanpotentials (Staehle 1999, 776 ff).

Hier werden unter Personalwirtschaft und Personalmanagement die Wirtschafts- und Managementfunktionen verstanden, die sich direkt oder indirekt auf die Beschäftigten in der Sozialwirtschaft richten. Personalwirtschaft und Personalmanagement stellen die Gesamtheit aller Ziele, Strategien und Instrumente dar, die das Verhalten von Führungskräften und Mitarbeitern in der Sozialwirtschaft prägen.

Das Feld kann nach Funktionen und Institutionen unterschieden werden.

Die funktionenbezogene Personalwirtschaft im Sinne einer Systemgestaltung behandelt organisatorische Tätigkeiten, wie z.B. die Personalbeschaffung. Hierfür war früher ausschließlich die Personalverwaltung zuständig, die auch heute noch wichtig ist. Sie muss jedoch wesentlich ergänzt werden durch die Schaffung von attraktiven Anreizsystemen (Aus- und Weiterbildung, Qualifizierung, Mitbeteiligung u.a.), die als Personalentwicklung bezeichnet werden.

Beim institutionenbezogenen Personalmanagement im Sinne einer Beziehungsgestaltung und Verhaltenssteuerung handelt es sich um personale Führungstätigkeiten. Hierzu gehören neben der Mitarbeitermotivation, Führungsstile und Führungstechniken.

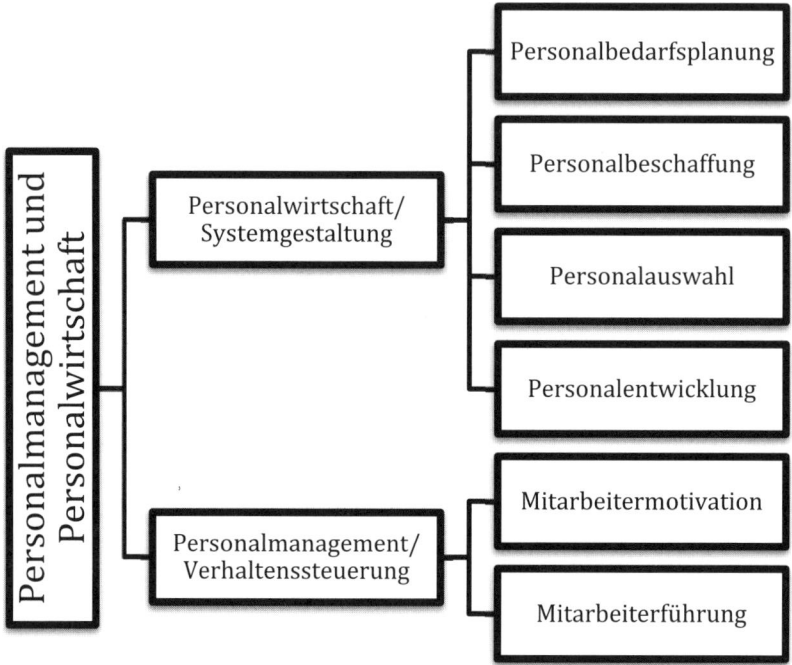

Abb. 1: Personalmanagement und Personalwirtschaft

2.1 Personalwirtschaft im Sinne einer Systemgestaltung

Die Personalwirtschaft ist abhängig von externen Faktoren, wie z.B. von den zur Verfügung stehenden finanziellen Ressourcen oder den Rahmenbedingungen des Arbeitsmarktes. Hinzu kommen interne Faktoren, die sich in der Personalpolitik und der Unternehmensplanung niederschlagen. Sie bestimmen die Personalbedarfs- und in der Folge die Personalbeschaffungs- und- und Personalentwicklungsplanung.

2.1.1 Personalbedarfsplanung

Die Personalbedarfsplanung beschäftigt sich mit folgenden Fragen:
– Wie viel Personal wird benötigt?
  – quantitativ

- Welches Personal wird benötigt?
  - qualitativ
- Wann wird das Personal benötigt?
  - zeitlich
- Wo wird das Personal benötigt?
  - örtlich (Freund u.a. 2003, 29)

Die Bedarfsanalyse erfolgt auf der Basis einer Betrachtung der zu erfüllenden Aufgaben (Arbeitsanalyse) und mündet in Stellenbeschreibungen, in denen die für die jeweilige Stelle relevanten Bedarfe und ihre Einordnung in die Organisationsstruktur beschrieben werden (Freund u.a. 2003, 40). In der Folge werden Anforderungsprofile erstellt, in denen neben den Arbeitsaufgaben, auch die wesentlichen Kenntnisse und Eigenschaften, die für die jeweilige Stellen notwendig sind, beschrieben werden. Es ergibt sich der folgende Dreischritt:

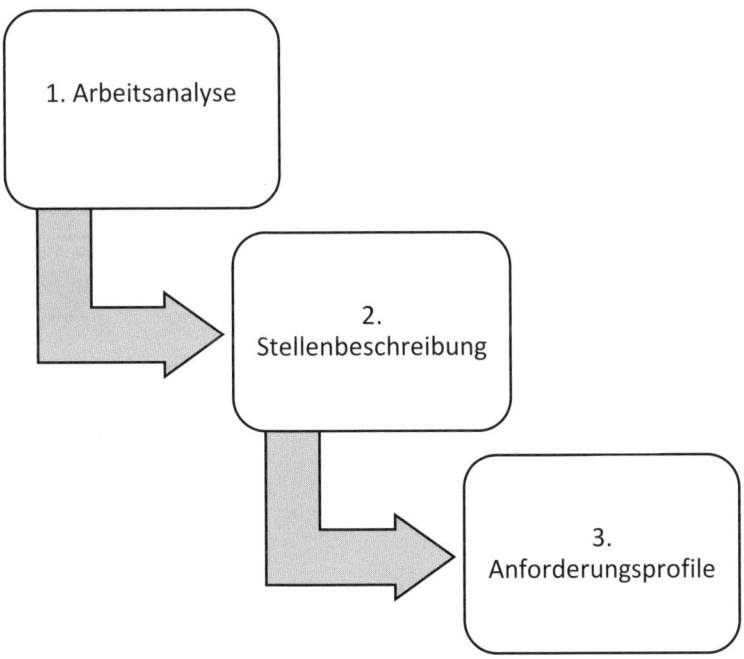

Abb. 2: Von der Arbeitsanalyse zum Anforderungsprofil

2.1.2 Personalbeschaffung

Die Personalbeschaffung kann intern (ohne Änderung oder mit Änderung bestehender Arbeitsverhältnisse) oder extern (durch den Abschluss neuer Arbeitsverträge) erfolgen (Olfert 2015, 130–140, Freund u.a. 2003, 64–72, Hentze Kammel 2001, 261, Jung 2017, 136 ff.). Zu den internen Verfahren gehört auch die Erhöhung des Qualifikationsniveaus der MitarbeiterInnen durch Personalentwicklungsmaßnahmen (siehe Kap. 2.4).

Das wichtigste Medium der Personalbeschaffung ist die Stellenanzeige. Sie basiert auf der Stellenbeschreibung und kann innerbetrieblich z.B. im Intranet oder außerbetrieblich z.B. durch Inserate im Internet oder in Zeitungen oder Fachzeitschriften erfolgen (Olfert 2015, 140–147, Freund u.a. 2003, 73–75). Auf der Basis der Stellenbeschreibung erfolgt die Personalauswahl.

2.1.3 Personalauswahl

Die Personalauswahl ist ein Entscheidungsprozess auf der Grundlage eines Soll-ist Vergleichs. Ausgehend vom analysierten Personalbedarf (Soll), wird überprüft, ob die BewerberInnen den Anforderungen entsprechen (Ist). Es geht also um einen Vergleich zwischen den Anforderungsmerkmalen der Stelle und den Eignungsmerkmalen der BewerberInnen. Neben einer Analyse der Fähigkeiten der BewerberInnen sollte auch darauf geachtet werden, dass die individuellen Ziele der MitarbeiterInnen mit den Zielen des Unternehmens übereinstimmen.

Ludger Kolhoff

Die Personalauswahl erfolgt in drei Stufen (Freund u.a. 2003, 77):

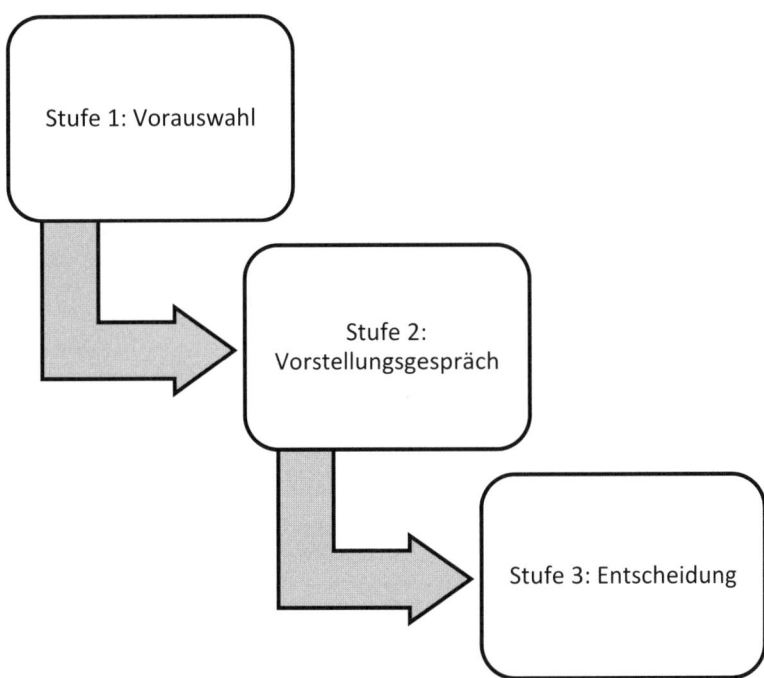

Abb. 3: Stufen der Personalauswahl

Stufe 1: Vorauswahl

Auf der Basis der eingereichten Unterlagen (Bewerbungsschreiben, Lebenslauf, Zeugnisse etc.) erfolgt eine Vorauswahl der BewerberInnen (Olfert 2015, 156–172, Freund u.a. 2003, 78–89). Die Bewerbsunterlagen werden anhand von, aus der Stellenbeschreibung abgeleiteten, Indikatoren bewertet.

Ein wichtiges Kriterium bei der Vorauswahl ist auch das Bewerbungsschreiben, das z.B. anhand folgender Fragen bewertet werden kann:
– Ist das Schreiben klar gegliedert?
– Wird auf die Stellenanzeige eingegangen?
– Aus welchem Grund erfolgt die Bewerbung?

- Befindet sich der Bewerber/die Bewerberin in einem gekündigten oder ungekündigten Arbeitsverhältnis?
- Welche besonderen Befähigungen bestehen?
- Wurden ähnliche Aufgaben gelöst?
- Wann steht der Bewerber/die Bewerberin zur Verfügung? (Olfert 2015, 158, 159)

Stufe 2: Vorstellungsgespräch

Die in der Vorauswahl ausgesuchten BewerberInnen, werden zu einem Vorstellungsgespräch eingeladen, um die Analyse der schriftlichen Unterlagen durch eine Prüfung des persönlichen Eindrucks (Persönlichkeit, Befähigungen und Interessen der BewerberInnen) zu ergänzen.

Das Vorstellungsgespräch kann in folgende Phasen gegliedert werden:
- Kontaktphase
- Hauptphase
    - Erörterung der fachlichen Eignung (Aus- und Weiterbildung, berufliche Fertigkeiten, Erkenntnisse und Erfahrungen) um zu erkunden, ob die BewerberInnen den Ansprüchen genügen.
    - Erkundung des individuellen Hintergrundes des Bewerbers/der Bewerberin, um zu eruieren, ob der/die Bewerber/in in das Unternehmen passt.
- Information über das Unternehmen zur Information der BewerberInnen um ggf. falsche Vorstellungen zu korrigieren.
- Informationen zu Gesichtspunkten wie Gehalt-, Sozialleistungen etc.

Stufe 3: Entscheidung

In der nächsten Stufe erfolgt dann die Entscheidung. Entweder erfolgt bei internen BewerberInnen eine Versetzung oder eine Änderung eines bestehenden Arbeitsvertrages, bzw. bei externen BewerberInnen eine Neueinstellung oder z.B. ein Vertrag über eine freie Mitarbeitertätigkeit.

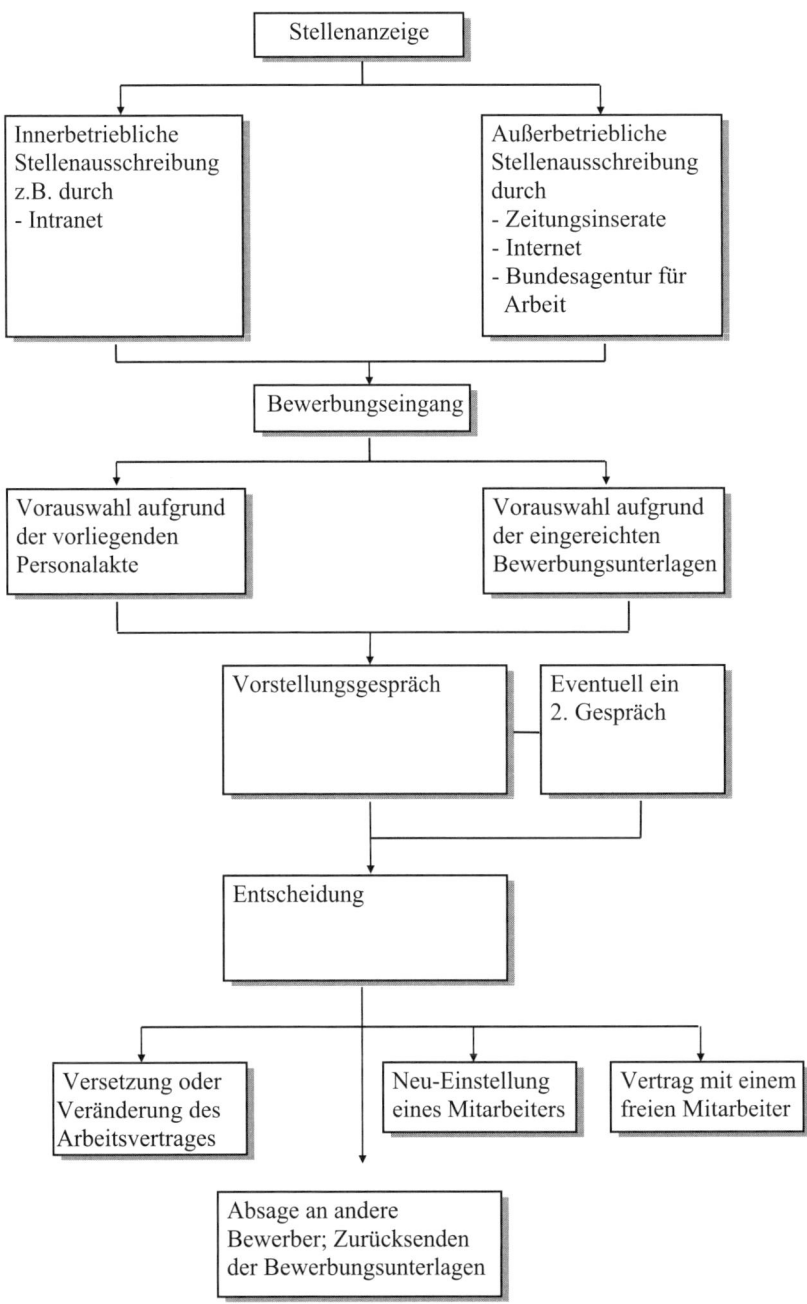

Abb. 4: Personalauswahl

Das neu eingestellte Personal muss in das Unternehmen eingeführt werden. Dies gehört zu den Aufgaben der Personalentwicklung, womit zum nächsten Kapitel übergeleitet wird.

2.1.4 Personalentwicklung

Aufgabe der Personalentwicklung ist es, die Handlungskompetenzen der MitarbeiterInnen zu stärken. Die wichtigsten Komponenten der Handlungskompetenz sind:
– Die **Fachkompetenz**: Die Fähigkeit, auf der Grundlage von Fachkenntnissen Probleme zu lösen.
  – (Wissen).
– Die **Methodenkompetenz**: Die Fähigkeit, auf der Grundlage von Fertigkeiten Aufgaben zu bewältigen.
  – (Können).
– Die **Sozialkompetenz**: Die Fähigkeit, mit Anderen Probleme zu lösen.
  – (Verhalten).

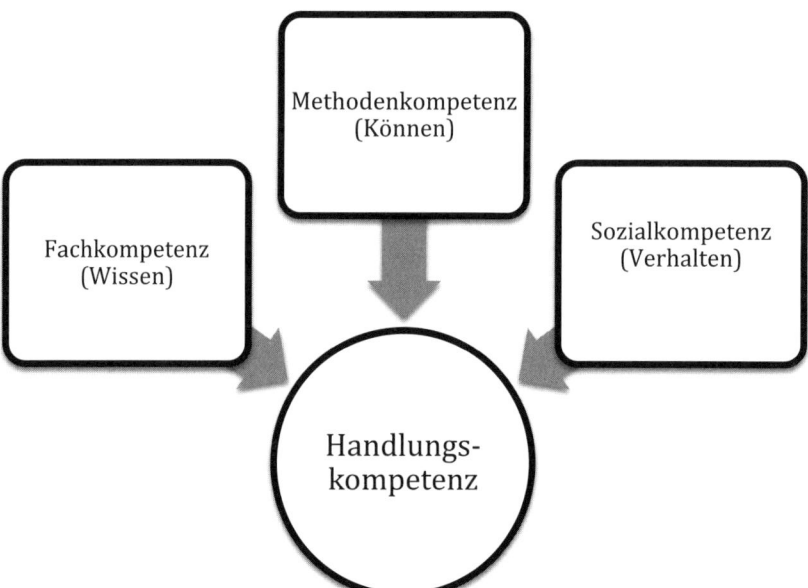

Abb. 5: Komponenten der Handlungskompetenz

Ludger Kolhoff

Personalentwicklungsmaßnahmen können into-the-job, on-the-job, near-the-job oder – off-the-job erfolgen (Scholz 2014, 579 ff.)

2.1.4.1 Personalentwicklungsmaßnahmen „into the Job"

Berufliche Erstausbildung

Zu den Personalentwicklungsmaßnahmen into the job der Sozialwirtschaft gehört die berufliche Erstausbildung an Fachschulen und Hochschulen. Schon in dieser Phase sollten im Sinne einer vorausschauenden Personalwirtschaft leitende Mitarbeiter aus der Sozialwirtschaft präsent sein und Seminare oder Gastvorträge anbieten, um bei der Kompetenzentwicklung der zukünftigen MitarbeiterInnen mitzuwirken. Gleiches gilt für die Anleitung von PraktikanntInnen oder SozialarbeiterInnen im Anerkennungsjahr.

Einführung neuer MitarbeiterInnen

Der erste Eindruck hat einen großen Einfluss auf die weitere Entwicklung und zukünftige Leistungsbereitschaft der MitarbeiterInnen. Aus diesem Grund sollten Einführungen erfolgen. Hierzu gehören Einblicke in den Aufbau und die Leitung des Unternehmens ebenso, wie eine anhand eines Einarbeitungsplans erfolgende aufgabenspezifische Einarbeitung.

Traineeprogramme

Klassischerweise richten sich Traineeprogramme an HochschulabsolventInnen, denen der Übergang in die Praxis erleichtert werden soll. Ein Traineeprogramm dauert in der Regel zwischen 12 und 18 Monaten. Während dieses Zeitraums werden unterschiedlichen Abteilungen durchlaufen. Den Trainees bietet sich die Möglichkeit, in der Praxis Stärken und Schwächen zu eruieren und die Führungskräfte können testen, ob die Trainees geeignete MitarbeiterInnen in ihrem Bereich sein könnten.

2.1.4.2 Personalentwicklungsmaßnahmen „on the Job"

Personalentwicklungsmaßnahmen on the job können an der Gestaltung des Arbeitsfeldes im Sinne eines job-enlargement, -enrichment oder -rotations ansetzen.

Job-enlargement (Arbeitserweiterung)

Unter job-enlargement wird die Ausweitung des Arbeitfeldes durch Hinzufügen qualitativ gleichwertiger Tätigkeiten verstanden (Freund u.a. 2003, 114, 161). Da MitarbeiterInnen für mehr Teilaufgaben verantwortlich sind, wird das Arbeitsfeld abwechslungsreicher und befruchtender. Als Beispiel seien Sekretariatsaufgaben genannt. Schreibarbeiten können z. B. um Ablagearbeiten ergänzt werden.

Job-enrichment (Arbeitsbereicherung)

Während es beim job-enlargement um die Ausweitung von ausführenden Aufgaben geht, wird hier eine Anreicherung der Arbeit durch Führungsaufgaben (Planungs-, Entscheidungs-, Anordnungs- und Kontrollaufgaben) vorgenommen. Job-enrichment beinhaltet die Integration verschiedener zusammenhängender Tätigkeiten zu abgrenzbaren Verantwortungsbereichen. Als Beispiel dient wiederum das Sekretariat. Schreib- und Ablagearbeiten werden um den Bereich der Büroorganisation oder Terminorganisation ergänzt (Freund u.a. 2003, 114, 161).

Job-rotation (Arbeitsplatzwechsel)

Auch die Einrichtungen der Sozialwirtschaft müssen sich veränderten Anforderungen anpassen. Dies stößt intern insbesondere dann auf Schwierigkeiten, wenn MitarbeiterInnen jahrelang nur in einem eng abgegrenzten Gebiet tätig waren. Kommt es zu Veränderungen, dann wird es oft schwierig, für diese Mitarbeiter neue Aufgabenfelder zu finden, die ihrem Qualifikationsniveau entsprechen. Das job-rotation, der planmäßige Wechsel von Arbeitsplätzen und Arbeitsaufgaben (Freund u.a. 2003, 114 ff.), soll dem entgegenwirken. Durch job-rotation soll Ressortdenken abgebaut und die Fach-, Methoden und Sozialkompetenz der MitarbeiterInnen erhöht werden.

2.1.4.3 Personalentwicklungsmaßnahmen „near the Job"

Das sich Personalentwicklungsmaßnahmen oftmals von Organisationsentwicklungsmaßnahmen nicht trennen lassen, wird auch am Beispiel der Qualitätszirkel deutlich.

Qualitätszirkel

„Ein Qualitätszirkel besteht aus einer Gruppe von Mitarbeitern, die sich meist wöchentlich für 1 Stunde zusammensetzen, um Qualitätsprobleme zu erörtern, deren Ursachen nachzugehen, Lösungen zu empfehlen und Verbesserungen zu veranlassen, wenn das in ihren Verantwortungsbereich fällt. Folgende Merkmale kennzeichnen einen Qualitätszirkel:

− Eine begrenzte Zahl von MitarbeiterInnen eines Arbeitsbereichs bildet einen solchen Zirkel.
− Die Mitglieder treffen sich in regelmäßigen Abständen.
− Die Treffen kommen auf freiwilliger Basis zustande.
− Es werden gemeinsame arbeitsbezogene Probleme, genauer gesagt Qualitätsprobleme, untersucht.
− Die Probleme werden selber abgestellt, oder die erarbeiteten Lösungsvorschläge an die zuständigen Stellen weitergeleitet.

Coaching

Coaching bedeutet Training oder Betreuung. Der Begriff stammt aus dem Englischen, Coach = Kutsche, Coachment = engl. Kutscher (im Sport: Trainer, Betreuer). Unter Coaching ist eine personenbezogene Einzelberatung zu Fragen der Rollengestaltung zu verstehen. Der Coach (Trainer) ist nicht der beste Spieler (Fachmann), aber er weiß, was erforderlich ist, um ein exzellenter Spieler (Fachmann) zu sein. Coaching dient der Unterstützung der persönlichen Effektivität im Sinne einer zielorientierten Effizienzsteigerung. Der Coach fungiert als Spiegel (Fremdbild). Coaching-

Maßnahmen setzen an folgenden Ebenen an: Mentale Ebene, Visionen (Zukunft), Glaubenssätze, Kreativität, Identität (Selbst- und Fremdbild).

2.1.4.4 Personalentwicklungsmaßnahmen „off the Job"

Die externen Trainings off the job erfolgen außerhalb der Einrichtungen der Sozialwirtschaft. Die Angebote sind äußerst vielfältig und setzen oft an der Ebene der Stärkung der Fachkompetenz an. Hierzu gehören Weiterbildungsangebote wie Kurse, Vorträge oder Tagungen, in denen Wissen vermittelt wird. Doch auch zur Ebene der Stärkung der Methoden- und Sozialkompetenz werden vielfältige Trainings und Kurse angeboten.

In der folgenden Abb. werden die Angebote der Personalentwicklungsmaßnahmen into-the-job, on-the-job, near-the-job oder – off-the-job zusammenfassend aufgelistet:

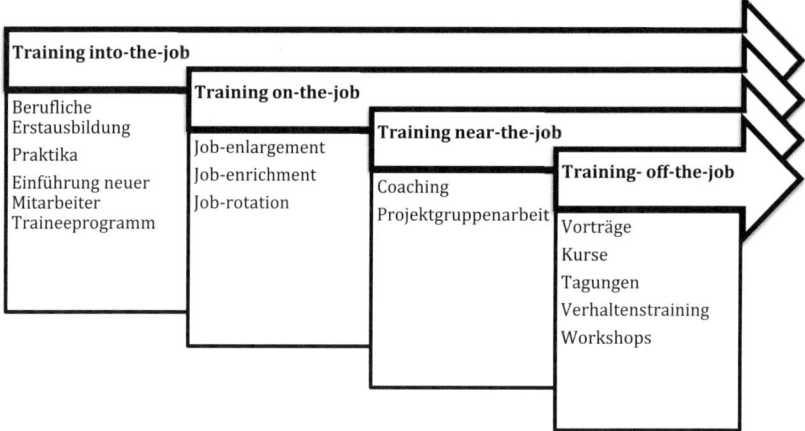

Abb. 6: Personalentwicklungsmaßnahmen into-the-job, on-the-job, near-the-job oder – off-the-job

Ludger Kolhoff

2.2 Personalmanagement im Sinne einer Verhaltenssteuerung[1]

2.2.1 MitarbeiterInnenmotivation

Um MitarbeiterInnen beeinflussen zu können, gilt es ihre Motive zu erkennen. Unter Motiven versteht man allgemein einen Beweggrund menschlichen Handelns und unter Motivation einen „Zustand des inneren „Angetriebenseins" einer Person" (Wunderer 2007, 104). Es geht um das Warum, nicht um das Wie des Handelns (Rosenstil 2009, 158).

Wie jemand handelt, ist mit Methoden der empirischen Sozialforschung, bspw. durch Beobachtungen zu erfassen, doch warum ein Mensch handelt, was ihn antreibt und bewegt, das lässt sich nur selten beobachten oder durch Experimente herausfinden. Hier muss interpretiert werden. Dabei ergeben sich natürliche Grenzen, denn jede Interpretation erfolgt auf dem Hintergrund des Weltbildes der interpretierenden Person.

Die Aussagekraft der motivationstheoretischen Ansätze, die im Folgenden vorgestellt werden, ist deshalb begrenzt. Oftmals wissen wir selbst nicht genau, was uns eigentlich motiviert hat und warum wir etwas tun oder getan haben, wie wollen wir dann sicher beurteilen, was andere antreibt und motiviert. Es ist deshalb eine Herausforderung für das Personalmanagement, Motive und Bedürfnisse von Mitarbeitern wahrzunehmen und auf bewusste und unbewusste Motive der MitarbeiterInnen so zu reagieren, dass die Ziele des Unternehmens möglichst effektiv erreicht werden.

2.2.1.1 Was motiviert Mitarbeiter?

In diesem Kontext stellen sich drei Fragen:
1. Was motiviert einen Menschen, in ein Unternehmen der Sozialwirtschaft einzutreten und zu bleiben (Teilnahmeentscheidung)?

---

1 Passagen dieses Kapitels basieren auf der Publikation: Kolhoff, L.: Personalmanagement im Sinne einer Verhaltenssteuerung, in: Kolhoff. L., Kortendieck, G.: Personalmanagement und Personalwirtschaft, Baden-Baden 2006. Die Publikation ist zugleich als ‚Parallelveröffentlichung' zu dem Handbuchbeitrag von mir im zugleich erscheinenden ‚Handbuch der Sozialwirtschaft' (Grunwald, Langer 2018) zu verstehen, unter dem Titel „Personalmanagement und -führung".

Hier unterscheidet sich die Motivation von Menschen, die in der Sozialwirtschaft tätig sind, oftmals von der Motivation von Menschen, die in anderen Wirtschaftszweigen arbeiten. Denn viele MitarbeiterInnen der Sozialwirtschaft haben ihre Teilnahmeentscheidung gefällt, um Menschen in Not zu helfen. Hierauf gilt es zu achten, wenn man die zweite Motivationsfrage beantworten will:

2. Was motiviert eine/n MitarbeiterInnen sich anzustrengen und mehr als Dienst nach Vorschrift zu leisten (Leistungsentscheidung)?

Da für viele MitarbeiterInnen in der Sozialwirtschaft die Arbeitsinhalte entscheidende Motivationskriterien sind, werden MitarbeiterInnen demotiviert, wenn die Arbeit mit der Klientel in den Hintergrund gerät. Anders als in vielen anderen Wirtschaftszweigen ist das Arbeitsentgelt nur begrenzt als Motivationsfaktor einsetzbar. Folglich sind auch materielle Anreizsysteme (Sonderzahlungen, Prämien oder die Gewährung eines Dienstwagens) nur begrenzt als Motivationsmittel einsetzbar. Da für viele MitarbeiterInnen in der Sozialwirtschaft die Arbeitsinhalte der wichtigste Motivator und eine Quelle der Arbeitszufriedenheit sind, sollten beispielsweise Personaleinsatz und –führungsmaßnahmen gewählt werden, die mit einer Erweiterung des Tätigkeits- und Entscheidungsspielraums der MitarbeiterInnen einhergehen. Deshalb sollten in der Sozialwirtschaft Modelle zur attraktiven Gestaltung der Arbeitsumgebung, zur Erweiterung der Arbeitsvarietät und der Arbeitsanreicherung wie Job-Rotation, Job-Enlargement oder Job-Enrichment verstärkt zum Einsatz kommen (vgl. Kap 2.4).

Jede soziale Einrichtung hat einen gesellschaftlichen Handlungsauftrag, aus dem sich die Zielsetzung des Arbeitsfeldes ergibt. Folglich gilt es bei der Auswahl der Motivationsinstrumente folgende Kernfrage zu beantworten:

3. Wie kann ich MitarbeiterInnen so beeinflussen, dass sie mithelfen, die Ziele des Unternehmens effektiv zu erreichen?

Es stellt sich die Frage, wie durch Kommunikation und Verhandlungen Vereinbarungen erzeugt werden können, die den Interessen der MitarbeiterInnen und des Unternehmens entsprechen und wie auf diesem Hintergrund das Verhalten der MitarbeiterInnen unter Berücksichtigung ihrer bewussten und unbewussten Motive beeinflusst werden kann.

Die Kunst der Mitarbeitermotivation besteht darin, diesen Aushandlungs- und Vereinbarungsprozess so zu gestalten, dass die Arbeit für die MitarbeiterInnen einen Belohnungscharakter bekommt, da sie dem entspricht, was sie wollen.

Ludger Kolhoff

2.2.1.2 Motivationstheorien

Es existieren zahlreiche Motivationstheorien, die in Inhalts- und Prozesstheorien unterschieden werden können (Scholz 2014, 1079 ff.). Inhaltstheorien fragen, **was** motiviert und Prozesstheorien **wie** Motivation initiiert und erhalten werden kann. Im Folgenden werden je ein Beispiel für eine Inhalts- und Prozesstheorie vorgestellt:

Inhaltstheorien

Bei den Inhaltstheorien (Bedürfnis-Spannungstheorien) geht man davon aus, dass die Menschen Bedürfnisse und innere Spannungszustände haben, die nach Ausgleich oder Befriedigung drängen und kausal das Verhalten der Menschen prägen. Die Bedürfnistheorie nach **Maslow** ist hier einzuordnen.

Maslow (1954/1981) geht davon aus, dass der Mensch sich selbst entfalten und verwirklichen will („self-actualisation"). Er sieht den Menschen als „wanting animal", der sich durch Bedürfnisse motivieren lässt und geht von einer Hierarchie der menschlichen Bedürfnisse aus, die er in fünf Klassen unterteilt. An der Basis befinden sich die grundlegenden körperlichen Bedürfnisse, während an der Spitze das Bedürfnis nach Selbstverwirklichung steht, das aber erst dann verwirklicht werden kann, wenn alle grundlegenderen Bedürfnisse befriedigt worden sind. Folglich sind die einzelnen Ebenen der Hierarchie nach ihrer „Dringlichkeit der Erfüllung" geordnet. Ist z.B. sein Basisbedürfnis nach Nahrung, Kleidung und Schlaf befriedigt, sucht der Mensch nach in der Hierarchie höher stehenden Bedürfnissen und versucht nun diese zu befriedigen.

Während die Bedürfnisse der obersten Bedürfnisstufe als Wachstumsbedürfnisse charakterisiert werden, werden die Bedürfnisse der anderen Bedürfnisstufen als Defizitbedürfnisse bezeichnet.

Die Befriedigung der Defizitbedürfnisse der niedrigen Stufen haben eine höhere Priorität als die, der höher angeordneten Stufen. Eine teilweise Nichterfüllung von Defizitbedürfnissen ruft Krankheiten körperlicher und /oder seelischer Art hervor. Mit der vollen Befriedigung eines Defizitbedürfnisses wird es verhaltensunwirksam. Je mehr Bedürfnisse mit hoher Priorität befriedigt werden, um so größere Bedeutung erlangen die Bedürfnisse geringerer Priorität.

Abb. 7: Bedürfnis-Pyramide nach Maslow

Zu beachten ist, dass für MitarbeiterInnen in sozialen Organisationen insbesondere soziale, Wertschätzungs- und Selbstverwirklichungsbedürfnisse ausschlaggebend sind. Doch sollten die Grenzen des Ansatzes beachtet werden. Denn das Modell ist zwar Dank seiner Klarheit und Einfachheit kraftvoll und überzeugend, doch sind die Begriffe unscharf und folglich nur schwer zu operationalisieren. Auch trifft die lineare Hierarchie nicht auf alle Menschen zu. So überspringen beispielsweise asketische Menschen untere Stufen der Maslowschen Bedürfnispyramide. Weiterhin klammert der humanistische Ansatz Maslows äußere Realitäten wie Gewalt und Zerstörung aus und führt Selbstverwirklichung lediglich auf individuelle Bedürfnisbefriedigungen zurück. Doch exzessive Bedürfnisbefriedigung führt nicht unbedingt zur Selbstverwirklichung, sondern kann auch psychische Defekte zur Folge haben. Auch ist die sich aus dem Ansatz ergebende Folgerung, dass ein Mensch so lange motivierbar ist, solange seine Bedürfnisse noch nicht gestillt sind, nicht eindeutig umsetzbar. So kann diese Folgerung einerseits so interpretiert werden, dass die Organisation zur Bedürfnisbefriedigung beitragen soll, um dem Mangel abzuhelfen und andererseits so, dass die Mangelsituation zu konservieren sei, da die Erfahrung von Mangel die Quelle der Motivation ist.

Ludger Kolhoff

Folgt man dem Maslowschen Ansatz, so ist es Aufgabe des Personalmanagements, zur Bedürfnisbefriedigung beizutragen. Dies kann wie folgt geschehen:

Selbstverwirklichungsbedürfnisse

Viele MitarbeiterInnen in der Sozialwirtschaft haben sich aus inhaltlichen Gründen für dieses Arbeitsfeld entschieden. So weit wie möglich sollten deshalb die Arbeitsbeziehungen so gestaltet werden, dass die MitarbeiterInnen ihre jeweiligen Fähigkeiten einbringen können und Selbstverwirklichung und Selbstentfaltung möglich werden. Es geht darum, persönliche Entfaltungsmöglichkeiten zu schaffen, indem zum Beispiel Kompetenzen übertragen und MitarbeiterInnen in die Verantwortung eingebunden werden.

Wertschätzungsbedürfnisse

Weiterhin gilt es Wertschätzung und Anerkennung für geleistete Arbeit zu vermitteln. So sollte beispielsweise das Instrument der öffentlichen Belobigung zum Tragen kommen. Auch die Schaffung von Aufstiegsmöglichkeiten ist hier einzuordnen. Doch unterscheidet sich das Statusdenken im sozialen Sektor von dem in anderen Bereichen. So kann es für MitarbeiterInnen bspw. wichtig sein, zu einer bestimmten Szene oder Gruppe zu gehören.

Soziale Bedürfnisse

Für viele MitarbeiterInnen in der Sozialwirtschaft sind gute persönliche Beziehungen zu Vorgesetzten, Mitarbeitern und Kollegen ein wichtiger Motivator. Ein gutes Betriebsklima und die Förderung persönlicher Kontakte dienen dazu, diese sozialen Bedürfnisse zu befriedigen. Viele MitarbeiterInnen der Sozialwirtschaft sind beziehungsorientiert und haben ein Bedürfnis nach Zugehörigkeit, das es zu befriedigen gilt. Sie benötigen Anerkennung, Zuwendung, das Gefühl gebraucht zu werden, wichtig zu sein und etwas Sinnvolles zu tun.

Sicherheitsbedürfnisse

Sozialer Einrichtungen und Dienste, die in Lage sind, ihren Mitarbeitern eine Zukunftsperspektive zu bieten, befriedigen wichtige Sicherheitsbedürfnisse. Im Zuge aktueller Ökonomisierungstendenzen werden weiterhin auch Gehaltsfragen immer wichtiger, und es wächst bei vielen Menschen die Angst davor, nicht mehr mithalten zu können. Hierauf gilt es zu reagieren.

Physiologische Bedürfnisse

Gleiches gilt für Fragen der Arbeitsbedingungen, die im Zuge einer zunehmenden Arbeitsverdichtung auch in der Sozialwirtschaft an Bedeutung gewinnen. Gute Arbeitsbedingungen entsprechen den physiologischen Bedürfnissen der Menschen, die in der Sozialwirtschaft tätig sind.

2.2.1.3 Prozesstheorien

Die Prozesstheorien gehen davon aus, dass neben den Motiven und Bedürfnissen der MitarbeiterInnen auch andere Faktoren zu berücksichtigen sind, um Motivation zu initiieren und zu erhalten. Sie konzentrieren sich nicht auf die Motivationsinhalte, sondern die Motivationsprozesse. Sie fragen also nicht, **was** eine Person motiviert, sondern **wie** sie zu motivieren ist.

Die *Erwartungs-Valenz-Theorien* gehören zu den Prozesstheorien und gehen davon aus, dass Menschen sich bei mehreren Handlungsalternativen für die Alternative entscheiden, die ihnen den größten Nutzen (Valenz) verspricht. So geht **Vroom** (1964) in seiner **Valenz-Instrumentalitäts-Erwartungs-(VIE) Theorie** davon aus, dass die Leistungsbereitschaft des Mitarbeiters, im Gegensatz zu den inhaltstheoretischen Vorstellungen nicht nur von individuellen Bedürfnissen und Prädispositionen, von Werten und Einstellungen oder von Motivstrukturen, sondern insbesondere auch von der Wahrnehmung des individuellen Nutzens **(Valenz)** abhängt. Dieses Mittel-Zweck-Denken wird als **Instrumentalität** bezeichnet. Da die meisten Entscheidungssituationen Risikoelemente mit beinhalten, hängt das Wahlverhalten des Mitarbeiters aber auch von der Wahrscheinlichkeit des Eintritts der gewählten Alternative **(Erwartung)** ab.

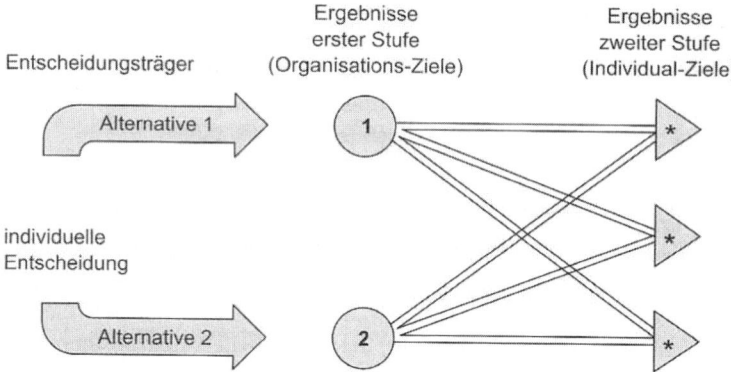

Abb. 8: Grundstruktur des Vroom Modells (Steinmann et al. 2013, 487)

Für das Personalmanagement bedeutet dies, dass Aufgabenziele und das dazugehörige Anreizsystem so auszulegen sind, dass mit ihrer Erreichung zugleich die individuellen Ziele und Wünsche der MitarbeiterInnen erfüllbar werden (Steinmann et al. 2013, 487ff). Die Führungskraft hat die Aufgabe, „dem MitarbeiterInnen Mittel und Wege zur Optimierung seines individuellen Nutzens aufzuzeigen" (Wunderer 2007, 287).

	Individuum	Führungskraft
Valenz	Wie wichtig sind mir die Ziele?	Mitarbeiterziele identifizieren, Anreizsystem entsprechend ausrichten
Instrumentalität	Welches meiner Ziele kann ich mit welchem Einsatz erreichen?	Kopplung von Leistung und Anreiz
Erwartung	Kann ich mein Ziel/ die Leistung erreichen?	Klärung der Leistungsziele Personalauswahl Personalentwicklung

Abb. 9: Auswirkungen des VIE Modells (in Anlehnung an Steinman/ Schreyögg/Koch 2013, 494)

Eine wichtige Rolle in prozessorientierten Motivationsmodellen spielen Anreizstrukturen. Wenn die Erbringung von Leistungen belohnt wird, hat dieses wiederum Auswirkungen auf die einzelnen Elemente des Systems.

Reichhardt versucht diesen Zusammenhang in Form eines Regelkreises darzustellen.

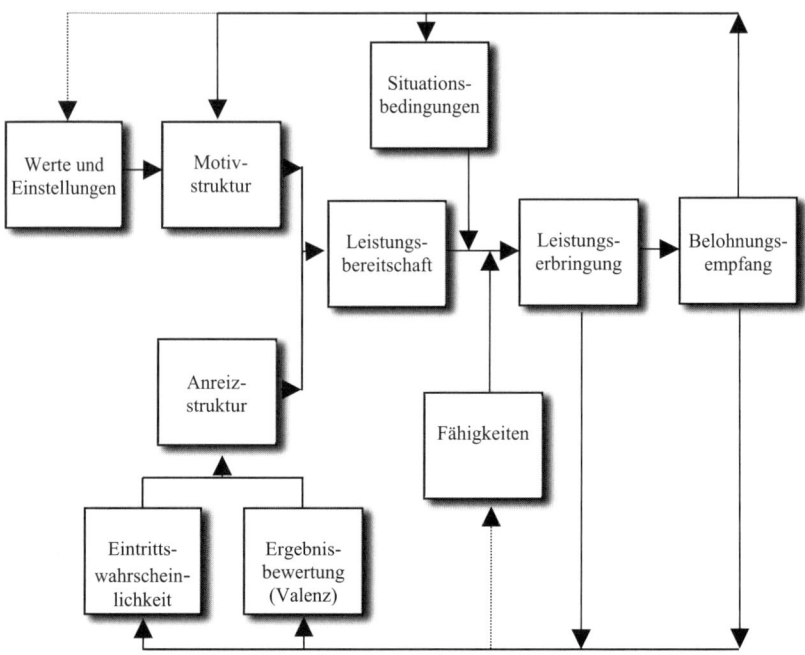

Abb. 10: Regelkreismodell (Reichard 1987, 201)

Reichard weist darauf hin, dass die Leistungsbereitschaft (das Wollen) nicht mit der Leistung an sich gleichzusetzen ist (Reichard 1987, 200). Denn es gibt Menschen, die zwar eine hohe Leistungsbereitschaft aufweisen, aber dennoch nur geringe Leistungen erbringen (können). So können Personen mit hoher Motivation und mittleren Fähigkeiten die gleichen Leistungen erbringen wie Personen mit hohen Fähigkeiten und mittlerer Motivation. Folglich sollte das Personalmanagement bei Personen, die hohe Fähigkeiten haben, bei der Motivation ansetzen, während es bei Personen, die mittlere Fähigkeiten haben und hoch motiviert sind, bei den Fähigkeiten ansetzen sollte.

Neben den Fähigkeiten der MitarbeiterInnen (ihrem Können) sind auch die gesellschaftliche und organisatorische Situationsbedingungen (z. B. die Organisationsstrukturen – oder die finanziellen Rahmenbedingungen) zu beachten.

Ein weiterer Bestandteil des Modells ist die Verknüpfung von Leistungserbringung und Belohnung. Wenn die Belohnung der Leistungserbringung direkt zuzuordnen ist, kann dies gegebenenfalls sogar zu einer

Änderung der Motivstruktur führen. Die Führungskraft sollte deshalb gewünschte Verhaltensweisen durch positive Rückmeldungen verstärken. Anerkennung, Bestätigung aber auch sachliche Korrektur und verständnisvolle Kritik können motivieren. Einfache Formen der Bestätigung sind Kopfnicken, ein bloßes „Ja", eine zufriedene Mine, ein ehrliches „Danke".

2.2.2 MitarbeiterInnenführung

Bei der Mitarbeiterführung geht es um die direkte personale Beeinflussung des Verhaltens der Mitarbeiter. Hierzu kann man Anreize einsetzen wie z.B. Gehaltszulagen, Zusatzurlaub, Delegation von Verantwortung (Staehle 1999, 838).

Das Verhalten von MitarbeiterInnen kann durch das Verhalten der Führungskräfte beeinflusst werden. Ein konsistentes, typisiertes und wiederkehrendes Führungsverhalten wird als Führungsstil bezeichnet (Wunderer 2007, 204).

2.2.2.1 Eindimensionale (klassische) Führungsstile (autokratisch bis demokratisch)

Klassische eindimensionale Führungsstile gehen davon aus, dass das Verhalten der MitarbeiterInnen vom Verhalten der Führungspersonen geprägt werden kann. Diese Verhaltensmuster lassen sich unter Bezug auf Lewin/ Lippitt/White (1939) klassischerweise als autoritär, demokratisch oder laissez faire bzw. unter Bezug auf Weber (1921) als charismatisch oder bürokratisch kategorisieren.

Der autoritäre Führungsstil

Kennzeichnend ist die Eindeutigkeit der Anordnungen, bei der die MitarbeiterInnen wissen, was sie zu tun und zu unterlassen haben, man denkt unwillkürlich an Befehl und Gehorsam. Der/die Vorgesetzte bestimmt durch seine/ihre Autorität die Richtung und schränkt die Kreativität und Eigenentwicklung der MitarbeiterInnen stark ein. Die Konsequenzen bei einer Nichtbeachtung der Anweisungen sind klar und eindeutig. Folglich vermeiden die MitarbeiterInnen eigenständige Problemlösungen und orientieren sich nur noch an der Führungskraft. Fällt der/die Führende aus, so kommt es oftmals zu einer Verunsicherung der Mitarbeiterinnen.

Das autoritäre Verhalten der Führungspersonen kann zu Motivationsproblemen und in der Folge zu einem schlechten Leistungsverhalten der MitarbeiterInnen führen kann. Doch sollte man sich hüten, mit dem Begriff autoritärer Führungsstil ein aufgabenorientiertes Führungsverhalten zu diskreditieren, dass in vielen Bereichen der Sozialwirtschaft notwendig ist. So sind klare und zügige Anweisungen von einer hierfür eindeutig zuständigen Führungsperson in vielen Bereichen der Sozialwirtschaft unabdingbar. Denn jeder von uns wäre sehr verwundert und gar nicht amüsiert, wenn bspw. beim Rettungsdienst erst ausdiskutiert würde, wer denn nun für den nächsten Einsatz zuständig sei.

Der demokratische Führungsstil (kooperativ-integrativ)

Bei diesem Führungsstil wird versucht, ideenreiche Arbeit mit Sachdisziplin zu verbinden. Er ist durch Delegation auf der einen und Verantwortungsübernahme auf der anderen Seite gekennzeichnet und dadurch, dass die MitarbeiterInnen die Organisationsziele kennen und ihre Aufgaben darauf abstimmt. Die MitarbeiterInnen können ihre Fähigkeiten einbringen. Auch hier werden klare Entscheidungen getroffen, allerdings unter Beteiligung der MitarbeiterInnen.

Den Vorteilen des kooperativen Führungsstils (gemeinsame Entscheidung und hohe Motivation der MitarbeiterInnen bei gleichzeitiger Entlastung der Führungsperson) stehen je nach Situation auch Nachteile gegenüber. Denn der demokratische Führungsstil ist sehr zeitaufwändig und deshalb nicht immer funktional. So kann es passieren, dass über Randbereiche der eigentlichen Arbeit stundenlang diskutiert wird und die wirklich wichtigen Dinge nicht gemacht werden. Es besteht die Gefahr, dass sich Führungspersonen und MitarbeiterInnen nur noch mit sich selbst beschäftigen. Sie benötigen sehr viel Zeit für Partizipationsprozesse und Konsensfindung und vernachlässigen dabei die eigentliche Arbeit.

Der laissez-faire-Führungsstil

Dieser Führungsstil ist ein Nichtführungsstil und führt oftmals zu einem absoluten Chaos. Die Führungsperson nimmt ihre Aufgabe nicht wahr. Es gilt das Motto: „Macht was ihr wollt" und „Solange das Ziel nicht bekannt ist, ist jeder Weg der richtige".

Da jede Person die Möglichkeit hat, das zu tun, was sie möchte, können starke Personen „die Sache in die Hand nehmen", was zu einem autoritären Führungsstil eines Gruppenmitglieds führen kann.

Zu den eindimensionalen klassischen Führungsstilen gehören auch der charismatische und bürokratische Führungsstil, die auf Weber (1921) zurückgeführt werden.

Der charismatische Führungsstil

„Charisma ist die spezifische Ausstrahlungskraft einer Führungsperson, die unabhängig von fachlichen Fähigkeiten eine Akzeptanz und letztlich Werteänderung bei der „geführten" Person bewirkt" (Scholz 2014, 1173). Bei diesem Führungsstil kommt es maßgeblich darauf an, wie die Ausstrahlung der Führungskraft von den geführten Personen bewertet wird. In der folgenden Übersicht sind Merkmale und Auswirkung des charismatischen Führungsstils aufgelistet.

Der charismatische Führungsstil ist nicht ungefährlich. Er basiert im Wesentlichen darauf, dass die Führungsperson andere beeindruckt. Scheitert dieser Ansatz, werden charismatische Führungskräfte destruktiv, launisch und despotisch.

Der bürokratische Führungsstil

Weber (1921) bezeichnet die legale bürokratische Herrschaft im Vergleich zur traditionellen und charismatischen Herrschaft als die stabilste und effektivste Form der Herrschaftsausübung. Der bürokratische Führungsstil findet sich insbesondere bei öffentlichen Trägern. Die traditionelle Behörde ist hierarchisch aufgebaut und normenorientiert. Amtsbezeichnungen und die Festlegung von Kommunikations- und Informationswegen sind wichtige Kennzeichen des bürokratischen Führungsstils. In der Bürokratie sind die MitarbeiterInnen den Vorgesetzten untergeordnet, und ihre Ziele werden durch Verwaltungsakte bestimmt und kontrolliert. Dadurch wird oft Eigeninitiative unterdrückt.

Die klassischen „Führungsstile", wie gerade skizziert, wird man idealtypisch in der Realität nicht anfinden. Auch ist es nicht immer sinnvoll, nur einen „Führungsstil" zu pflegen, denn es gibt genügend Situationen, in denen z.B. ein autoritärer „Führungsstil" effektiver und effizienter ist als ein demokratischer oder umgekehrt.

Führungsstile sind zwar u.a. charakter- und persönlichkeitsabhängig, aber Führungspersonen sollten in der Lage sein, verschiedene Führungsstile in unterschiedlichen Situationen passungsfähig einzusetzen.

2.2.2.2 Zweidimensionale Führungsstile (MitarbeiterInnen- und Aufgabenorientierung)

Zweidimensionale Führungsstile erweitern die Perspektive der eindimensionalen Stile, indem sie zusätzlich die Faktoren MitarbeiterInnen-/Aufgabenorientierung mit aufnehmen. Das, was beim eindimensionalen Führungsstil erst interpretiert werden muss, ergibt sich hier aus einer Matrix.

Das Verhaltensgitter von Blake/Mouton

Im zweidimensionalen Matrix-Ansatz von Blake/Mouton (1968) werden unterschiedliche Führungsstile anhand der Ebenen MitarbeiterInnen- *(Concern for People)* und Aufgabenorientierung *(Concern for Production)* gekennzeichnet. In der Matrix werden auf der Horizontalen die Aufgabenorientierung und auf der Vertikalen die MitarbeiterInnenorientierung aufgelistet.

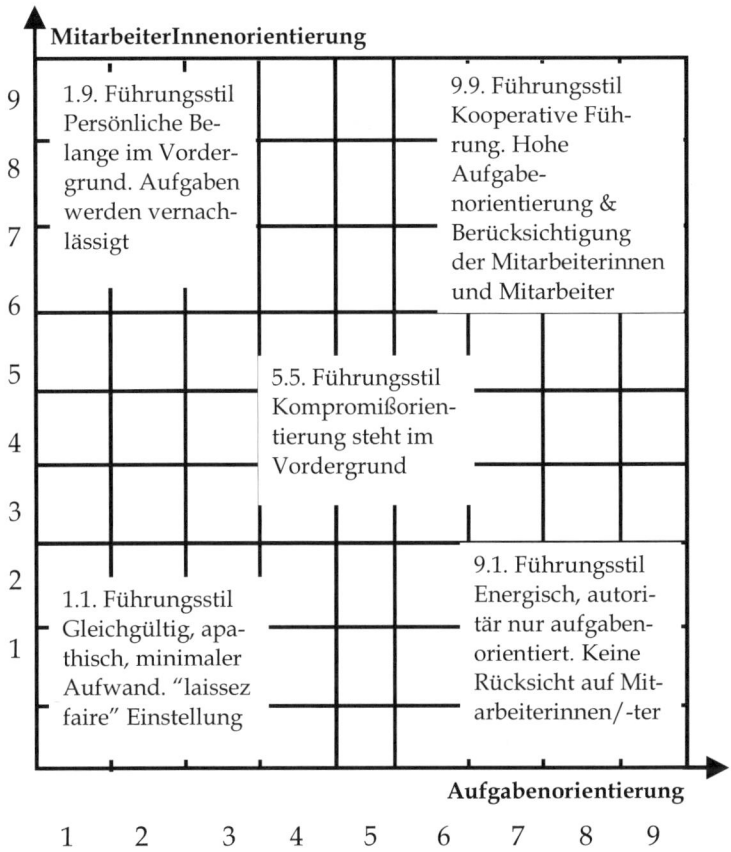

Abb. 11: Verhaltensgitter (Managerial Grid) nach Blake/Mouton

Die Skalenwerte reichen von 1 bis 9. Die 1 kennzeichnet einen geringen Wert und die 9 einen hohen Wert. Diese Matrix ermöglicht 81 Kombinationsmöglichkeiten. Es werden von Blake/Mouton aber nur die fünf wichtigsten Kombinationen, die jeweiligen Eckpunkte und das Zentrum des Verhaltensgitters, herausgearbeitet (Hentze u.a. 2005, 227ff., Freund u.a. 2003, 13.)

Der „1.1 Führungsstil" (Überlebensmanagement)

Dieser Führungsstil ist dadurch gekennzeichnet, dass sowohl die MitarbeiterInnen- wie auch die Aufgabenorientierung gering ist. Er ist mit dem eindimensionalen Laissez-Faire Führungsstil vergleichbar. Die Führungskraft verhält sich passiv und engagiert sich weder für die Ziele des Unternehmens noch für die Belange der Mitarbeiter. Die MitarbeiterInnen reagieren auf diesen Führungsstil, der ein Nichtführungsstil ist, mit Apathie und Resignation.

Der „1.9 Führungsstil" (Country club – Management)

Dieser Führungsstil ist dadurch gekennzeichnet, dass die Aufgabenorientierung gering und die Beziehungsorientierung hoch ist. Durch das hohe Interesse der Führungskraft an den Belangen der MitarbeiterInnen kann eine gute Arbeitsatmosphäre geschaffen werden, die die Leistungsbereitschaft der MitarbeiterInnen fördern kann, aber nicht muss. Dieses auch als „Country club-Management" bezeichnete Führungsverhalten war in der Vergangenheit in vielen Wohlfahrtsorganisationen anzutreffen. Seitdem Marktstrukturen eingeführt wurden und Konkurrenz und Wettbewerb das Feld bestimmen, wird die Atmosphäre ungemütlicher. Der 1.9 Führungsstil verliert darum an Bedeutung.

Der „9.1 Führungsstil" (Befehlsmanagement)

Der Gegenpol zum „1.9 Führungsstil" ist der „9.1 Führungsstil". Hier steht die Arbeitsleistung im Mittelpunkt, und auf zwischenmenschliche Beziehungen wird wenig Rücksicht genommen. Die Aufgabe wird gesehen und nicht die Mitarbeiter. Nur das Ergebnis zählt.

Der „9.1 Führungsstil" geht oftmals mit einem autoritären Verhalten der Führungspersonen einher und ist in hierarchisch organisierten Unternehmen auffindbar. Die Aufgabenorientierung erfolgt anhand von messbaren Indikatoren.

Wir erleben zurzeit in der Sozialwirtschaft, dass dieser Führungsstil an Boden gewinnt, erleben aber auch, dass aufgrund der Spezifika der Sozialwirtschaft, eine vermeintlich messbare Aufgabenorientierung nicht möglich ist, da personenbezogene Dienstleistung von Menschen für Menschen erbracht werden und ohne Beziehungsorientierung nicht machbar sind.

Der „9.9 Führungsstil" (Team-Management)

Der erstrebenswerteste Führungsstil ist natürlich der „9.9 Führungsstil", der durch eine hohe MitarbeiterInnen- und Aufgabenorientierung gekennzeichnet ist. Dieser Führungsstil führt zu hohen Arbeitsleistungen **und** zufriedenen MitarbeiterInnen, da das Arbeitsklima gut ist und die Ziele des Unternehmens und der MitarbeiterInnen übereinstimmen.

Doch gibt es in der Realität Zielkonflikte, so dass dieser Führungsstil eher einem Idealtypus entspricht.

Der „5.5 Führungsstil" (Middle of the Road-Management)

Beim „5.5 Führungsstil" wählt die Führungsperson einen Kompromiss zwischen Leistungs- und Beziehungsorientierung. Dieser als „Middle of the Road" bezeichnete Führungsstil ist durch ein ständiges Pendeln zwischen den Zielen des Unternehmens und dem Bemühen, die MitarbeiterInnen zufrieden zu stellen, gekennzeichnet. Gerade in der Sozialwirtschaft ist dieser Führungsstil weit verbreitet. Die Ergebnisse sind befriedigend.

Fazit:

Das Verhaltensgitter nach Blake/Mouton ergänzt in übersichtlicher Form die eindimensionalen Ansätze. Doch werden Zielkonflikte und andere situative Komponenten nicht berücksichtigt. So erleben wir zurzeit in der Sozialwirtschaft, dass Führungskräfte, die in der Vergangenheit einen „country club" oder „middle of the road" Führungsstil pflegten, in einer schwieriger werdenden Situation, äußere Zwänge weiterleiten und zunehmend autoritär auftreten.

Solche situativen Komponenten werden im „3-D-Modell" von Reddin oder in der „Reifegradtheorie" von Hersey/Blanchard berücksichtigt.

2.2.2.3 Dreidimensionale (situative) Führungsstile

Im dreidimensionalen Führungsstilen werden neben der ersten Dimension (Verhältnis: Führungskraft/Mitarbeiter) und der zweiten Dimension (Aufgaben/Mitarbeiterorientierung) als dritte Dimension, situative Komponenten berücksichtigt.

Das 3 D-Modell von Reddin

Kerngedanke des 3 D-Modells von Reddin (1970, 1981) ist, dass die **Effektivität** eines Führungsstils von der Situation abhängig ist. Ein bestimmter Führungsstil kann also in der einen Situationen effektiv und in der anderen ineffektiv sein.

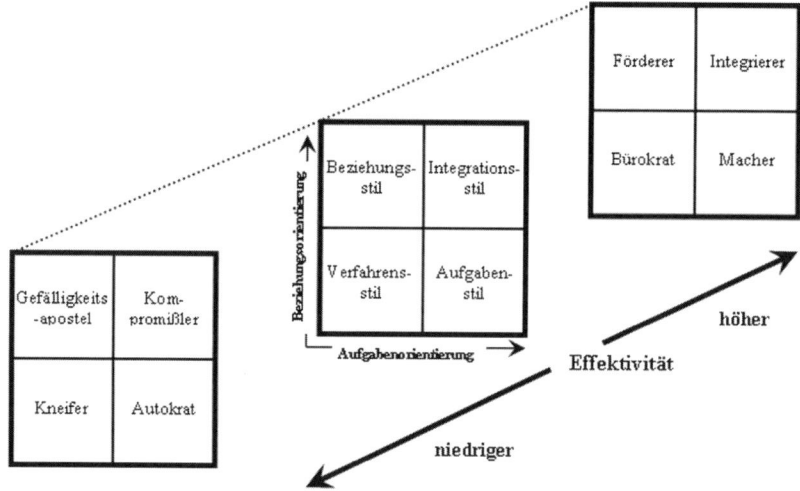

Abb. 12: Das 3 D-Modell der Führung nach Reddin (Staehle 1999, 843)

Reddin unterscheidet folgende Basisstile:
- Verfahrensstil *(Separated)*
- Beziehungsstil *(Relationships)*
- Aufgabenstil *(Task)* und
- Integrationsstil *(Integrated)*

Jeder dieser Stile kann je nach Situation effektiv oder ineffektiv genutzt werden.

Verfahrensorientierte ManagerInnen orientieren sich primär an Verfahren, Methoden und Systemen. Dieser Führungsstil ist in bürokratischen Strukturen sinnvoll und effektiv („Bürokrat"). In anderen Zusammenhängen, z. B. in teamorientierten Strukturen, dagegen weniger effektiv. Menschen, die den Verfahrensstil partizipieren, können hier schnell zu ineffektiven „Kneifern" werden, die sich sobald Probleme auftreten, auf formale Verfahren zurückziehen.

In teamorientierten Strukturen sind **beziehungsorientierte** ManagerInnen erfolgreicher. Idealtypisch werden sie zu „Förderern", berücksichtigen MitarbeiterInnenbedürfnisse und betonen gute zwischenmenschliche Beziehungen. Doch besteht die Gefahr, dass beziehungsorientierte ManagerInnen schnell in Situationen kommen, in denen sie zu „Gefälligkeitsapostel" werden, die den Interessen und Erwartungen der MitarbeiterInnen und ihrer Zufriedenheit zu breiten Raum geben und die Aufgabenerreichung vernachlässigen.

Auch in der Sozialwirtschaft sind zurzeit „MacherInnen" d.h. **aufgabenorientierte** ManagerInnen gefragt, die sich an Leistungsergebnissen orientieren. Sie setzen sich idealtypische, anspruchsvolle aber dennoch realistische Ziele. Doch auch dieser Führungsstil ist situationsabhängig. So besteht die Gefahr, dass aufgabenorientierte ManagerInnen MitarbeiterInnen schnell überfordern und zu „AutokratInnen" werden.

Als letztes treten **integrationsorientierte** ManagerInnen auf die Bühne. Als „IntegriererInnen" versucht ie, eine Balance von Menschen und Aufgaben herzustellen und partizipieren einen kooperativen Führungsstil im Lewinschen Sinne. Doch besteht hier die Gefahr, dass sie schnell zu „KompromisslerInnen" werden.

Führungsstile sind nicht per se gut oder schlecht, sondern unter bestimmten Bedingungen effizient und unter anderen Bedingungen ineffizient. Zu diesen Bedingungen gehören die Arbeitsanforderungen, Führungsstile der Vorgesetzen oder das Verhalten von Kollegen und MitarbeiterInnen. Eine Erkenntnis der Forschungen von Reddin besteht darin, dass Führungsstil und Führungssituation zueinander passen müssen, um gute Ergebnisse zu erzielen.

Die Reifegradtheorie von Hersey/Blanchard

Der Ansatz der situativen Führung *(Situational Leadership)* nach Hersey/Blanchard (1977) knüpft an die Vorstellungen von Reddin an, und nimmt neben den Dimensionen Aufgaben- und Personenorientierung, als dritte situative Dimension die Effektivität mit auf. Für Hersey/Blanchard sind ManagerInnen, die sich situationsgerecht verhalten, automatisch effektiv.

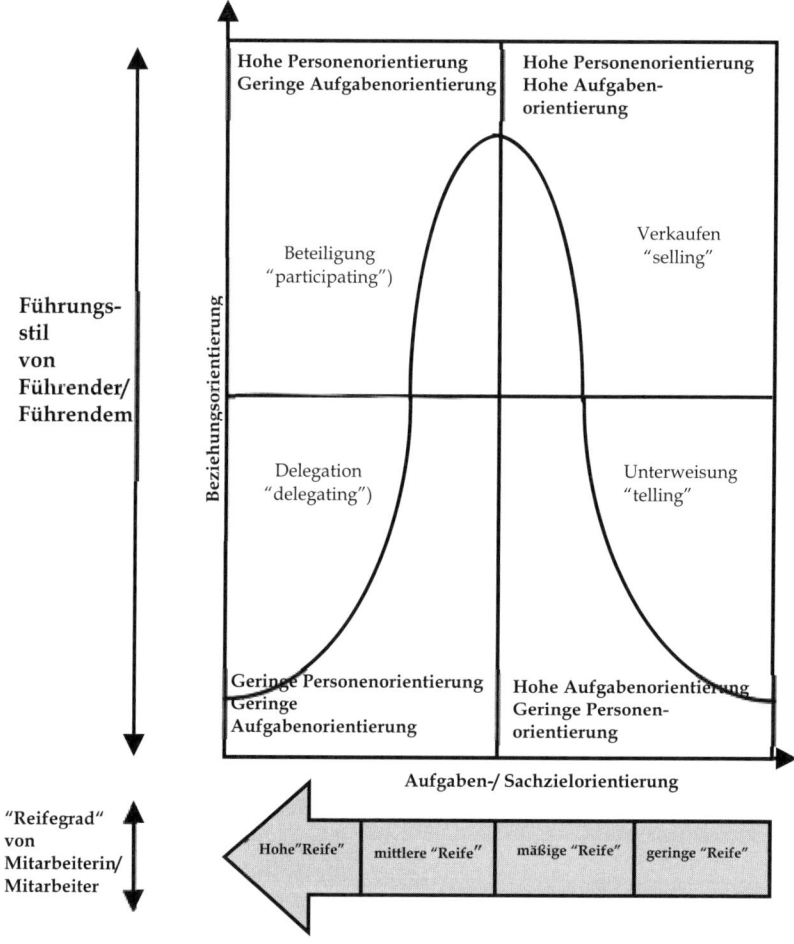

Abb. 13: Das situative Führungsstilmodell nach Hersey/Blanchard

Zum situationsgerechten Verhalten gehört bei diesem Typus ein dem „Reifegrad" der MitarbeiterInnen angepasstes Verhalten. Die „Reife" *(Maturity)* der MitarbeiterInnen, wird bspw. durch Indikatoren wie Leistungswille und -fähigkeit, Ausbildung und Erfahrung, arbeitsrelevante Kenntnisse

oder Selbstsicherheit und -achtung (psychologische „Reife") gekennzeichnet.

Für MitarbeiterInnen mit geringer „Reife" (Motivation, Wissen, Fähigkeiten fehlen) fordern Hersey/Blanchard einen autoritären Führungsstil
(Directing) und den Einsatz von Macht durch Bestrafung. Die Führungskraft sollte einen Führungsstil pflegen, der durch eine hohe Aufgaben- und
eine geringe Personenorientierung gekennzeichnet ist und die MitarbeiterInnen unterweisen *(Telling)*.

MitarbeiterInnen mit geringer bis mäßiger „Reife" (Motivation, aber
fehlende Fähigkeiten) sollen geführt werden, indem Macht durch Belohnung eingesetzt wird. Es kommt der integrierende Führungsstil *(Coaching)* mit einer hohen Personen- und Aufgabenorientierung zum Tragen.
Im Schaubild ist er durch das Schlagwort „Verkaufen" *(Selling)* gekennzeichnet

MitarbeiterInnen mit mäßiger bis hoher „Reife" mit hohen Fähigkeiten,
aber fehlender Motivation sollen durch Vorbildmacht mit einem partizipativen Führungsstil *(Supporting)* geführt werden. Dieser Führungsstil hat
eine hohe Personen- und eine geringe Aufgabenorientierung und ist in der
Grafik durch das Schlagwort „Beteiligung" *(Participating)* gekennzeichnet.

MitarbeiterInnen mit hoher „Reife", hoher Motivation, mit hohem Wissen und Fähigkeiten sollen durch Expertenmacht *(Delegating)* geführt
werden. In dem durch eine geringe Aufgaben- und Personenorientierung
gekennzeichnete Quadranten kommt der Delegationsstil zum Tragen.

Das „Reifegradmodell" stellt hohe Anforderungen an die Führungskraft
und geht davon aus, dass Führungskräfte in der Lage sind, je nach „Reifegrad" der Mitarbeiterinnen einen passungsfähigen Führungsstil zu pflegen.
Dies ist in der Praxis aber kaum umsetzbar. Auch stellt sich die Frage nach
anderen situativen Bedingungen. Auch sehr „reife" MitarbeiterInnen können in schwierigen Situationen keine guten Ergebnisse erbringen. Oftmals
ist gerade dann kein Delegationsstil gefragt, sondern das Engagement und
Handeln der Führungskraft.

Menschliches Verhalten in Typologien zu strukturieren bringt immer
Schwierigkeiten mit sich, wenn man sie rigide anlegen will. Menschen
handeln nicht immer rational oder nach Typologien, daher sind die vorgestellten Führungsstile nur als strukturierte Orientierung und nicht als Rezepte zu verstehen.

2.2.3 Veränderungen des Führungsverständnisses

Das Führungsverständnis ist abhängig von gesellschaftlichen Rahmenbedingungen, die sich kontinuierlich ändern. Wunderer fasst diese Veränderungen treffend in einer Analyse zur Tier-Mensch-Beziehung zusammen.

In der Zeit des Wiederaufbaus wurde sehr aufgabenorientiert geführt. Fragen der Mitarbeitermotivation waren untergeordnet. In technostrukturierten Organisationen herrschte ein autokratisches, befehlsorientiertes *(Sitz, Platz)* **Schäferhundverhalten** der Führungskraft. Es wurde durch ein an der Auftragstaktik orientiertes **Jagdhundverhalten** abgelöst, bei dem die MitarbeiterInnen einen größeren Entscheidungsspielraum erhielten *(apportiere das Wild)*. In den siebziger und den achtziger Jahren gewann die teamorientierte **Huskyführung** an Bedeutung *(lass uns gemeinsam den Schlitten ins Ziel bringen)* bei der die Führungskraft auch operativ unterstützend tätig ist. Seit den *neunziger Jahren* werden selbständige MitarbeiterInnen im Sinne einer **Katzenführung** (*die Katze kann selbst entscheiden wo, wann und wie die Maus gefangen wird*) delegativ geführt und *heute* sind **gestiefelte Kater** gefragt, die, wie im Märchen, immer wieder neue Problemlösungen entwickeln. (Wunderer 2007, 190–192)

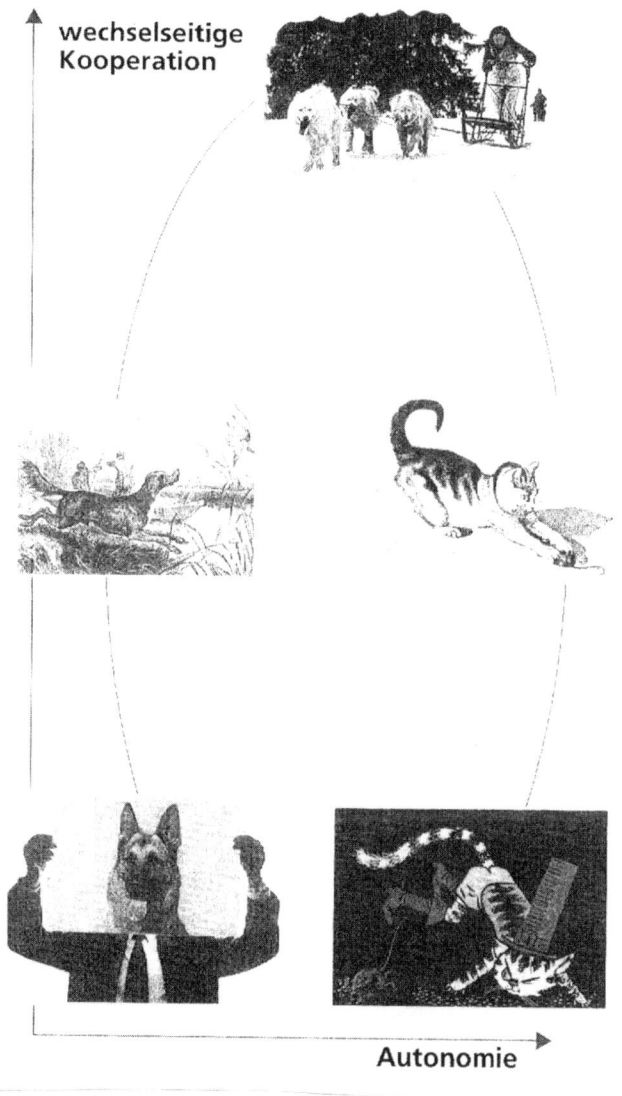

Abb. 14: *Führungsverhalten im Wandel der Zeiten – metaphorisch be-*
trachtet (Wunderer 2007, 191)

Literatur

Blake, R.R., Mouton, J.S. (1968): Corporate Excellence through Grid Organization Development, Houston Texas.

Freund, F., Knoblauch, R., Eisele, D. (2003): Praxisorientierte Personalwirtschaftslehre, 6., neubearbeitete Auflage, Stuttgart.

Hentze, J., Kammel, A. (2001): Personalwirtschaftslehre 1, 7. Auflage, Bern.

Hentze, J., Kammel, A., Lindert, K. (2005): Personalführungslehre, 4. Auflage, Stuttgart.

Hersey, P., Blanchard, K.H. (1977): Management of Organizational Behavior, New York.

Jung, H.J. (2017): Personalwirtschaft, 10. Auflage, München.

Lewin, K., Lippitt, R., White, R.K. (1939): Patterns of Aggressive Behavior in Experimental Created Social Climates, in: Journal of Social Psychology 10 (1939), S. 271–299.

Maslow, A.H. (1954): Motivation and Personality, New York 1954 (deutsch: Motivation und Persönlichkeit, 14. Auflage, Reinbek bei Hamburg 2016).

Olfert, K. (2015): Personalwirtschaft, 16. Auflage, Ludwigshafen.

Reddin, W.J. (1970): Managerial Effectiness, New York.

Reddin, W.J. (1981): Das 3-D-Programm zur Leistungssteigerung des Managements, Landsberg.

Reichard, C. (1987): Betriebswirtschaftslehre der öffentlichen Verwaltung, 2. Auflage, Berlin u.a.

Rosenstil, L. v., Regnet, E., Domsch, M. (2009): Führung von Mitarbeitern: Handbuch für erfolgreiches Personalmanagement, 6. Auflage, Stuttgart.

Scholz, Ch. (2014): Personalmanagement. 6., neubearb. und erw. Auflage, München.

Staehle, W.H. (1999): Management, 8. Auflage, überarb. von Conrad, P., Sydow, J., München.

Steinmann, H., Schreyögg, G., Kich, J. (Hrsg.) (2013): Management. Grundlagen der Unternehmensführung. Konzepte – Funktionen – Fallstudien. 7., vollst. überarb. Auflage, Wiesbaden.

Vroom, V. H. (1964): Work and Motivation, New York.

Weber, M. (1921): Wirtschaft und Gesellschaft. Grundriß der verstehenden Soziologie, Tübingen.

Wunderer, R. (2007): Führung und Zusammenarbeit, 7. Auflage, Köln.

Ludger Kolhoff

3. Anforderungen an ein strategisches Personalmanagement

Georg Kortendieck

Lernziele

- Sie erhalten einen Überblick, wozu Eirichtungen im Sozialen Bereich strategisches Management benötigen.
- Sie verstehen, in welchem Zusammenhang Unternehmensstrategien und Personalstrategien gesehen werden.
- Sie lernen insbesondere die beiden dominanten Sichtweisen der Market-based- und der Human-Resource-based-Sicht kennen.
- Sie sehen, dass das Personal in Einrichtungen der Sozialen Arbeit den zentralen Leistungs-, Qualitäts- und Kostenfaktor darstellt.
- Sie lernen als Grundlage für die Personalstrategie die Human-Resource-Architecture kennen.

Einrichtungen im Sozialen Bereich bieten personalintensive Dienstleistungen an. Darum stellt das Personal den wichtigsten Erfolgs-, Qualitäts- aber auch Kostenfaktor dar (Akingbola 2013). Strategische Entscheidungen über Erfolgspotenziale, Wettbewerbsausrichtung und über die Sicherung der Existenz der Einrichtung und seiner Arbeitsplätze sind deshalb immer auch Entscheidungen, die nur mit dem und durch das Personal möglich und erfolgreich sein können. Die daraus resultierenden Fragestellungen sind: Wozu benötigt man im Sozialen Bereich überhaupt strategische Entscheidungen? Welche Rolle spielt dabei das Personal und wie sind strategische Unternehmensentscheidungen mit strategischen Personalentscheidungen verbunden, um die strategischen Ziele zu erreichen?

In einem ersten Schritt wird die Notwendigkeit strategischer Entscheidungen im Sozialen Bereich aufgezeigt. Strategische Entscheidungen sind aber nur dann erfolgreich umsetzbar, wenn das Personalmanagement diese nicht nur unterstützt, sondern die notwendigen Human-Ressourcen dafür bereithält. Damit dies gelingt, bedarf es des strategischen Personalmanagements als Verbindungsglied zwischen Unternehmensstrategie und der Umsetzung durch die Mitarbeitenden.

3.1 Die Notwendigkeit zum Strategischen Management in Sozialen Einrichtungen

Strategische Entscheidungen zeichnen sich dadurch aus, dass sie das langfristige Wohlergehen der Einrichtung maßgeblich beeinflussen (Kortendieck 2009). Dieses Wohlergehen basiert auf der Erreichung der gesteckten sozialen Ziele, hier unterstellt in einer bestmöglichen Versorgung ihrer Klientel, der langfristigen Erhaltung der Unternehmung und der Zufriedenheit der Mitarbeitenden.

Seit mehr als 20 Jahre ist dieses Wohlergehen in vielen Einrichtung empfindlich gestört: Marktschranken sind gefallen, Wettbewerber wurden zugelassen, und als Bedrohlichstes: der Staat hat seine Bezahlungsmodalitäten und seine Erwartungen gänzlich verändert. Es werden vom Kostenträger nicht mehr die anfallenden Kosten übernommen; die angefallenen Kosten müssen über Leistungsentgelte „verdient" werden. Hinzu kommt, dass neben der nunmehr unsicheren Finanzierung die Erwartungen an die Qualität ebenso gestiegen sind (Wöhrle 2008, S. 18; Walk u.a. 2013, S. 406).

Abbildung 1 verdeutlicht, in welcher Dilemma-Situation eine Reihe von Wohlfahrtseinrichtungen sich seit geraumer Zeit befindet. Bis Mitte der neunziger Jahre waren große Teile der Sozialen Arbeit dadurch gekennzeichnet, dass bei mangelnder Konkurrenz im Nachhinein die entstandenen Kosten einer Maßnahme abgerechnet werden konnten. Ein solcher Zustand wurde als Monopolsituation bezeichnet (Walk u.a. 2013, S. 406). Wegen fehlender Konkurrenz wurden bei überhöhten Kosten und damit Preisen eher nur durchschnittliche Qualität geliefert[2]. Wenn nun die Monopolsituation durch Öffnen der Märkte, durch subjektive statt objektive Finanzierung und durch prospektive Leistungsentgelte (sie werden im Vorhinein ausgehandelt) bedroht wird, ergeben sich vereinfacht einige Szenarien, die in der Sozialen Arbeit vorkommen:

---

2 Das mag bestimmt in vielen Einzelfällen anders gewesen sein, der ökonomische Anreiz zu durchschnittlicher Qualität bei hohen Kosten ist aber typisch für Monopole.

Georg Kortendieck

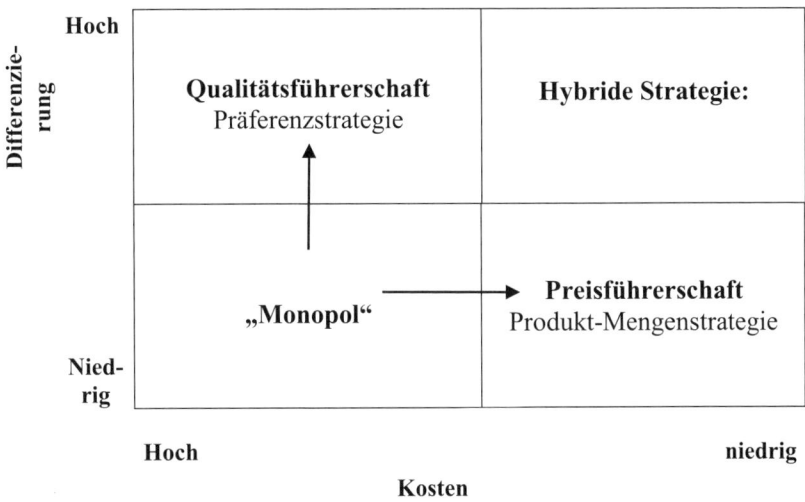

Abb. 1: Marktsituation im Sozialen Bereich (Kortendieck 2009, S. 100)

Erstes Szenario: Man strebt von der Monopolsituation mit bestehendem Personal eine besonders gute Qualität an. Porter bezeichnet diese Situation als Qualitätsführerschaft (Porter 2000). Man bietet dem Kunden, dem Kostenträger, eine besondere, eine nicht nachahmbare Leistung an, die dieser wegen der weiterhin hohen Kosten (hoffentlich) auch honoriert. Diese Strategie des Wettbewerbsvorteils durch Qualität und Differenzierung erhebt besondere Ansprüche an Mitarbeiterschaft und Führung.

Im zweiten Szenario kommt die Einrichtung nicht mit den neuen Anforderungen zurecht und tritt aus dem Markt aus.

Im dritten Szenario versucht die Einrichtung über Lobbyismus ihrer Verbände möglichst lange in ihrer jahrelangen Position zu verharren. Dort, wo die entstandenen Kosten nicht mehr genügend gedeckt sind, lebt man entweder eine Zeit von den bisherigen Rücklagen, oder man ergreift Kostensenkungen.

Im vierten, leider häufiger anzutreffenden Szenario reagiert die Einrichtung auf die unsicheren Einnahmen mit Ausgabenkürzungen. Wegen des hohen Anteils der Personalkosten an den Gesamtkosten werden vor allem die Personalkosten gesenkt. Die Unsicherheit über den Fortbestand der Finanzierung gleicht man mit kurzfristigen Arbeitsverträgen aus. Ausschreibungen von Leistungspaketen unterstützen diesen Trend, deren Strategie darin liegt, möglichst billig zu „produzieren" und anbieten zu können.

Eine hybride Strategie, die ein hohes Qualitätsniveau mit gleichzeitiger Kostengünstigkeit verbindet, sah Porter immer latent als gefährdet und deswegen als instabil an.

Als Strategie kann man auf den Unternehmenskontext bezogen definieren, dass sie ein langfristiger, auf die Existenzsicherung und die Erweiterung der Erfolgspotenziale abzielender Vorgang ist (Kortendieck 2009). Strategisches Management hat die Aufgabe, den Anpassungsbedarf richtig einzuschätzen und wenn möglich für die Einrichtung zu reduzieren und gleichzeitig die Anpassungsfähigkeiten zu erhöhen, um langfristig die Existenz der Einrichtung unter Beibehaltung ihrer Einrichtungsphilosophie zu sichern (Kortendieck 2017, S. 16).

Merkmale strategischer Entscheidungen sind, dass sie als langfristige und zukunftsgerichtete Entscheidungen unsichere, also riskante Entscheidungen sind. Die Verantwortung hierfür ist im Bereich der Geschäftsführung und der Eigentümer/Träger anzusiedeln. Sie tragen damit als Arbeitgeber die Risiken ihrer Entscheidungen. Mitarbeiter wollen dagegen als Arbeitnehmer eben nicht diese riskanten Entscheidungen treffen und streben damit mehr nach Sicherheit.

Die Strategien in Sozialen Einrichtungen orientieren sich an vier Zielebenen (Kortendieck 2017, S. 22):
1. Leistungswirkungsziele: Wie erfüllen wir unsere Mission (z.B. Menschen in Dauerarbeitsplätze zu vermitteln)?
2. Leistungserbringungsziele: Mit welchen Maßnahmen erfüllen wir unsere Mission (z.B. durch Unterrichtsstunden, Pflegetage, Gespräche, Einkommensleistungen)?
3. Verfahrensziele: Welche Ressourcen müssen wir zur Erfüllung unserer Missionsziele haben und weiterentwickeln (Mitarbeiter, Ausstattung, Budgetmittel)?
4. Sonstige Formalziele: Wie effizient erfüllen wir unsere Mission (optimales Einsatzverhältnis von Ressourceneinsatz und Leistungswirkung)?

Nach Lebrenz (2017, S. 26 ff.) sind bei Unternehmen eine Reihe von unterschiedlichen Schwerpunktsetzungen bei den strategischen Entscheidungen festzustellen:

3.1.1 Geplante vs. ungeplante Strategien

Strategische Planung wird als rationaler, sich um Objektivität bemühender Planungsprozess beschrieben, so dass leicht der Eindruck entstehen könnte, dass dann die Ergebnisse entsprechend objektiv sein müssten. Die Planung und die Umsetzung bzw. Durchführung von Strategien verlaufen keineswegs so rational, wie es zunächst scheint. Als Strategie wird dann alles verkauft, was irgendwie langfristig, bedeutend und vor allem erfolgversprechend klingt. Nach Mintzberg (2013, S. 10 ff.) führen strategische Pläne selten zu den tatsächlichen Strategien. Umwelteinflüsse während der Planung und der Implementierung erfordern Anpassungen der Strategien, so dass einige Strategien verworfen werden, wiederum andere modifiziert und neue hinzugefügt werden.

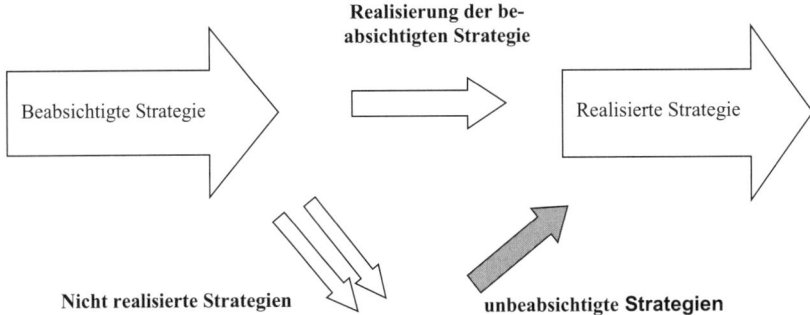

Abb. 2: Realisierung beabsichtigter/unbeabsichtigter Strategien (Mintzberg 2001, S. 24)

Zur Formulierung, Entscheidung und Umsetzung bedarf es des Personals. Diese könne Strategien nach ihren persönlichen Wünschen beeinflussen, blockieren wie forcieren. Strategien können wie aus dem Nichts auftauchen (sog. emergente Strategien). Letztere stellen Handlungen dar, die sich zunehmend zu einem Muster verdichten, dass nachträglich als Strategie umgedeutet wird.

3.1.2 Ein Stakeholder vs. viele Stakeholder und Binnenorientierung vs. Außenorientierung

Werden durch die Strategien die Bedürfnisse aller Stakeholder berücksichtigt, um damit einen Ausgleich zwischen ihren unterschiedlichen Ansprüchen zu schaffen, oder wird ein Stakeholder bevorzugt? Bei profitorientierten Unternehmen wird der Shareholder Value favorisiert. Entsprechend könnte man für die Soziale Arbeit eine Vorrangstellung des Klienten im Vordergrund vermuten. Dem steht die Sichtweise gegenüber, dass es vor allem in gemeinnützigen Einrichtungen (aber auch in Profitunternehmen) eine Vielzahl von Stakeholdern gibt, die Einfluss auf die Unternehmensgeschicke nehmen und deren Interessen trotz bestehender Widersprüchlichkeiten ausgeglichen werden müssen. Ähnlich stellt sich die Frage nach der Binnenorientierung, die sich an Mitglieder (etwa in Vereinen oder in Selbsthilfegruppen), an Anteilseigner, Träger aber auch Mitarbeitende wendet und diese bevorzugt, oder nach der Außenorientierung, die den Klienten wie den Kostenträger, die Angehörigen aber auch die Kooperationspartner mitberücksichtigt (Gmür, 2010, S. 10).

3.1.3 Strategien zwischen Erhalten und Wandel

Wie reagieren Soziale Einrichtungen auf Veränderungen der Umwelt, wie bspw. die Marktöffnung und die deutlich zunehmenden Marktanforderungen? Ein Teil der Einrichtungen wird auf bewährte Traditionen, Strukturen und Mitarbeiter/innen verweisen. Vor allem wirtschaftlicher Anpassungsdruck wird als BWLisierung abgelehnt (Buestrich/Wohlfahrt 2008). Dem stehen Einrichtungen gegenüber, die in der Marktöffnung nicht nur Gefahren, sondern auch Chancen sehen und sich neuen Marktbedingungen nicht nur anpassen, sondern sie auch verändern wollen (Gmür 2010, S. 10 f.). Aus Binnen- versus Außenorientierung und Erhaltung versus Wandel ergeben sich nach Gmür (2010) vier Typologien von NPO-Strategien, die eine unterschiedliche Personalpolitik zur Folge haben werden.

Flexibilität und Wandel

Strategie 1: missionsorientiert
Die Einrichtung verfolgt über ein visionäres Ziel ihrer Gründer mit der Absicht, ein Leistungsspektrum zu entwickeln, mit dem sich die Mitarbeitenden identifizieren können und mit hohem Engagement kreativ arbeiten.
Stärken sind Opferbereitschaft, die Bindung an die Mission und eine entsprechende Motivation, Schwächen sind Überforderung der Mitarbeitenden und missionarischer Autismus

Strategie 2: marktorientiert
Die Einrichtung arbeitet auf der Grundlage eines sich konkretisierenden Leitbildes. Sie analysiert ihre Umwelt nach neuen Marktpotenzialen. Auf Veränderungen im Umfeld wird umgehend mit einer Anpassung des Leistungsprogramms reagiert. Die Orientierung der Organisation ist stark wettbewerbsorientiert.
Stärken sind Flexibilität und Nachfrageorientierung, Schwächen sind Entfremdung von der Wertebasis und verzettelnde Projektvielfalt

Interne Ausrichtung ←→ Externe Ausrichtung

Strategie 4: strukturorientiert
Die Einrichtung richtet ihr Handeln in erster Linie an bewährten Strukturen aus. Das Leistungsspektrum drückt Tradition und Kontinuität aus. Die Mitarbeitenden handeln entsprechend.
Stärken sind effiziente Leistungserbringung und innere Stabilität, Schwächen sind Erstarrung, Unattraktivität für neue Arbeitskräfte

Strategie 3: reputationsorientiert
Die Einrichtung will vor allem ihre hohe Reputation bei Geldgebern und Klienten erhalten. Das Leistungsspektrum wird fortlaufend dahin überprüft, ob es diesem Ziel dient oder nicht.
Stärken sind hohes Ansehen und breite Unterstützung durch die Stakeholder, Schwächen sind Blindheit gegenüber aufkommenden Gefahren, Arroganz gegenüber Andersmeinende

Erhaltung und Stabilität

Abb. 3: Typologien von NPO-Strategien (Gmür 2010, S. 11 f.)

Besonders konfliktreich gestalten sich Veränderungen, wenn sie sich in den Feldern diametral gegenüberliegen. Vertreter einer marktorientierten Strategie können sehr wohl die missionsgetriebene wie auch reputationsgetriebene Einstellung akzeptieren, nicht aber das Beharren auf interne Grundsätze und Strukturen. Umgekehrt ist der strukturerhaltenden Strategie die marktorientierte Strategie viel zu anpasserisch und missionsentleert. Beide Strategien sind tendenziell durch einen großen Anteil an hauptamtlichen Mitarbeitenden gekennzeichnet. Ehrenamtliche Mitarbeiter hätten zum Beispiel Vorstandsfunktionen, die Geschäftsführung wäre aber eher hauptamtlich.

Ein weiterer Konflikt ergibt sich bei recht moralisch argumentierender missionsgetriebener Haltung gegenüber der für sie „hohlen" Reputationsorientierung. Dieser eher von Ehrenamtlichen ausgetragene Konflikt gilt ebenfalls umgekehrt. Aus Sicht derjenigen, die am Erreichten festhalten wollen, sind die missionsgetriebenen Mitglieder viel zu sprunghaft und zu opferbereit (siehe auch Gmür 2011, S. 9 f.). Dafür wirft man den Reputationsorientierten ein ausgeprägtes Hierarchiedenken und eine Immunisierung gegen Kritik und Neuerungsideen vor.

3.1.4 Unabhängigkeit vs. Abhängigkeit der Unternehmensstrategien von der Personalstrategie

Der vierte und für die Diskussion des geeigneten strategischen Personalmanagements wichtigste Punkt ist die Frage, in welchem Zusammenhang Personalstrategie und Unternehmensstrategie stehen. Denkbar sind vier Konstellationen (v. Eckardstein/Ridder 2003, S. 12 ff.).

1. Beide Strategien werden unabhängig voneinander verfolgt.
2. Die Personalstrategie wird von der Unternehmensstrategie beeinflusst.
3. Die Unternehmensstrategie wird von der Personalstrategie beeinflusst.
4. Beide Strategien beeinflussen sich gegenseitig.

Personalstrategie und Unternehmensstrategie sind unabhängig voneinander **(Autonomieperspektive)**	Unabhängig von den betrieblichen Strategien und Zielen optimiert das Personalmanagement Beschaffung, Einsatz und Entwicklung. Unterstellt Best-Practice-Ansätze. Typisch aber auch für Monopolsituationen, die keine Beschränkungen durch Finanzmittel befürchten müssen.
Die Personalstrategie folgt resultiert aus der Unternehmensstrategie **(market based view)**	Die Personalstrategien ordnen sich den absatzmarktorientierten Zielen unter. Orientiert sich die Einrichtung am Qualitätswettbewerb, dominiert die Personalentwicklung, orientiert sie sich am Preis das Personalkostenmanagement.
Die Personalstrategie – dominiert die Unternehmensstrategien **(resource based view)**	Die Fähigkeiten und die Motivation des Personals stellen den entscheidenden Wettbewerbsfaktor dar.
Personal- und Unternehmensstrategie werden integrativ festgelegt **(HARVARD-Ansatz)**	Durch Berücksichtigung der Mission und aller wichtigen Stakeholder werden Unternehmensstrategie und Personalstrategie simultan gedacht.

Abb. 4: Unternehmensstrategie und Personalstrategie

Die Autonomieperspektive ist dann sinnvoll, wenn das Unternehmensergebnis weitgehend unabhängig von der jeweiligen Personalstrategie zu sein scheint, etwa in einer Behörde oder in einem Monopol. Grundsätzlich ist diese Strategieausrichtung auch dann geeignet, wenn man unterstellt, dass es Best-Practice Ansätze gibt (v. Eckardstein/Ridder 2003, S. 13; ausführlich Lebrenz 2017, 115 ff.). Best-Practice bedeutet, dass unabhängig von der Unternehmensstrategie Einstellungs-, Entlohnungs-, Beurteilungs- und Entwicklungsinstrumente, die „immer" funktionieren. Schaut man auf die zahlreichen Ratgeber im Personalbereich, ob im Profit- wie im Non-profitbereich, scheint vieles dafür zu sprechen. Fraglich ist nur, ob diese Instrumente überhaupt wissenschaftlich getestet wurden, und wenn ja und wenn positiv in ihrer Wirkung getestet, ob die unterstellten Annahmen auch im jeweiligen Unternehmenskontext zutreffen. Lebrenz weist zudem darauf hin, dass verschiedene Autoren höchst unterschiedliche Best-Prac-tice-Systeme vorschlagen, was angesichts des „Best Practice" schlicht wi-dersprüchlich ist (Lebrenz 2017, S. 125).

In drei folgenden Ansätzen, die einen Zusammenhang zwischen Unter-nehmens- und Personalstrategie unterstellen, wird zwar nicht grundsätz-lich eine Best-Practice verschiedener Instrumente ausgeschlossen, es wird aber ein notwendigerweise vertikaler Fit zwischen Unternehmensstrategie und Personalstrategie und ihren Personalpraktiken gefordert, um wirksam zu sein. Der vertikale Fit ist dann gegeben, wenn die gewählten Instru-mente zur Personalstrategie, zur Branche und zur Unternehmenskultur passen. Worin genau dieser Fit liegt, bzw. welche Kriterien zu erfüllen sind, damit dieser Fit gilt, ist jedoch schwammig (siehe auch Lebrenz 2017, S. 131). Zum Fit-Konzept zählt auch der horizontale Fit (Ridder 2015, S. 82). Ein horizontaler Fit ergibt sich dann, wenn die gewählten Instrumente, auf der Basis einer bestimmten Personalstrategie, zueinander-passen. Passt bspw. eine leistungsorientierte Bezahlung (LOB) im TVöD zur Kultur der Einrichtungen im Sozialen Bereich?

In der Market-based-View hängt die Strategie von der jeweiligen Marktkonstellation ab. Ausgangspunkt ist die Sicht von außen (outside-in) auf die erforderlichen Potenziale und Ressourcen (Bea/Haas 2016, S. 29), d.h., die Erfordernisse an Struktur und Verhalten einer Organisation im Sozialen Bereich werden von den Kunden und deren Wünschen bestimmt. Die Wettbewerbsintensität ist je nach Branche von fünf Wettbewerbskräf-ten abhängig: der Konkurrenz untereinander, der potenziellen und der sub-stitutiven Konkurrenz sowie der Einflussnahme von Kunden (hier Kosten-träger und Klienten) und der Lieferanten, zu denen auch die Mitarbeiter zu zählen sind (Kortendieck 2009). In der Behindertenhilfe herrschen gänz-lich andere Marktbedingungen als in der Schulung von Arbeitslosen. Je nachdem, um welche Branche es sich innerhalb der Sozialen Arbeit han-delt, wären unterschiedliche Marktstrategien, ob nun eine Qualitäts- und Innovationsstrategie oder eine Kostenstrategie erforderlich. Ausdruck der marktbasierten Sichtweise ist der sog. **MICHIGAN-Ansatz** (Kolhoff/ Kortendieck 2006, S. 69).

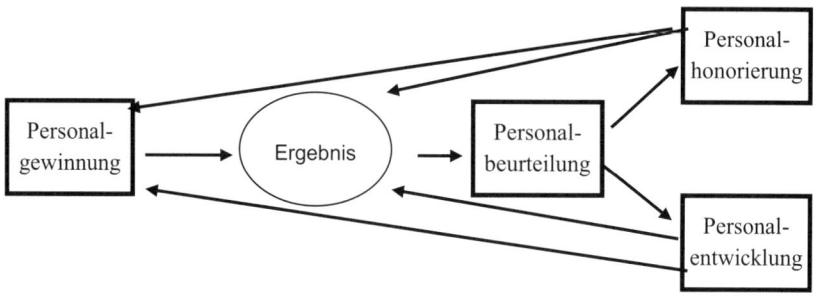

Abb. 5: Der Michigan-Ansatz (Market-based-View)

Das Personalmanagement bestimmt sich in Strategie und Ausführung an den verfolgten Einrichtungszielen. Die personalwirtschaftlichen Funktionen sind Gewinnung, Honorierung und Entwicklung. Mit der Bezugsbasis Ergebnis werden alle drei Funktionen über die Personalbeurteilung miteinander verbunden.

Der entgegengesetzte Standpunkt wird von den Vertretern der Resource Based View eingenommen. Aus den Kernkompetenzen resultiert die Strategie, wie man sich im Wettbewerb durchsetzen will (inside-out). Die Personalstrategie bestimmt demnach die Unternehmensstrategie (Bea/Haas 2016, S. 30 f.).

Folgt man der eher betriebswirtschaftlichen Literatur, wird der Fokus eher auf eine Dominanz der Unternehmensstrategie gelegt, aus der die Personalstrategie abgeleitet wird. In der sozialwirtschaftlichen Literatur mag der Fokus eher auf der Dominanz der „Humanressourcen" liegen (z.B. Friedrich 2011).

De facto sind sie aber nicht voneinander zu trennen. Wenn das Personal hinsichtlich der Wertschöpfung und der Kosten der dominante Faktor ist, sind Personalentscheidungen notwendigerweise immer auf ihre Wirkungen hinsichtlich der unternehmerischen Ziele und Rahmenbedingungen zu bewerten und umgekehrt können unternehmerische Entscheidungen nicht ohne den personalpolitischen Faktor getroffen werden, sollen sie nicht gleich zum Scheitern verurteilt sein. Strategische Unternehmensentscheidungen sind in der Sozialwirtschaft Personalentscheidungen!

3.2 Die Anforderungen an das Personalmanagement

Personalmanagement und Personalwirtschaft sind die Management- und Wirtschaftsfunktionen, die sich direkt oder indirekt auf die Beschäftigten in der Sozialwirtschaft richten. Personalmanagement und die Personalwirtschaft stellen die Gesamtheit aller Ziele, Strategien und Instrumente dar, die das Verhalten von Führungskräften und Mitarbeitern in der Sozialwirtschaft prägen (Kolhoff/Kortendieck, 2006, S. 13)[3]. Personalmanagement stellt die Summe aller Maßnahmen dar, die das Verhalten der Mitarbeitenden direkt oder über Systemgestaltung lenken. Die Systemgestaltung umfasst die Personalfunktionen Einstellung, Honorierung, Beurteilung und Entwicklung. Wenn es um die direkte Verhaltensbeeinflussung geht, ist auch der Begriff Mitarbeiterführung gängig. Günstigenfalls wird der Personalabteilung hier eine unterstützende Funktion zugebilligt, im Sinne eines Coachings oder Schulung der Führungskräfte. Wenn es Führungskräfte sind, die strategische Entscheidungen treffen, kann man erwarten, dass strategische Personalentscheidungen mitintendiert sein müssten. Leider ist das konzeptionell wie praktisch eher zufällig und unsystematisch.

Wie sähe ein umfassendes Konzept des Personalmanagements aus? Nach Hilb (2003) sollte sich das Personalmanagement an der Unternehmensvision orientieren. Diese basiert auf den Einflüssen der verschiedenen Stakeholder. Hierzu zählen Träger, die Vereinsmitglieder, Mitarbeiter, die Gesellschaft in Form von Öffentlichkeit oder als Experten sowie die Kunden in Form als Klient, Kostenträger oder Angehöriger. Diese Einflussnahme wirkt sich direkt wie indirekt auf die personalpolitischen Entscheidungen und Abläufe aus. Konfessionelle Träger verlangen bei der Personalgewinnung, dass die betreffende Person Mitglied einer Kirche ist. Der Kostenträger bestimmt die vorzuweisende Profession und begrenzt die Gehaltszahlung bei Projekten durch ein Besserstellungsverbot. Die Mitarbeiter bestimmen bei der Personalgewinnung und den anderen Funktionen direkt über ihre Mitspracherechte mit: Ihre Vertreter müssen gehört werden, sitzen bei Entscheidungen mit am Tisch und beeinflussen über Führung ihrer Führungskräfte und deren Entscheidungen mit. Aus der Einrichtungsvision, beeinflusst von den Stakeholdern, schließen sich besonde-

---

3 In der Praxis wie in der Theorie werden diese Begriffe kaum trennscharf unterschieden.

re Anforderungen an die fachlichen, persönlichen und sozialen Kompetenzen (als Profession) an, was sich in den verschiedenen Funktionen des Personalmanagements (Bedarfsplanung, Gewinnung, Beurteilung, Honorierung, Bindung, Entwicklung und Führung) niederschlägt (Kolhoff/ Kortendieck 2006, S. 71).

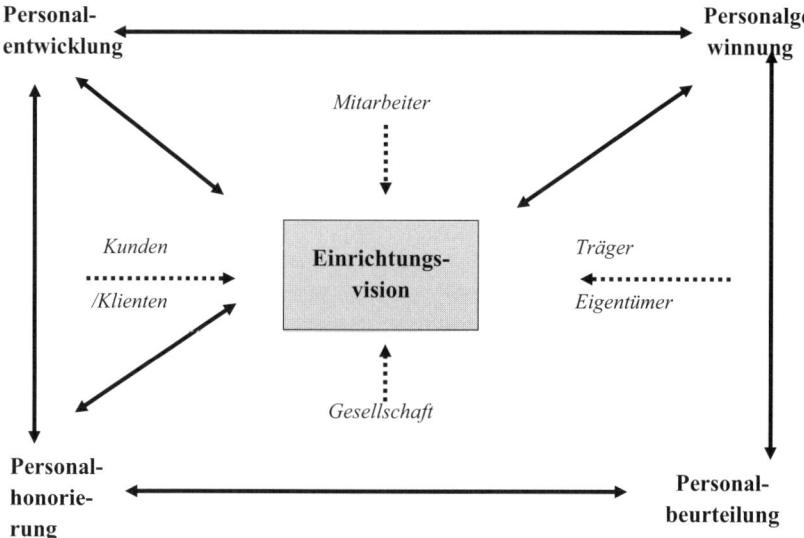

Abb. 6: Konzept des visionsgesteuerten Personalmanagements (Hilb 2003)

Bedingt durch die sehr unterschiedlichen Größen der Einrichtung, ihrer Branchenausrichtung und deren Kultur wie Wettbewerbssituation, der unterschiedlichen Einbeziehung von Ehrenamtlichen als Mitarbeitende wie als Entscheidungsträger lässt sich vermuten, dass das Personalmanagement noch einen erheblichen Professionalisierungsbedarf haben könnte (allg. hierzu Friedrich 2011).

Das Personal wird in vielen Einrichtungen als der wichtigste wertschöpfende Faktor angesehen und in der Sozialen Arbeit wird ihm eine überragende Bedeutung zugemessen, weil soziale Arbeit als Dienstleistung eine personengebundene Leistung darstellt. Der Hilfeprozess ist ohne die Beteiligung von Personen nur schwer vorstellbar. Zunächst haben darum Hilfeprozesse in der Sozialen Arbeit die typischen Merkmale von Dienstleistungen: sie weisen einen hohen Grad an Immaterialität und an Interaktivität aus. Die Immaterialität äußert sich darin, dass der Hilfeprozess nicht gelagert und seine „Ergebnisse" nicht verkauft werden können. Damit wird Soziale Arbeit zu einem typischen Erfahrungs- und Vertrauensgut. Die Interaktivität zwischen Klienten und Personal verstärkt die Unsicherheit darüber, was man eigentlich bekommt, wenn man die Dienstleistung Soziale Arbeit in Anspruch nimmt. Die Qualität der Zusammenarbeit bestimmt somit den Prozess und damit auch das Ergebnis des Hilfeprozesses. Das stellt an das eingesetzte Personal in der Sozialen Arbeit erhebliche Anforderungen wie Integrität, Vertrauenswürdigkeit, Zuverlässigkeit und einen hohen Grad an Kompetenz und Empathie. Zu diesen allgemeinen Anforderungen kommen noch weitere, die sich aus der besonderen Problematik Sozialer Arbeit ergeben: Zunächst sind Kostenträger und Nutzer in der Regel getrennt, so dass die Kontrolle des Prozesses und der vereinbarten Ergebnisse für den zahlenden Kostenträger sehr schwierig sind, weil er am Prozess allenfalls mittelbar beteiligt ist. Der Klient selbst wiederum weist in der Regel selbst Defizite auf, die ihm zum Teil noch nicht einmal bewusst sind. Diese können sich in einer unzureichenden Mitarbeit, einer unbefriedigenden Compliance und in mangelnder Mitverantwortung für den Prozess und das Ergebnis widerspiegeln. Hinzu kommt, dass ein Teil des Klientels in Zwangs- bzw. Notlagen steckt, was seine Entscheidungsfreiheit erheblich einschränkt (Kortendieck 2016).

Dadurch bedingt wird das handelnde Personal zu einem überaus wichtigen wie sensiblen Faktor in der Sozialen Arbeit. Das Personal ist direkt durch die Arbeit mit dem Klienten oder indirekt, z.B. durch die Personalabteilung, an den Prozessen Sozialer Arbeit beteiligt. Dabei ist unklar, welchen genauen Beitrag das Personal zur Wertschöpfung, vor allem im Sozialen Bereich beiträgt, da die Zuordnung der individuellen Arbeitsleistung im Feld sozialer Arbeit sich keineswegs als trivial darstellt. Das Messung der Wertschöpfung im Sinne der Wirksamkeit gestaltet sich als außerordentlich schwierig, weil am Ergebnis Sozialer Arbeit immer auch der Klient beteiligt ist, und das soziale Umfeld einen maßgeblichen, kaum zu isolierenden Einfluss hat.

Betrachtet man neben dem Nutzen sozialer Arbeit, der sich in Leistungsaufträgen und Leistungsentgelten als Haupteinnahmequelle widerspiegelt, die Kosten Sozialer Arbeit, führt die hohe Personalintensität zu einem sehr hohen Anteil der Personalkosten an den Gesamtkosten (Kortendieck 2013). In Verbindung mit der Notwendigkeit, schnell und umfassend auf die Bedürfnisse der Klienten und Kostenträger reagieren zu können, muss ein erheblicher Teil des Personals als Kapazität aufgebaut und vorgehalten werden. Durch die damit verbundene vertragliche Bindung sind die Personalkosten nicht nur relativ sehr hoch, sondern in der Regel auch als fixe Kosten anzusehen. Für die Geschäftsleitung freier Träger bedeutet das, dass sie stets bemüht sein müssen, ihre Kapazitäten möglichst voll auszulasten, um keine Verluste zu erleiden. Viele Kostenträger kalkulieren die Leistungsentgelte auch entsprechend mit einer sehr hohen Auslastung (weit über 90%).

Fassen wir zusammen: Das Personal in der Sozialen Arbeit ist:

– Der zentrale „Produktions"faktor: Die Soziale Arbeit ist unmittelbar an das Personal geknüpft.

– Das Personal in der Sozialen Arbeit ist der Schlüssel für Vertrauen und Qualität. Den Mitarbeitern kommt eine besonders verantwortungsvolle Rolle zu.

– Der Nutzen (und damit die Qualität) der sozialarbeiterischen Tätigkeiten ist schwierig festzustellen und zu messen.

– Gleichzeitig haben die Personalkosten in der Sozialen Arbeit eine überragende Bedeutung (im Umfang und in der Art) für die Wirtschaftlichkeit.

Warum ein Arbeitnehmer eingestellt werden soll, stellt sich aus wirtschaftlicher Sicht als Kosten-Nutzenkalkül dar. Der Arbeitgeber erwartet von einer neu eingestellten Kraft, dass der durch sie erzielte Nutzen, der sich auch, aber nicht nur in Geld ausdrücken lässt, in Form von Leistungserträgen und anderen Erträgen die zusätzlich entstandenen Kosten übersteigt. Grundsätzlich ist die Einstellung einer neuen Mitarbeiterin eine Investition, so dass die Kapazitäten der Einrichtung erhöht oder verbessert werden (Kolhoff/Kortendieck 2006, S. 96 f.). Mithilfe zusätzlichen Personals kann eine neue Wohngruppe aufgebaut werden oder der Betreuungsschlüssel in den bestehenden Wohngruppen verbessert werden.

Investitionen sind aber riskante Entscheidungen. Da die Zukunft nicht bekannt ist, trägt der Unternehmer das Risiko, dass durch die Einstellung des Mitarbeiters die Leistung nicht so gut wird wie erhofft oder die Leistung in Zukunft nicht mehr die gleiche Wertschätzung des Kunden trifft wie bislang. Der Investitionscharakter einer Personaleinstellung bringt zum Ausdruck, dass der Arbeitgeber und nicht der Arbeitnehmer grundsätzlich das Erfolgsrisiko trägt. Natürlich kann ein potenzieller Arbeitnehmer seine Einstellungschancen dadurch verbessern, indem er sich auf befristete, möglichst bedingungsfreie Verträge einlässt (wie die Befristung eines Arbeitsverhältnisses ohne sachlichen Grund bis zu zwei Jahren), weil er damit einen großen Teil des Erfolgsrisikos selbst trägt. Durch einen hohen variablen, erfolgsabhängigen Teil der Entlohnung mindert der

Arbeitnehmer ebenfalls das Investitionsrisiko des Arbeitgebers. Trotzdem bleibt der Mitarbeiter im Investmentansatz die Hauptquelle des Erfolges (Lebrenz, 2017 S. 27).

Demgegenüber stehen personalpolitische Entscheidungen, die statt des Investitionscharakters den Kostencharakter in den Vordergrund stellen. Standardisierte Leistungen werden mit möglichst geringen (Personal)Kosten erbracht. „Hauptsache billig" war darum auch eine Kritik an bestimmten sozialwirtschaftlichen Organisationen, möglichst kostengünstige Kräfte zu finden. Ehrenamtliche ersetzen Honorarkräfte, diese ersetzen hauptamtliche Mitarbeiter.

Problematisch sind Krisenzeiten: Das Personalmanagement kann die Kosten eines Mitarbeiters quantifizieren, seine Erfolgschancen dagegen nicht. Damit wird in Krisenzeiten das Erfolgsrisiko schwer kalkulierbar, so dass bei Umsatzrückgängen und Liquiditätsengpässen sich auch gegen den Willen des Personalmanagements der Kostenaspekt des Personals gegenüber dem Erfolgsaspekt durchsetzt.

Auch wenn die Motivation des Arbeitgebers nichts mit einer Gewinnvorstellung zu tun haben mag, sondern (allein) aus dem Hilfemotiv heraus geschieht, muss die Institution ihr betriebswirtschaftliches Gleichgewicht zu wahren versuchen. Für die neu entstehenden Personalkosten müssen entsprechende Einnahmen zurückfließen. Eine Verbesserung des Betreuungsschlüssels muss infolge der gestiegenen Personalkosten auch steigende Einnahmen mit bewirken. Andernfalls muss diese zusätzliche Stelle aus anderen Überschüssen der Einrichtung, aus Rücklagen oder eben doch aus zusätzlich eingeworbenen Einnahmen (Spenden z.B.) refinanziert werden. Angesichts dessen, dass in der Sozialen Arbeit das Personal die Hauptquelle der Wertschöpfung bzw. der Nutzengenerierung und andererseits die Hauptquelle der Kosten ist, erstaunt es schon, dass das Personalmanagement in der Sozialen Arbeit nicht die entsprechende Würdigung auch in wissenschaftlichen Untersuchungen erlebt. Man kann J. Merchel (2015, S. 210 f.) nur recht geben, der sich kritisch dazu äußert, wie simplifiziert einfachste Rezepte zur Führung und Personalarbeit angepriesen werden oder wie in Sammelbänden das Thema Personalmanagement kaum oder gar nicht berücksichtigt wird.

3.3 Strategisches Personalmanagement und Unternehmenserfolg

Welche Aufgaben hat das strategische Personalmanagement in einer Einrichtung und wie weit trägt es zum Einrichtungserfolg bei?

Das strategische Personalmanagement umfasst die mittel- und langfristigen Pläne eines Unternehmens *„zur Steuerung der Personalressourcen. Sie umfasst die personalpolitischen Ziele und Ergebnisse, die in den kommenden Jahren angestrebt werden, sowie die Konzepte, Instrumente und Maßnahmen zu deren Erreichung"* (Gmür/Thommen, 2011, S. 19).

Das operative unterscheidet sich vom strategischen Personalmanagement neben dem unterschiedlichen Zeithorizont durch die Bindung an Verträge, die wiederum Kapazitäten bereitstellen, aber auch zu fixen Kosten führen. Je höher der Auslastungsgrad, umso niedriger die fixen und damit die gesamten Stückkosten. Kurzfristig kommt es darauf an, für eine hohe Auslastung zu sorgen und den größten Kostenfaktor, die Personalkosten, möglichst klein zu halten. Langfristig dagegen kann durch eine breitere Auswahl an Leistungen und damit auch an Kostenträgern das Auslastungsproblem gemildert werden. Entsprechend ergeben sich an Anforderungen an die Flexibilität und die Qualifikation des Personals.

Im operativen Personalmanagement sind Ziele wie personalpolitische Maßnahmen weitgehend vorgegeben. Im strategischen Personalmanagement dagegen können die inhaltlichen Konzepte, die anzubietenden Leistungen, die Ziele sich ändern, weshalb neue Qualifikationen und Kompetenzen von Mitarbeitern erforderlich sein können. Das Personal stellt keine langfristig fixen Kosten mehr da, weil mit ausscheidenden Mitarbeitern, veränderten Vertragsbedingungen und mit neuen Märkten kalkuliert werden kann. Strategisch dienen die Mitarbeiter der Missionserfüllung und der Existenzsicherung der Einrichtung. Bei einem so weiten Zeithorizont ist es erforderlich, sich die Frage personalpolitisch wie unternehmerisch zu stellen: welche Kapazitäten wollen und können wir aufbauen und langfristig finanzieren? Wie wird sich die Bedarfslage unserer Klientel in den nächsten Jahren verändern und sind wir dann in der Lage, mit unserem Personal darauf angemessen und flexibel zu reagieren.

3.3.1 Personalstrategie und Unternehmensstrategie

Die Diskussion um den Einfluss des Personals auf die Strategiebildung oder umgekehrt, die Abhängigkeit des Personalmanagements von der Un-

Georg Kortendieck

ternehmensstrategie greift auf den Streit über die Quelle der Wettbewerbsvorteile zurück. Für die Schule der Resource-based-Sicht sind die Kernkompetenzen eines Unternehmens ausschlaggebend, für die Vertreter der Market-based-Schule sind es Nutzenvorteile für den Kunden. Das heißt jedoch nicht, dass den Ressourcen nicht auch bei der marktorientierten Sicht eine wichtige, aber eben eine nachrangige Rolle zukommt.

Ressourcen sind alle Inputs, die eine Einrichtung während des Leistungsprozesses zur Verfügung stellt: Faktoren wie Mitarbeiter/innen, Räumlichkeiten, Ausstattung und Konzeption. Das, was ein Unternehmen besonders gut beherrscht, wird, da es meist mit dessen hauptsächlicher Ausrichtung identifiziert wird, als Kernkompetenz bezeichnet. Kernkompetenzen gelten als zentrale Erfolgsfaktoren im Wettbewerb. Vor allem der Human Ressource Ansatz setzt auf sie (Müller-Stewens/Lechner 2011, S. 207). Die Wettbewerbsfähigkeit hängt nicht von einzelnen guten Leistungen ab, sondern von den Fähigkeiten der Mitarbeiter/innen.

Kernkompetenzen begründen die Einzigartigkeit der Einrichtung (Hamel/Pralahad 1990). Quellen der Kernkompetenzen sind die wichtigsten Geschäftsprozesse (z.B. Beratung), die Mitarbeiter/innen (beratende Sozialarbeiter), deren Wissen und Können (langjährige Erfahrung) die organisationalen Fähigkeiten (integrierter Beratungsprozess), und die die Beziehungen (zu Klienten, Angehörigen, Kostenträger, Netzwerkpartner). Kernkompetenzen entstehen nicht durch ad-hoc Entscheidungen, sondern reifen langsam durch eine entsprechende Personalstrategie. Durch das unternehmensspezifische Wissen und Können sind diese Kompetenzen nur schwer für andere Einrichtungen zu imitieren. Voraussetzungen für den Wettbewerbsvorteil durch Kernkompetenzen sind:

Damit ergeben sich nach Müller-Stewens/Lechner (2011, S. 207 ff.) vier zentrale Aspekte, die zusammen! Kernkompetenzen ausmachen:

1. Die Fähigkeit muss wertvoll sein. Das bedeutet, dass die Fähigkeiten die Unternehmensergebnisse nachhaltig verbessern.
2. Die Fähigkeit muss einzigartig sein, weil ansonsten gegenüber Wettbewerbern kein Konkurrenzvorteil entsteht. Aussagen wie unsere Kernkompetenzen liegen in einer qualitativ hochwertigen Betreuung und Beratung hört man sehr häufig.
3. Die Fähigkeiten sind kaum zu imitieren. Dies geht gerade bei personenbezogenen Dienstleistungen nur durch Vertrauensbeziehungen.
4. Die Fähigkeiten sind transferierbar: Es genügt nicht, dass eine einzelne Mitarbeiterin zu ihren Klienten eine sehr gute Beziehung aufgebaut hat.

Ein wesentlicher Unterschied zwischen einer market-based- und einer ressource based-Orientierung liegt in der Betonung der unterschiedlichen Märkte: Beim market-based-Ansatz liegt die Betonung auf der Kundensicht und damit dem Absatzmarkt. Im anderen Fall verschiebt sich diese externe Sichtweise zu einer internen hin, zum Arbeitsmarkt. Welcher Markt für die Personalstrategie entscheidend ist, entscheidet sich an den einzelnen Marktkonstellationen.

Dominanter Absatzmarkt

Ist der Absatzmarkt dominant (market-based), wegen Änderungen der Kundenwünsche, gesetzlichen Veränderungen oder der Marktbedingungen, stehen die Nachfrageeinflüsse und Konkurrenzbedingungen im Vordergrund.

Wer eine Zeit lang Aufträge der Bundesanstalt für Arbeit erhalten hat, wird dessen Preisverhalten kennen und den damit verbundenen Preisdruck. Konkurrenzfähig war und ist die Einrichtung, die die Personalkosten über mehrere Perioden nicht nur konstant hielt, sondern senkte. Bei gleichbleibender Produktivität geht das nur über Lohnkürzungen oder den Ersatz „teurer" Kräfte durch „billige" Mitarbeiter. Die Abkehr großer Wohlfahrtsverbände und einer Reihe von freien Anbietern von der BAT-Orientierung mit seinen sozial ausgerichteten Tarifsätzen hin zum TVöD dürfte wohl dem Kostendruck auf den Absatzmärkten geschuldet sein.

Dominanter Arbeitsmarkt

Ist der Arbeitsmarkt entscheidend, weil Arbeitskräftemangel herrscht, ergeben sich Wettbewerbsvorteile auf dem Absatzmarkt, wenn durch besseres Image, bessere Unternehmenskultur und bessere Leistungen kompetentere Mitarbeiter an die Einrichtung gebunden und gehalten werden können. Wem es gelingt, attraktive Arbeitszeiten mit Arbeitsbedingungen und Arbeitslohn zu kombinieren, verschafft sich gegenüber Mitbewerbern erhebliche Wettbewerbsvorteile. Der Mitarbeiter als Kostenfaktor tritt in den Hintergrund. Es dominiert bei Arbeitskräftemangel die Sichtweise des Stakeholder Mitarbeiters und damit die Attraktivität des Arbeitsplatzes.

Der Arbeitsmarkt ist dann dominierend, wenn die benötigten Arbeitskräfte knapp und damit relativ „einzigartig" sind und wenn ihr Wert für die Einrichtung im Sinne der Wettbewerbsfähigkeit hoch ist. Der demografische Wandel spricht dafür, dass in der Sozialen Arbeit in vielen Bereichen die Arbeitskräfte knapp werden. Der Soziale Bereich konkurriert allerdings auf dem Arbeitsmarkt nicht nur untereinander, also bspw. Kitas untereinander um die Erzieherinnen, sondern mit allen anderen Branchen. Junge Menschen können, anstatt eine Erzieher/innenausbildung anzufangen, eben auch andere Berufe ergreifen oder studieren.

Investitionen in Human Capital und damit Personalentwicklungsmaßnahmen, die darauf abzielen, das Wertschöpfungspotenzial der Mitarbeiter zu erhöhen und in Wettbewerbsvorteile umzuwandeln, lohnen sich, wenn die Kernkompetenzen sehr knapp, wertvoll und zu teuer sind. Sind die Arbeitskräfte weder selten noch „wertvoll" im Sinne einer Alleinstellung auf dem Absatzmarkt, liegt ein typischer Bereich befristeter Arbeitsverhältnisse vor, die für vergleichbare Aufträge kurzfristig angeworben und für die Laufzeit des Projektes beschäftigt werden (können).

3.3.2 Die Personalarchitektur (HR-Architektur)

Die HR-Architektur ist ein konsistentes und kohärentes System des Personalmanagements. Sie umfasst für eine bestimmte Marktkonstellation eine entsprechende Ausrichtung des strategischen Personalmanagements, d.h. seine Prinzipien, Politik und den jeweiligen Einsatz der Personalinstrumente (Ridder/Piening/McCandles 2012, S. 612). Der Gedanke ist der, dass auf der Basis des Human-Ressource-based-Ansatzes strategische Positionen des Personalmanagements abgeleitet werden können. Vier Konstellationen ergeben sich mit Blick auf Wertigkeit und Einzigartigkeit der Ressourcen für das Unternehmen.

Wert und Einzigartigkeit beeinflussen die Unternehmensstrategie: Sind der Wert der Personalressource und seine Einzigartigkeit gering, bedeutet dass, das man unqualifizierte Arbeitskräfte bei relativ standardisierten Tätigkeiten sucht wie etwa bei Saisonarbeitskräften in der Gemüseernte. Im Feld Sozialer Arbeit herrschen im Bereich der Schulung von Langzeitarbeitslosen und bei Sprachkursen ähnliche Bedingungen. Es kommt weniger auf die individuelle Qualität an als vielmehr auf reibungslose Abläufe, geringe Kosten und Einhaltung von Vertragsbedingungen. Die Personalstrategie beinhaltet kurzfristige, genormte Arbeitsverträge, effiziente Personalsuche und eventuell monetäre Anreize bei guter Arbeitsleistung.

Einzigartigkeit	**Hoch**	**Allianz:** Spezialkenntnisse können nur von Verbünden genutzt werden; eventuell Nachfrage zu Marktpreisen innerhalb des Verbundes bzw. Auslagerung der Kompetenz im eigenen Geschäftsbereich. **PM**: Informationspolitik; eventuelle Begleitung von Outsourcing	**Interne Entwicklung** der eigenen Ressourcen, attraktive Arbeitsvertrags- und Arbeitsplatzgestaltung; Förderung durch Trainings, Karrierewege und Beratung **PM**: Entwicklung und Bindung von „High potentials" *Investitionsbereich in Human Capital: Personalentwicklungsbereich*
	Niedrig	**Vertragslösung** Kurzfristige, befristete Arbeitsverträge Mitarbeiter haben geringe Unternehmensbindung: Job **PM:** korrekte Abrechnung, Vertragsgestaltung; Begleitung von Outsourcing	**Akquisition:** marktorientierte Suche, Vergleich und Einkauf von Personalressourcen kosten- und nutzenorientiert **PM**: günstiger Einkauf von fähigen Mitarbeitern
		Niedrig	**Hoch**
		Wert des Human Capital	

Abb. 7: Wert der Personalressource und Strategie

Sind die Arbeitskräfte dagegen zwar einzigartig (Experten), aber für die Einrichtung von untergeordneter Bedeutung, bietet es sich an, diese Arbeitskräfte zu poolen oder über Outsourcing auf sie zuzugreifen. Hier wäre an unterstützende Verwaltungstätigkeiten zu denken, die von kleineren Trägern an größere Verbände abgegeben werden. Dies könnte bspw. auch die Personalabteilung sein.

Im dritten Fall mit besonderer Bedeutung für die Soziale Arbeit trifft ein hoher Wert auf vergleichsweise geringe Besonderheit der Ressourcen. Hier wäre an fertige Erzieher/innen, Altenpfleger/innen oder Sozialarbeiter/innen zu denken. Ihre Qualifikationen sind für die jeweiligen Tätigkeiten von großer Bedeutung, spezielles Wissen ist aber entweder für eine vergleichsweise standardisierte Tätigkeit nicht erforderlich (etwa in der Pflege) oder noch nicht vorhanden (bei Studienabsolventen). Sie werden auf dem Arbeitsmarkt eingekauft. Aspekte der Personalstrategie können in diesem Zusammenhang eine überproportional gute Bezahlung oder entsprechende Nebenleistungen, ein unbefristeter Arbeitsplatz oder bessere Arbeitsbedingungen als bei der Konkurrenz am Arbeitsmarkt sein.

Erst im letzten Quadranten erweist sich das Personal als Quelle erfolgreicher Wettbewerbsvorteile aufgrund von Kernkompetenzen. Sie sind bei der Einstellung bereits Talente, die durch interne Entwicklungen so viel spezifisches Wissen erhalten, dass die durch sie erzeugten Wettbewerbsvorteile einzigartig, wertvoll und nicht nachahmbar sind.

Ridder/McCandles (2012, S. 613 ff.) erweitern diesen Ansatz zu einer grundsätzlichen Typologie von HR-Architekturen in Nonprofit-Organisationen und bieten damit speziell eine Einteilung an, die gerade für soziale Einrichtungen zutreffen kann. Ihre erste Dimension ist die strategische Ausrichtung, inwieweit sich die Einrichtung durch Mission, Leitbild, Ziele und Ausgleich der Stakeholderinteressen in ihrem Handeln bestimmen lässt (high strategic), oder ob die Personalpolitik eher den täglichen Zwängen unterliegt oder kaum eine Anbindung an (vielleicht auch gar nicht vorhandene) strategische Ziele stattfindet (low strategic). Davon unabhängig ist die zweite Dimension, die Ausrichtung auf die Humanressourcen. Nun ist der Begriff Humankapitel ja durchaus nicht unumstritten; eine Ablehnung dieses Begriffs bedeutet nicht, dass nicht dem Personal eine hohe Aufmerksamkeit gewidmet sein kann (high Human Resource Orientation). Demgegenüber steht eine Personalpolitik, die das Personal als Mittel zum (heiligen) Zweck ansieht, also bspw. die Klienten- oder Organisationsinteressen deutlich über die der Mitarbeiter stellt (low Human Resource Orientation). Der Beitrag des Personals in NPO´s wird zudem auch darin zu sehen sein, ob es dem Personal selbst „um die Sache" geht (high), sie also intrinsisch motiviert sind, oder ob sie nur ihren Job machen (low).

Die HR-Architektur ist beeinflusst von der HR-Orientierung und von der strategischen Orientierung. Dadurch bestimmt sie maßgeblich das Ergebnis der Arbeit des Personals mit und beeinflusst so die Ergebnisse der Organisation (Ridder/Piening/McCandles Baluch 2012, S. 614 ff.).

Der Idealtyp „Adminstratives Personalmanagement (HRM)" geht wenig auf die Bedürfnisse und Wertmaßstäbe der Mitarbeitenden ein. Im Grunde gibt es kein professionelles Personalmanagement, allenfalls eine Personaladminstration. Ob die Mitarbeitenden intrinsisch motiviert sind, ist irrelevant. Funktionen des Personalmanagements sind stark an Effizienzgesichtspunkten angelegt, eine Rückkopplung zu einrichtungsspezifischen Werten fehlt. Kurzfristige Verträge und eine strikte Kostenorientierung herrschen wie eine Politik des „Heuerns und Feuerns" vor.

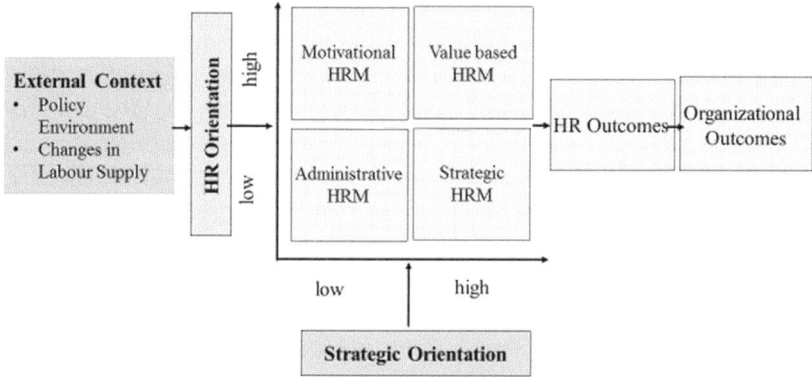

Abb. 8: Typologie der HR-Architektur (Ridder u.a. 2012, S. 615; Walk u.a. 2013)

Der Idealtyp „Motivierendes Personalmangement" setzt ganz auf die intrinsische Motivation, auf interne Personalentwicklung und Partizipation. Das Wohlbefinden der Mitarbeitenden soll ihr Commitment und ihre Treue zur Einrichtung stärken. Es fragt sich allerdings, ob dann nicht die Interessen der Mitarbeitenden über denen der Klienten stehen.

Der Idealtyp „Strategisches Personalmanagement" setzt auf die Zielerreichung für betimmte Stakholder und versucht das entsprechende Personal dafür zu finden, das unter Umständen mit monetären und nicht monetären Anreizen zu Leistungen motiviert werden soll. Diese market-based-Sicht orientiert sich entweder an der Qualitätsführerschaft oder an der Kostenführerschaft. Gefördert werden „Jobfamilien", die die größte Bedeutung für das Einrichtungsergebnis haben (Großheim u.a. 2016)[4]. Wegen der zu geringen Beachtung der Mitarbeitenden-interessen sind die Motivation und das Commitment der Beschäftigten geringer.

Der Idealtyp „Wertbasiertes Personalmanagement" erzielt für Oganisation und Mitarbeitende die besten Ergebnisse und gilt daher als Königsweg, weil die Mitarbeitenden die größte Motivation zeigen, die Organisation in ihrem Tun zu unterstützen. Schwierig ist es, in der Persoanlpolitik einen entsprechenden Ausgleich bei widersprüchlichen Werten zu finden, wie dies typisch für Nonprofit-Organisationen ist.

---

4 Eine Jobfamilie ist eine Ansammlung von ähnlichen Stellen mit ähnlichem Arbeitsprofil, also bspw. die Jobvermittler in einer Weiterbildungseinrichtung.

In der Praxis finden sich diese Typologien in dieser Reinform nicht, sondern weisen, teilweise nach Abteilungen unterschieden, Merkmale mehrerer Typen auf. Wenn aber eine hohe Mitarbeitenden- und Aufgabenorientierung den Königsweg darstellen, warum wird er dann in der Praxis nicht regelmäßig angetroffen (Akinbola 2013)?[5] Untersuchungen von Walk, Schinnenburg und Handy (2013) deuten an, dass die Empfehlung, den wertbasierten Stil zu verfolgen, zu einfach gegriffen ist. Sie führen als die Personalstrategie bestimmenden Faktoren externe Bedingungen mit ein, die maßgeblichen Einfluss auf die Personalorientierung ausüben. In Interviews mit verschiedenen Vetretern von Caritas Einrichtungen im Nordwesten deuteten sich zwei externe Einflussmuster an: Zum einen der politische Einfluss und damit der Wettbwerb unter den Einrichtungen. Verschärft der Kostenträger die Ausschreibungsbedingungen, verschlechtert er die Leistungsentgelte und fordert gleichzeitig fundiertere Qualitätsnachweise, scheint es eher zweckmäßig zu sein, die marktbaserte Personalstrategie zu verfolgen. Ebenso problematisch sind demografische Veränderungen. Die Caritas findet immer weniger neue Mitarbeitende, die mit den Werten der katholischen Kirche übereinstimmen. Hier bedarf es einer Abkehr von bestimmten Werten, um noch qualifiziertes Personal zu erhalten.

3.4 Fazit

Betrachtet man die verschiedenen Ansätze zum strategischen Personalmanagement zeigt sich, dass die selbstverständliche Benutzung bestimmter personalpolitischer Instrumente wie bestimmte Einstellungsverfahren, die tarifliche Bildung oder Führen von Mitarbeitergesprächen noch nicht gleich als Strategie zu werten sind. Vielmehr ist es für den langfristigen Erfolg und das Überleben einer Einrichtung auch im Sozialen Bereich wichtig, dass es überhaupt Unternehmensstrategien plant und entscheidet. Ansonsten stellen sozialwirtschaftliche Entscheidungen eher Anpassungen an die täglichen Anforderungen dar. Das gilt auch für Personalentscheidungen. Ob nun Unternehmensentscheidungen die Personalentscheidun-

---

5 Das Modell erinnert sehr an das „Managerial Grid" von Blake und Mouton, das ebenfalls einen Führungsstil von hoher Mitarbeiter- und Aufgabenorientierung als den besten ansieht. Diese Aussage leidet aber unter einer zu geringen Komplexität. Wie die Weiterentwicklung der Führungsstillehre zeigt, kommt es eben auch auf die Situation an, in der eine Führungsentscheidung getroffen wird.

gen nach sich ziehen oder umgekehrt, scheint eher eine wenig hilfreiche Unterscheidung in der Praxis zu sein. Sie simultan zu berücksichtigen, so wie dies der Harvardansatz fordert, dürfte in der Praxis hilfreicher sein.

Eine einseitige Hervorhebung des Marktes wie des Personals wird den meisten Einrichtungen in der Sozialen Arbeit wenig gerecht. Eine zu starke Orientierung an den Mitarbeiterinteressen funktioniert gut, wenn sie vom Kostenträger auch entsprechend alimentiert wird. Das dürfte aber immer weniger der Fall sein. Von daher ist die einseitige Orientierung an der Human Ressource als Schönwetterstrategie abzulehnen.

Eine einseitige Orientierung an den Bedürfnissen der Kostenträger, d.h. am Markt, verkennt die Bedeutung des Personals. Da dies immer mehr in Qualität und Quantität zu einem Engpassfaktor wird, werden Branchen, die ihr Personal wenig pflegen, künftig große Schwierigkeiten haben, am Arbeitsmarkt erfolgreich neues Personal zu bekommen und ihr Bestehendes zu halten. Die Market-based-View leidet unter einer zu starken Betonung der Marktverhältnisse. Mission und Leitbild sind nicht nur für die Einrichtungen im Sozialen Bereich wichtige Orientierungspunkte, sondern auch für zumindest einen Teil der Mitarbeitenden. Deren intrinsische Motivation kann durch eine weniger effizienz- und damit stärker wertorientierte Politik gestärkt werden.

Trotzdem dürfen die Einrichtungen im Sozialen Bereich die Wettbewerbsverhältnisse auf ihren Märkten nicht ignorieren oder ihre Grundsätze bei schlechtem Wetter, soll heißen bei sinkenden Entgelten und höheren Kosten, aussetzen. Die Einstellung zu fairen Löhnen und Arbeitsbedingungen zeigt sich eben nicht dann, wenn man diese auch alimentiert bekommt, sondern wenn man am Markt um Aufträge kämpfen muss. Hier haben in der Vergangenheit, auch wegen fehlender strategischer Ausrichtung, Einrichtungen eher mit unfairen Arbeitsbedingungen reagiert. Walk u.a. (2013) ist darum nur zuzustimmen, dass man auf unsichere Leistungsverträge nicht mit unsicheren Arbeitsverhältnissen reagieren kann. „We emphasize the importance for Caritas to implement long-term contracts und take the inherent risk of not being funded".

Es heißt, in guten Zeiten wird ein Unternehmen ruiniert. Soziale Einrichtungen sollten in guten Zeiten immer auch an mögliche schlechte Zeiten denken, und ihre Einstellungs- und Entlohnungspraxis daran ausrichten. In schlechten Zeiten sollten sie aber nicht die Arbeitgeberrisiken auf ihre Arbeitnehmer verlagern, sondern mit einem Pool von Mitarbeitern arbeiten, den sie, wenn es erforderlich ist, auch aus den Rücklagen finanzieren müssen. Dieser Pool sollte um eine flexible Spitze für hohe Auslastungszeiten ergänzt werden.

Schlechtere Bezahlung könnte durch bessere Arbeitsbedingungen und eine hohe Wertschätzung, zu der eine ausgeprägte Feedbackkultur gehört, kompensiert werden. Wichtig ist aber, dass das, was man tut und wie man es tut, dem Einrichtungsleitbild entspricht. Das bedeutet, dass nicht jedes Geschäft mitgemacht wird und oder Personalwachstum an sich schon einen Wert darstellt.

Kontrollfragen

1. Wodurch zeichnen sich strategische Entscheidungen aus?
2. Wozu dienen strategische Entscheidungen?
3. Vor welcher Dilemmasituation stehen Einrichtungen, die bislang eine Monopolstellung innehatten?
4: Was versteht M. Gmür (2010) unter einer strukturorientierten Strategie?
5. Personalstrategie und Unternehmensstrategie können unabhängig voneinander gesehen werden: Welche Annahmen bezüglich des strategischen Personalmanagements trifft diese Einschätzung?
6. Erläutern Sie den Human-Resource-based-Ansatz!
7. Warum ist die Erfolgsmessung bei personaler Arbeit im Sozialen Bereich so schwierig?
8. Die Human-Ressourcen-Architektur stellt einen wesentlichen Baustein des strategischen Personalmanagements dar. Welche idealtypischen Personalstrategien können aus ihr abgeleitet werden?

Literatur:

Akingbola, Kunle (2013): A Model of Strategic Nonprofit Human Resource Management, in: Voluntas 24, S. 213−240.

Bea, Xaver/Haas, Jürgen (2016): Strategisches Management, 8. Auflage, Konstanz/München.

Buestrich, Michael/Wohlfahrt, Norbert (2008): Die Ökonomisierung der Sozialen Arbeit, in: Bundeszentrale für Politische Bildung: Wandel der Sozialen Arbeit. Aus Politik und Zeitgeschichte, Heft 12/13, S. 17−24.

Eckardstein, Dudo v./Ridder, Hans-Gerd (2003): Anregungspotenziale für Nonprofit Organisationen aus der wissenschaftlichen Diskussion über strategisches Personalmanagement, in: dies. (Hrsg.): Personalmanagement als Gestaltungsaufgabe im Nonprofit und Public Management, Wien, S. 11−31.

Friedrich, Andrea (2011): Soziale Arbeit auf dem Weg in die Professionalisierung des Sozialmanagements, in: Langer, Andreas/Schröer, Andreas (Hrsg.): Professionalisierung im Nonprofit Management, Wiesbaden, S. 67–86.

Gmür, Markus (2010): Strategien für NPO – eine Typologie, in: Verbandsmanagement, 36. Jg., Bd. 1, S. 6–17.

Gmür, Markus (2011): Strategisches HRM in Nonprofit-Organisationen, in: Verbandsmanagement, 37. Jg., Bd. 2, S. 6–17.

Gmür, Markus/Thommen, Jean-Paul (2011): Human Resource Management – Strategien und Instrumente für Führungskräfte und das Personalmanagement, 3. Auflage, Zürich.

Großheim, Kathrin/Großheim, Patrick/Kuchenbecker, Marlies (2016): Jobfamilien in mittelständischen Unternehmen, Publikation des RKW-Projektes: Wettbewerbsfähig mit Personalstrategien, RKW Kompetenzzentrum, Eschborn.

Hilb, Martin (2003): Integriertes Personalmanagement – Ziele, Strategien, Instrumente, 12. Auflage, München.

Kolhoff, Ludger/Kortendieck, Georg (2006): Personalmanagement und Personalwirtschaft, Baden-Baden.

Kortendieck, Georg (2009): Strategisches Management im Sozialen Bereich, Augsburg.

Kortendieck, Georg (2013): Personalkosten, in: Maelicke, Bernd (Hrsg.): Lexikon der Sozialwirtschaft, 2. Auflage, Baden-Baden.

Kortendieck, Georg (2016): Wir sind die Guten: Braucht es Kontrollen im Sozialen Bereich?, in: Wöhrle, Armin (Hrsg.): Moral und Geschäft, Positionen zum ethischen Management in der Sozialwirtschaft, Baden-Baden, S. 111–136.

Kortendieck, Georg (2017): Strategisches Controlling in Sozialen Organisationen, Fernstudienbrief der Service-Agentur des HDL (Hochschulverbund Distance Learning), 3. Auflage, Brandenburg.

Lebrenz, Christian (2017): Strategie und Personalmanagement, Wiesbaden.

Merchel, Joachim (2015): Management in Organisationen der Sozialen Arbeit, Weinheim.

Mintzberg, Henry (2013): The Rise and Fall of Strategic Planning, (1994), Harlow.

Müller-Stewens, Günter/Lechner, Christoph (2016): Strategisches Management – wie strategische Initiativen zum Wandel führen, 5. Auflage, Stuttgart.

Porter, Michael. E. (2000): Wettbewerbsvorteile. Spitzenleistungen erreichen und behaupten, 7. Auflage, Frankfurt a.M./New York.

Ridder, Hans Gerd (2015): Personalwirtschaftslehre, 5. Auflage, Stuttgart.

Ridder, Hans-Gerd/Piening, Erk/McCandles Baluch, Alina (2012): The Third Way Reconfigured: How and Why Nonprofit Organizations are Shifting Their Human Resource Management, in: Voluntas 23, S. 605–635.

Walk, Marlene/Schinnenburg, Heike/Handy, Femida (2013): Missing in Action: Human Resource Management in German Nonprofits, in: Voluntas 24, S. 403–440

Wöhrle, Armin: Der zweite Professionalisierungsschub durch Sozialmanagement, in: Brinkmann, Volker (Hrsg.) (2008): Personalentwicklung und Personalmanagement in der Sozialwirtshaft, Wiesbaden, S. 13–39.

4. Anforderungen an Personalführung und Vorgesetzte in der Sozialwirtschaft

Brigitta Nöbauer

Lernziele:

- Sie lernen die Besonderheiten des Personalmanagements in der Sozialwirtschaft und aktuelle Herausforderungen kennen.
- Sie haben einen Überblick über relevante Aufgabenfelder im Personalmanagement, die von Führungskräften wahrzunehmen sind.
- Sie wissen, wie eine zeitgemäße Personalsuche in der Sozialwirtschaft gestaltet werden kann und welche Rolle Führungskräften dabei zukommt.
- Sie wissen, wie Auswahlgespräche vorbereitet und geführt werden.
- Sie kennen den Beitrag von Führungskräften zur Personalentwicklung ihrer Mitarbeitenden.
- Sie kennen aktuelle Führungskonzepte mit Relevanz für die Sozialwirtschaft.

In der Literatur gibt es unterschiedliche Zugänge, um das Aufgabenspektrum von Führungskräften zu systematisieren. Simsa und Patak (2008) gliederten die Aufgaben von Führungskräften in Non-Profit-Organisationen in einem sog. ‚Führungspuzzle' wie folgt:

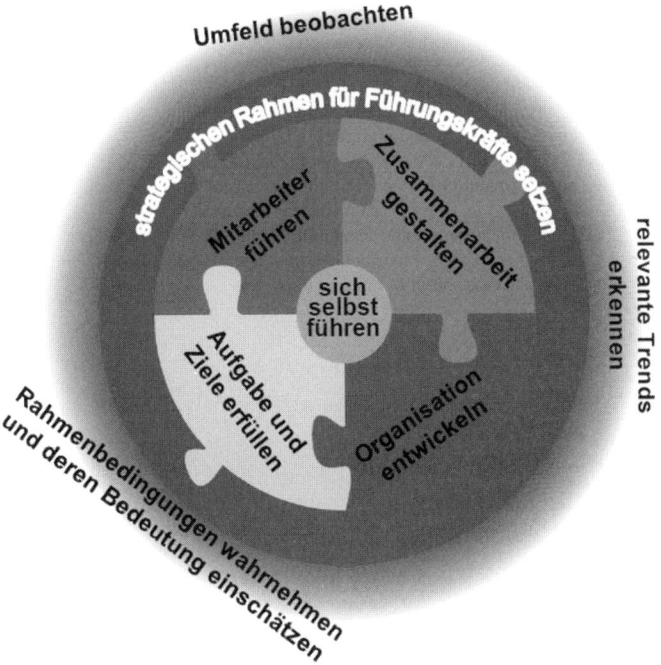

Abb. 1: ,Führungspuzzle', Simsa/Patak 2008, 11

Den Kern des Modells bildet die Selbstführung. Darunter wird der Umgang mit sich selbst auf der körperlichen, psychischen und geistigen Ebene, die eigene Arbeitsorganisation sowie die grundsätzliche Einstellung gegenüber Menschen und Organisationen subsumiert. Auf der nächsten Ebene greifen vier Aufgaben der operativen Führung ineinander: Die beiden oberen Puzzleteile beziehen sich auf die Mitarbeiter als Einzelpersonen bzw. als Gruppe/Team. Die unteren sprechen das Steuern der Aufgabenerfüllung sowie das entsprechende Gestalten der Prozesse und Strukturen in der Organisation an. Diese Ebene hält ein strategischer Rahmen zusammen (Leitbilder, Visionen, Werte), den Führungskräfte ebenso wie die Umwelt des Unternehmens und relevante Entwicklungen im Blick behalten müssen.

Ähnliche Aufgaben bzw. Rollen formulieren auch Braune/Alberternst (2013, 36 ff.) bzw. Jetter (2008, 14 ff.). Alle diese Systematiken gliedern die Aufgaben in eine Innen- und Außenperspektive bzw. eine Personen-sowie Sachebene; Führungskräfte haben die Aufgabe, zwischen diesen

Ebenen zu vermitteln. Die folgende Abbildung zeigt dies am Beispiel der Systematik von Jetter (2008):

Abb. 2: Rollen von Führungskräften (Jetter 2008, 14)

Quelle: www.stepstone.de

Jetter sieht folgende drei Gestaltungsbereiche für Führungskräfte (2008, 14):

- Fokussierung: Richtung und Weg für den eigenen Verantwortungsbereich aufzeigen,
- Strukturierung: Prozesse und Organisation mit Blick auf die Kundenerwartungen effizient gestalten,
- Umsetzung: Talentierte Mitarbeiter gewinnen, binden, ihre Potenziale nutzen und ihre Entwicklung unterstützen.

Der letzte Punkt spricht explizit die personalbezogenen Aufgaben an: Personalsuche und -auswahl, das Managen der Leistungsprozesse (‚Performance Management'), Mitarbeiterbindung sowie Personalentwicklung. In großen Organisationen werden die Führungskräfte dabei von Personalverantwortlichen/Personalentwicklern unterstützt, in kleinen Einrichtungen nehmen personalbezogene Aufgaben meist die Geschäftsführungen gemeinsam mit den Führungskräften wahr.

4.1 Besonderheiten der Personalführung in der Sozialwirtschaft

Die Personalmanagement-Aufgaben in der Sozialwirtschaft unterscheiden sich grundsätzlich nicht von jenen in Profit-Unternehmen. Dennoch ist der Sozialbereich durch einige Besonderheiten in Bezug auf das Personal gekennzeichnet, die Hinweise auf Schwerpunktsetzungen bzw. Restriktionen geben:

– Sozialeinrichtungen weisen eine spezifische **Mitarbeiterstruktur** auf. Neben den hauptamtlichen Mitarbeitern finden sich in der Sozialwirtschaft häufig Freiwillige, für die spezielle Maßnahmen in der Personalführung notwendig sind, z.B. für die Gewinnung, Anreizgestaltung oder Qualifizierung (Wöhrle 2013, 211 ff., Schober et al. 2013, 247 f.). Darüber hinaus ist der Sozialbereich durch einen **hohen Frauenanteil** gekennzeichnet.

– Den Mitarbeitenden in der Sozialwirtschaft wird eine **hohe intrinsische Motivation** zugesprochen. Hohes Engagement und Identifikation müssen also nicht durch extrinsische Anreize ‚erkauft‘ werden. Sie kann aber auch zur Falle werden, wenn Mitarbeitende ‚ausbrennen‘. Schober et al. (2013, 249) beobachten aber eine Entwicklung, dass das Verhältnis zur Organisation von Mitarbeitenden zunehmend funktionaler verstanden wird.

– Die Arbeitsfelder sind in hohem Maß **berufsrechtlich determiniert**. Für viele Positionen bzw. Tätigkeiten werden spezielle Ausbildungen vorausgesetzt. Dies beeinflusst z.B. die Personalsuche, da nicht beliebig neue ‚Personalmärkte‘ erschlossen werden können.

– Die Unternehmen haben vielfach **keinen direkten Einfluss auf die Ausbildung** (Ablauf, vermittelte Werte und Inhalte), da sie in speziellen Einrichtungen stattfindet.

– In der Sozialwirtschaft ist in den letzten 25 Jahren eine **zunehmende Professionalisierung** zu beobachten (Wöhrle 2013, 191 ff.). Durch spezielle Ausbildungsgänge – immer mehr auf akademischem Niveau – fühlen sich die Mitarbeiter ihren beruflichen Standards verpflichtet und stehen Vorgaben aus dem Management (z.B. hinsichtlich Dokumentation, Kennzahlen …) typischerweise eher reserviert gegenüber (Grunwald 2013, 100). Es ist zu erwarten, dass die Akademisierung auch zu einer zunehmenden **Wechselbereitschaft** der Mitarbeitenden führt.

Weitere Einflussfaktoren, die das Personalmanagement in der Sozialwirtschaft derzeit prägen, sind der steigende Kostendruck, die geringe Attraktivität des Sozialbereichs als Arbeitsfeld, die Altersheterogenität der Mitarbeitenden sowie geänderte Einstellungen der jüngeren Generation.

4.2 Altersheterogenität als Herausforderung für die Personalführung

In den letzten Jahren sieht sich das Personalmanagement zunehmend mit altersgemischten Belegschaften konfrontiert. Die dazu entwickelten Konzepte werden in der Literatur unter Begriffen wie ‚Lebenszyklusorientiertes Personalmanagement‘, ‚Demografiemanagement‘ oder ‚Generationenmanagement‘ thematisiert. Dahinter verbergen sich zwei unterschiedliche Zugänge:

Lebenszyklusmodelle

Lebenszyklusmodelle gehen davon aus, dass sich Mitarbeitende aufgrund ihres Alters in unterschiedlichen privaten und beruflichen Lebenssituationen befinden, die sich wiederum auf ihr Leistungsvermögen und ihre Bedürfnisse auswirken (Graf 2001, 2007). Zaugg (2012, ähnlich auch Graf 2007 bzw. Becker 2013) unterscheidet vier Entwicklungsphasen der Mitarbeitenden, die korrespondierende Maßnahmen im Personalmanagement erfordern:

Brigitta Nöbauer

Entwicklungs- phasen der Mit- arbeitenden	Einführung	Entwicklung Wachstum	Leistung	Transfer
Alterskategorie	Unter 30 Jahre	30-45 Jahre	46-60 Jahre	Über 60 Jahre
Beschreibung	Berufseinsteiger, die Wissen aufbauen und Erfahrungen sammeln	Mitarbeitende, die ihr Tätigkeitsfeld gut kennen, sich weiterentwickeln und eine hohe Leistung erbrin- gen	Mitarbeitende (auch Wieder-ein- steiger), die an ihrer Zielposition angekommen sind und sich umfang- reiches Wissens erworben haben. Gesundheit und Life Domain Ba- lance gewinnen an Bedeutung.	Mitarbeitende, die ihr Wissen und ihre Erfah- rungen weiterge- ben und für Spe- zialaufgaben zur Verfügung ste- hen.
Anforderungen an Personal- management (Beispiele)	Integration neuer Mit- arbeiter, Wissenstrans- fer an Neue	Bindung der Mit- arbeiter, Schaffen von Entwick- lungs-perspekti- ven	Gesundheits-ma- nagement, Wissen aktuell halten	Weitergabe des Wissens an jün- gere Mitarbeiten- de

Tab. 1: Mögliche Alterskategorien für ein Demografiemanagement-Mo-
dell und ausgewählte Maßnahmen, in Anlehnung an Zaugg 2012,
341

Demografiemanagement bzw. lebenszyklusorientiertes Personalmanagement ist in erster Linie auf die im Unternehmen tätigen Mitarbeitergenera-
tionen bezogen und richtet die Personalmanagement-Funktionen entsprechend den Entwicklungsphasen und den daraus resultierenden Anforderungen der Mitarbeitenden aus (Rump/Eilers 2014, Zaugg 2012).

Generationenmodelle

Generationenmodelle gehen ebenfalls davon aus, dass Unternehmen für
unterschiedliche Altersgruppen attraktive Rahmenbedingungen schaffen
müssen. Allerdings werden die speziellen Werte, Prägungen und Präferenzen der einzelnen Generationen auf die spezifischen wirtschaftlichen, kul-
turellen und sozialen Rahmenbedingungen, in denen sie aufgewachsen
sind, zurückgeführt (Klaffke 2014). Die am weitesten verbreitete Genera-
tioneneinteilung unterscheidet zwischen Babyboomern (geboren Mitte
1940er bis 1960er Jahre), Generation X (geboren bis zu den frühen 1980er
Jahren) und Generation Y (geboren ab 1980). Manche Autoren sprechen

zusätzlich von einer Generation Z (z.B. Klaffke 2014, Scholz 2014), die die ab 1995 Geborenen bezeichnet.

Die Generationen X und Y sind derzeit die in den Unternehmen dominierenden Generationen, daher wird ihren Ansprüchen und Arbeitseinstellungen große Aufmerksamkeit geschenkt. Diese haben Konsequenzen für die Mitarbeitergewinnung, Führung, Anreizgestaltung, Mitarbeiterbindung, Personalentwicklung sowie für die Zusammenarbeit der unterschiedlichen Generationen. Die folgende Übersicht gibt einen groben Überblick über die in der Literatur thematisierten wichtigsten Unterschiede zwischen den Generationen.

Generation X	Generation Y
— Leistung ist wichtiger als Arbeitszeit	— Wunsch nach Sinnstiftung und Wirkungsentfaltung bei der Arbeit -> Kriterium bei der Wahl des Arbeitgebers
— Freiräume in der Aufgabenerfüllung sind wichtig	— Motto: „Lebensfreude bei der Arbeit" -> Zeit sinnvoll und eigenverantwortlich einsetzen, daher auch hoher Einsatz für interessante Aufgaben
— arbeitet hart, um sich ein materiell schönes Leben zu leisten	— keine Akzeptanz starrer Regeln/ Hierarchien, wenig Toleranz für administrative, scheinbar „sinnlose" Tätigkeiten
— Beruf UND Familie sollen vereinbar sein	— Suche nach „Ankern": kollegiales Arbeitsumfeld, Pflege sozialer Kontakte
— akzeptiert Hierarchie und vom Arbeitgeber gesetzte Rahmenbedingungen	— möchte hohe Aufmerksamkeit und Fürsorge seitens der FK, unmittelbare Rückmeldung über Leistungen („wo stehe ich")
— Entwicklungsperspektiven sind wichtig, Konkurrenz um Karriere mit Generation Y	— lebenslanges Lernen selbstverständlich -> transparente Entwicklungs- Laufbahnwege wichtig
— hohe Wechselbereitschaft („Preis-Leistung" muss stimmen) -> pragmatisch	— hohe Wechselbereitschaft (intern/extern) („Entscheidungen auf Zeit")

Tab. 2: Generationen X/Y in der Arbeitswelt; eigene Darstellung in Anlehnung an Klaffke 2014

Klaffke (2014) sieht die zentralen Herausforderungen für das Personalmanagement in einer zielgruppengerechten Rekrutierung, Personalentwicklung und Mitarbeiterbindung, wobei auch der Führungsstil von hoher Bedeutung ist. In diesen Feldern müssen die beiden Generationen unterschiedlich angesprochen werden. Herausforderungen für die Personalführung stellen aber nicht nur die unterschiedlichen Präferenzen der einzelnen

Generationen dar, sondern auch die Zusammenarbeit altersgemischter Teams sowie die Führung älterer Mitarbeiter durch junge Führungskräfte.

4.3 Personalmanagement-Aufgaben von Führungskräften in der Sozialwirtschaft

Das gesamte Spektrum an Personalmanagement-Aufgaben in einem Unternehmen wird üblicherweise in einer Prozesslandkarte systematisch abgebildet. Dabei werden drei Arten von Prozessen unterschieden: Strategische Human Ressource (HR)-Prozesse, HR-Kernprozesse sowie HR-Supportprozesse.

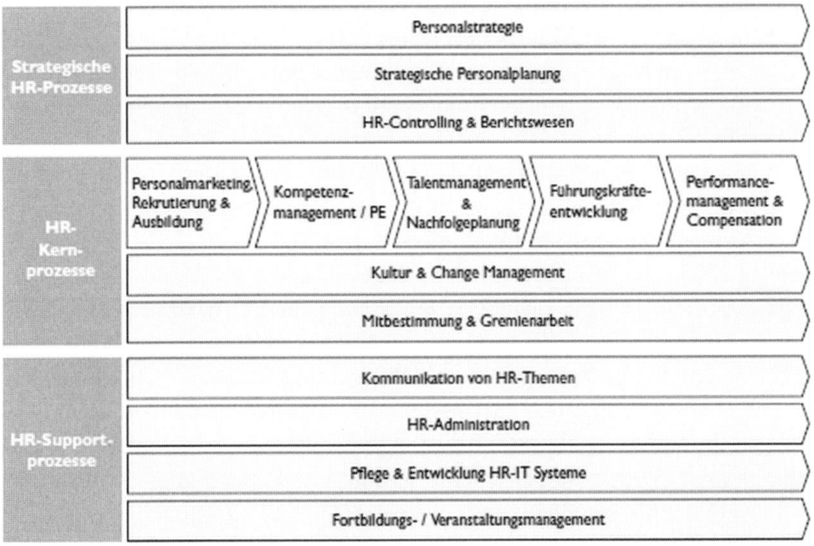

Abb. 3: Prozesslandkarte Personalmanagement, in Anlehnung an Jochmann 2010, 34

Die Aufgaben von Führungskräften liegen vor allem in den HR-Kernprozessen, wenn auch in unterschiedlicher Intensität. Watzka (2014) beschreibt die Gewinnung und Integration von geeignetem Personal, die Personalentwicklung und die Leistungssteuerung (Motivation, Führung, Konfliktmanagement) als die wichtigsten personalbezogenen Aufgaben von Führungskräften. In den folgenden Ausführungen wird im Speziellen auf diese Aufgabenbereiche eingegangen.

4.4 Personalgewinnung/Rekrutierung

Unter Personalgewinnung/Rekrutierung wird der gesamte Prozess verstanden, der zur Gewinnung und dauerhaften Integration geeigneter Mitarbeiter führt. Jetter (2008, 20) gliedert ihn in folgende Phasen oder Teilprozesse:

a. Personalplanung/Personalbedarfsanalyse: Sie umfasst einerseits das kurz- oder längerfristige Antizipieren von entstehenden Vakanzen (quantitativer Bedarf), andererseits auch das Festlegen von Anforderungen an Bewerber für die zu besetzenden Positionen (qualitativer Bedarf).

b. Bewerbersuche und -auswahl: Dazu gehören Aktivitäten zum Gewinnen geeigneter Bewerber und der anschließende Selektionsprozess.

c. Einstellung neuer Mitarbeiter: Darunter fallen die gesamten organisatorischen und administrativen Aktivitäten rund um den Neueintritt von Mitarbeitern (z.B. Vorbereitung des Arbeitsplatzes, Anmeldung Sozialversicherung, Ausstellen des Dienstvertrags).

d. Integration/Onboarding: In dieser Phase werden neue Mitarbeiter ab dem ersten Arbeitstag (bzw. ab der Jobzusage) bei der fachlichen Einarbeitung und sozialen Integration unterstützt.

Jetter (2008, 20) zählt zwei weitere Phasen zum Prozess der Personalgewinnung: Die Phase der Bindung umfasst Maßnahmen, die den langfristigen Verbleib sichern (z.B. Motivation, Anreize, Talentmanagement). Weiters hat die Imagewerbung (Personalmarketing/Employer Branding) das Ziel, das Unternehmen am Arbeitsmarkt – unabhängig von konkreten Besetzungsbedarfen – als attraktiven Arbeitgeber zu positionieren. Beide Phasen sind in einer modernen Auffassung von Personalmanagement zentral, weil die Personalgewinnung nicht als anlassbezogener, sondern als kontinuierlicher Prozess betrachtet wird. Der Blick ist dabei auch auf den Erhalt des bestehenden Personals gerichtet. Insofern ist es passender, von Aktivitäten zur ‚Personalversorgung' zu sprechen, als nur die Gewinnung neuer Mitarbeiter im Blick zu haben.

4.4.1 Grundelemente zeitgemäßer Personalrekrutierung in der Sozialwirtschaft

In den letzten Jahren hat sich der Arbeitsmarkt für Fachkräfte in der Sozialwirtschaft stark verändert: Viele Sozialorganisationen erwarten in den kommenden Jahren zahlreiche Pensionierungen ihrer Fachkräfte, gleichzeitig sind auf dem Arbeitsmarkt weniger Arbeitskräfte verfügbar. Der Sozialbereich kämpft teilweise mit einem schlechten Berufsimage, was die Gewinnung von Nachwuchs erschwert. Dazu kommt, dass die Sozialwirtschaft hinsichtlich Ausbildung und Finanzierung eigenen Gesetzmäßigkeiten und das Angebot an Fachkräften einem komplexen Zusammenspiel unterschiedlicher Ebenen unterliegt. „Das damit verbundene Verständnis als Ausbildungsstätte und das Potenzial für Nachwuchsbindung hat sich nur zögerlich entwickelt. Leitungskräfte sehen die Verantwortung für die Personalrekrutierung gerne ausschließlich auf Trägerebene oder diese wiederum auf politischer Ebene. Sie sind sich ihrer eigenen Möglichkeiten zur Einflussnahme nicht bewusst" (Heider-Winter 2014, 23).

Daher scheint es umso notwendiger, Führungskräfte für ihren Beitrag zur Gewinnung von Personal zu sensibilisieren.

Dass auch Führungskräfte für die Gestaltung des Auftritts einer Einrichtung am Arbeitsmarkt und den gesamten Bewerbungsprozess mit verantwortlich sind, zeigt sich besonders, wenn sie aus der Perspektive potenzieller Bewerber gedacht werden. Dies sind Personen, die aufgrund ihrer Ausbildung, Erfahrung bzw. persönlicher Merkmale die Voraussetzungen für eine bestimmte Position mitbringen und sich daher von den Suchaktivitäten angesprochen fühlen sollen. Bis aus potenziellen Bewerbern langfristig gebundene Mitarbeiter werden, treffen diese Personen zahlreiche Entscheidungen. Durch welche Maßnahmen dies unterstützt werden kann, zeigt folgende Tabelle:

Phasen der Entscheidung für einen neuen Arbeitgeber	Unterstützende Maßnahmen des Unternehmens/der Führungskräfte
Potenzielle Bewerber: Bewerbung, wenn Arbeitgeber bekannt und attraktiv ist	Bekanntheit und positives Image als Arbeitgeber entwickeln, Kommunikationsmedien und Position zielgruppengerecht darstellen
Tatsächliche Bewerber: Zusage, wenn sie durch das Bewerbungsverfahren positiven Eindruck über Unternehmen und Position gewinnen	Transparentes, unkompliziertes Bewerbungsverfahren, rasche Abwicklung; Professionalität des Bewerbungsprozesses vermittelt für Bewerber Eindruck, wie im Unternehmen mit Mitarbeitern umgegangen wird
Mitarbeiter mit Jobzusage: Antritt der neuen Stelle, wenn Alternativen weniger attraktiv sind	Phase zwischen Zusage und Arbeitsantritt gestalten, damit die Bindung an die Jobzusage erhöht wird und der neue Mitarbeiter die Stelle tatsächlich antritt.
Neue Mitarbeiter bei Eintritt in die Organisation: Verbleib, wenn die Erwartungen erfüllt werden	Unterstützung bei der Einarbeitung und sozialen Integration
Mitarbeiter mit hoher Bindung	

Tab. 3: Entscheidungen potenzieller Mitarbeiter im Lauf des Rekrutierungsprozesses

In der neueren Literatur wird daher empfohlen, bereits der Imagebildung rund um den Suchprozess ('Candidate Experiences') selbst mehr als bisher Bedeutung zu schenken (Moser/Zempel 2006, Trost 2010; Watzka 2014, 60). Roedenbeck Schäfer geht sogar noch weiter und beschreibt Candidate Experiences als „gesammelte Erfahrungen, die ein potenzieller Bewerber mit Ihrer Einrichtung macht, und zwar im weiteren Sinne auch schon, bevor er Sie als möglichen Arbeitgeber in Betracht gezogen hat" (2014, 59), z.B. durch Gespräche im Bekanntenkreis, eigene Erfahrungen als Patient/ Klient einer Einrichtung. In dieser Sichtweise ist jeder bestehende oder zu schaffende Kontaktpunkt mit (potenziellen) BewerberInnen als ‚Bewerbung' seitens der Einrichtung zu verstehen. Diese Grundhaltung zeigt sich z.B. in Artefakten wie der Homepage, der Gestaltung von Ausschreibungen bzw. der Abwicklung des Bewerbungsverfahrens insgesamt. Sie wird aber auch in der Qualität des persönlichen Umgangs mit den Zielgruppen deutlich – und zwar nicht nur im Bewerbungsverfahren selbst. Führungskräfte und ihre Mitarbeiter müssen sich bewusst sein, dass alle Kontakte mit Kunden/Klienten/Bewerbern als Signale interpretiert werden, wie mit Mitarbeitern in der Einrichtung umgegangen wird. Dieser Aspekt gewinnt auch an Brisanz, weil durch die Verbreitung des Web 2.0 Unternehmen zunehmend die Kontrolle darüber verlieren, was über sie kommuniziert wird (Heider-Winter 2014, 30).

Dementsprechend sind in zukunftsorientierten Strategien zur Personalversorgung Führungskräfte und Mitarbeitende involviert. Diese Strategien zeichnen sich durch folgende Merkmale aus:

Employer Branding

Das bewusst gestaltete Auftreten einer Einrichtung am Arbeitsmarkt wird in der Literatur seit einigen Jahren unter der Bezeichnung ‚Employer Branding' diskutiert. Es baut auf die Stärken und Besonderheiten, die das Unternehmen einzigartig machen. In diesem Zusammenhang entdecken Einrichtungen bestehende Mitarbeiter als wichtige und glaubwürdige ‚Markenbotschafter' und binden sie bewusst in die Imagearbeit und Suchaktivitäten ein (Tomczak et al. 2008). Mitarbeiter kommunizieren in jeder Lebenssituation über ihren Arbeitgeber, sei es im privaten Umfeld oder im Kontakt mit Stakeholdern. Ihre Botschaften beeinflussen zu jedem Zeitpunkt das Markenimage, daher arbeitet Employer Branding auch an der Arbeitgeberqualität, um Zufriedenheit und Loyalität der bestehenden Mitarbeiter zu stärken.

Vorausschauende und aktive Personalsuche

In der Vergangenheit waren für die Rekrutierung meist Stellenausschreibungen (Inserate) (in Printmedien, auf der Homepage …) Mittel der Wahl. Sie zählen zu den sog. ‚passiven' Instrumenten, bei denen nach der Platzierung der Botschaft gewartet wird, wie viele Personen mit welcher Eignung sich bewerben. Beim Einsatz von ‚aktiven' Strategien hingegen geht das Unternehmen gezielt auf mögliche, teilweise schon vorher identifizierte, Kandidaten zu. Aktive Strategien sollten vor allem dann zum Einsatz kommen, wenn Positionen schwer zu besetzen sind (‚Engpassfunktionen') (Trost 2012, 2013).

Empfohlen wird auch, Nachbesetzungen möglichst frühzeitig zu planen (z.B. bei Pensionierungen oder der Neueröffnung/Erweiterung von Einrichtungen) und den Suchprozess laufend zu betreiben: Dazu wird vielfach über sog. KandidatInnen-Pools für zügige und passgenaue (Nach-)Besetzung gesorgt. Frühere BewerberInnen, PraktikantInnen, TeilnehmerInnen an Fachveranstaltungen, Alumni-Vereine o.Ä. eignen sich zum Aufbauen solcher Pools. Das früher übliche ‚In-Evidenz-Halten' von abgelehnten

Bewerbern wird dazu aktiv forciert und genutzt. Führungskräfte haben bei einem solchen Vorgehen eine Schlüsselrolle, weil sie wichtige Kontaktpersonen zu den Zielgruppen darstellen und ihre Netzwerke eine wichtige Rolle für die Suche passender Mitarbeiter spielen können. Vielfach muss aber erst das Bewusstsein dafür bei den Führungskräften geschaffen werden.

Realistische Rekrutierung

Unternehmen und Bewerber möchten sich möglichst frühzeitig ein realistisches Bild voneinander machen und setzen dabei auf gemeinsame Arbeitserfahrungen. Vor allem Praktika, die Aufnahme ehemaliger Mitarbeiter oder Empfehlungen bestehender Mitarbeiter basieren auf dem Prinzip einer realistischen Rekrutierung (Wanous 1992, Kieser et al. 1990, Jetter 2008). Entscheidungen werden dadurch besser als durch klassische Auswahlverfahren abgesichert und die Frühfluktuation (Kündigung der neuen Mitarbeiter innerhalb der ersten Monate) niedrig gehalten (Kieser et al. 1990).

Rekrutierungsprozesse fair gestalten

Das Ziel eines Rekrutierungsprozesses ist, durch den Such- und Auswahlprozess die für eine Position am besten geeignete Person zu finden. Welches Verfahren sich dafür bewährt, wird durch die sog. ‚prognostische Validität‘ ausgedrückt (Jetter 2008, 73). In neueren Publikationen wird sie immer häufiger durch die sog. ‚soziale Validität‘ (z.B. Jetter 2008, 74; Schuler 2013, 54) ergänzt. Damit sind beispielsweise folgende Kriterien gemeint:
– Offene Information über Unternehmen und Arbeitsplatz
– Kommunikation mit den Bewerbern auf Augenhöhe
– Schnelligkeit, mit der eine Entscheidung herbeigeführt wird
– Transparenz über Methoden und Ablauf des Verfahrens gegenüber den Bewerbern
– offenes, verständliches Feedback über die Resultate
Während die prognostische Validität darauf zielt, eine möglichst gute Vorhersage der Arbeitsleistung des neuen Mitarbeiters zu erreichen, zielt die soziale Validität auf einen fairen Umgang mit dem neuen Mitarbeiter im

Brigitta Nöbauer

Bewerbungsprozess. Dies liegt in Sozialeinrichtungen zu einem großen Teil auch in der Hand der Führungskräfte.

4.4.2 Die Rolle von Führungskräften im Rekrutierungsprozess

Wie bereits oben beschrieben, besteht der Rekrutierungsprozess aus zahlreichen Prozess-schritten, die nun detaillierter mit entsprechenden Instrumenten beschrieben werden.

4.4.2.1 Definieren von Anforderungen an BewerberInnen (qualitativer Personalbedarf)

Ein zentraler, aber oft vernachlässigter Schritt ist eine sorgfältige Beschreibung der notwendigen Stellenanforderungen. Denn Zielsetzung einer jeden Auswahlentscheidung ist eine „optimierende Zuordnung von Person und Aufgaben in Hinblick auf Berufserfolg (Leistung, Zufriedenheit, Gesundheit, Selbstverwirklichung etc.)" (Schuler/Mussel 2016, 58). Diese ist insbesondere bei sog. ‚Schlüsselfunktionen' zentral. Darunter versteht man Positionen, von denen der Unternehmenserfolg wesentlich abhängt, z.B. weil sie in unmittelbarem Kontakt mit Klienten stehen (Trost 2010). „Die Anforderungen einer Stelle definieren jene spezifischen Eigenschaften, Kenntnisse, Fähigkeiten, Fertigkeiten und Verhaltensweisen, die ein Stelleninhaber aufweisen muss, um diese Stelle erfolgreich zu bewältigen" (Jetter 2008, 112).

Schuler unterscheidet zwischen Aufgaben-/Ergebnis-/Qualifikationsanforderungen, Verhaltensanforderungen und Eigenschaftsanforderungen (Schuler 2006, 52). Diese Unterscheidung ist insofern relevant für die Personalauswahl, weil mit den einzelnen Anforderungskategorien unterschiedliche Verfahren der Personalauswahl korrespondieren.

Brigitta Nöbauer   113

Anforderungsarten	Beispiele	Verfahren der Personalauswahl
Aufgaben-, Ergebnis-, Qualifikationsanforderungen	Dienstplan erstellen Gesundheits- und Krankenpflege-Diplom, Führerschein B …	Kenntnisprüfungen Dokumentenanalysen/Bewerbungsunterlagen: Zertifikate über fachliche Qualifikationen, Erfahrungen, Noten
Verhaltensanforderungen (fachlich/sozial/methodisch)	Kommunikationsfähigkeit, analytisches Vorgehen …	Arbeitsproben, Simulationen, Fertigkeitsprüfungen
Eigenschafts-, Motivations-, Interessensanforderungen	Gewissenhaftigkeit, Leistungsmotivation	Tests, Potenzialanalysen

Tab. 4: Anforderungsarten und entsprechende Auswahlverfahren; in Anlehnung an Schuler 2006, 52 sowie Schuler/Mussel 2016, 60)

Schuler und Mussel (2016, 60 f.) beschreiben zahlreiche Möglichkeiten der Anforderungsanalyse, z.B. die Analyse von Stellenbeschreibungen (Funktionsbeschreibungen, Job Profilen …) und Führungsrichtlinien. Bei neuen Positionen können auch Analysen verwandter Berufe oder Experteninterviews Aufschluss auf Anforderungen geben. Besonders hilfreich sind sog. ‚Critical Incidents‘. Das sind erfolgskritische Ereignisse oder Situationen (‚Schlüsselsituationen‘, erfolgskritische Situationen), die Hinweise darauf geben können, worauf es bei einer Funktion wirklich ankommt, die den Erfolg einer Tätigkeit ausmachen bzw. in denen die größte ‚Wertschöpfung‘ in einer Funktion entsteht (Jetter 2008, 115 ff.). ‚Critical Incident‘ bedeutet in diesem Zusammenhang, dass gerade das Verhalten in solchen Situationen eine wesentliche Bedeutung für Erfolg oder Misserfolg in einer Funktion hat. Ziel ist daher nicht eine vollständige Aufstellung aller notwendigen Anforderungen für eine Position, sondern von jenen Situationen, in denen sich erfolgreiche von weniger erfolgreichen Stelleninhabern abheben.

Die unmittelbaren Führungskräfte haben neben erfahrenen Stelleninhabern eine Schlüsselrolle bei der Ermittlung von erfolgskritischen Situationen und des gewünschten Verhaltens. Folgende Fragen/Formulierungen eignen sich zum Erheben von ‚Critical Incidents‘:
– Welche Situationen sind bei dieser Tätigkeit/in dieser Position/Funktion besonders erfolgsentscheidend? Wie verhalten sich in diesen Situationen besonders effiziente/weniger effiziente Mitarbeiter? (Jetter 2008, 118).
– Denken Sie an ein Beispiel für das Arbeitsverhalten eines Mitarbeiters, das eine besonders effektive/besonders ineffektive Arbeitsweise veranschaulicht. Beschreiben Sie die Umstände, das Verhalten und die Konsequenzen möglichst genau. (Schuler 2006, 55).

Nach Kahlke/Schmidt (2004, 45) ist ein kritisches Ereignis nur vollständig abgebildet, wenn es sowohl die Situation als auch das zweckmäßige Verhalten und das resultierende Ergebnis beschreibt.

Das folgende Beispiel illustriert ein solches Vorgehen für eine erfolgskritische Situation im Sekretariat eines Trägers von Kinderbetreuungs-Einrichtungen:

Situation	Anforderung	Operationalisierung	Resultierendes/ gewünschtes Ergebnis
Kunde ruft an: Es besteht ein akuter Bedarf nach einem Betreuungsplatz – alle Einrichtungen des Trägers sind voll ausgelastet.	Beratungskompetenz	Informiert den Kunden über die derzeitige Auslastung bzw. Warteliste	Für den Kunden wird aktiv eine Alternative angeboten bzw. organisiert.
		Informiert den Kunden über alternative Möglichkeiten der Betreuung (z.B. Tagesmutter)	
	Serviceorientierung	Fragt aktiv bei Tagesmüttern bzgl. Verfügbarkeiten nach	
		Hält Rücksprache mit der Bereichsleitung bzgl. weiterer Alternativen	
		Vermittelt dem Kunden einen Betreuungsplatz bzw. bietet eine Alternative an	

Tab. 5: Vorgehen bei der Entwicklung erfolgskritischer Situationen und Anforderungen; ein Beispiel für korrespondierende Interviewfragen ist in Kap. 4.4.2.4 beschrieben.

Um Anforderungen systematisch abzubilden, kann zusätzlich auch auf Anforderungskataloge zurückgegriffen werden. Sie gruppieren Anforderungen meist nach Kompetenzarten (soziale, personale, Handlungskompetenzen …) und operationalisieren sie, indem sie beschreiben, wie die jeweilige Anforderung im Verhalten sichtbar wird (z.B. Jetter 2008, 321 ff.; Heyse et al. 2010). Diese Systematiken können Führungskräfte bei der Formulierung von Stellenanforderungen unterstützen.

4.4.2.2 Die Bewerbersuche

Grundsätzlich können aktive und passive Suchmethoden unterschieden werden. Letztere sind dadurch gekennzeichnet, dass Organisationen ein Angebot platzieren, dann aber wenig Einfluss auf Anzahl und Qualität der

BewerberInnen nehmen können (z.B. beim klassischen Stelleninserat). Setzt eine Organisation aktive Methoden ein, dann wird sie selbst initiativ und geht gezielt auf bestimmte Zielgruppen oder Einzelpersonen zu und bietet eine Stelle an, z.B. im Zuge eines Praktikums oder wenn ehemalige MitarbeiterInnen kontaktiert werden. Aktive Methoden werden empfohlen, wenn Stellen schwer zu besetzen sind (sog. ,Engpassfunktionen'). In den meisten Branchen geht angesichts der aktuellen Arbeitsmarktsituation der Trend zu aktiven Methoden; dies trifft auch auf viele Positionen in der Sozialwirtschaft zu. Die folgende Übersicht stellt die beiden Zugänge gegenüber:

	Passive Rekrutierungsinstrumente	Aktive Rekrutierungsinstrumente
Beispiele	Stelleninserat, Arbeitsmarktservice, Personalberater	Mitarbeiterempfehlungen, Bewerberpools, Ansprache von ehemaligen Mitarbeitern/Praktikanten, Aktivierung von Schulkontakten (Campus Recruiting)
Eignung	Bei ausreichend geeigneten Bewerbern am Arbeitsmarkt	Für Positionen, die schwer besetzt werden können, da wenig geeignete Bewerber am Markt sind (z.B. aufgrund regionaler Engpässe oder spezieller Kompetenzen)
Zuständigkeit für Umsetzung	Personalbereich	Personalbereich, Führungskräfte und Mitarbeiter

Tab. 6: Merkmale aktiver und passiver Rekrutierungsinstrumente

Die Instrumente können sich außerdem an eine möglichst große Zahl möglicher BewerberInnen (,one-to-many'), an eine kleinere genau definierte Zielgruppe (,one-to-few') oder sogar nur an eine ganz konkrete Person (,one-to-one') richten.

Gerade über neue Medien versuchen Unternehmen eine möglichst große Zahl an Bewerbern (,one-to-many') anzusprechen. Laut einer Studie in Deutschland (ICR 2017) nutzen knapp 95% der befragten Unternehmen eine eigene Karriereseite oder Online-Jobbörsen zur Platzierung von Stellenangeboten. Knapp 80% nutzen Social Media Business Netzwerke (v.a. Xing), aber nur mehr 35% Printmedien (2012 waren es noch 55% der Unternehmen). Galt das Stelleninserat in Printmedien lange Zeit als ,das Instrument' zur Kommunikation von Stellenangeboten, wurde es in den letzten Jahren zunehmend durch diese Kanäle verdrängt. Der Trend, bei dem versucht wird, proaktiv möglichst viele Profile und Informationen über potenzielle BewerberInnen zu sammeln, um im Bedarfsfall mit ihnen

Brigitta Nöbauer

Kontakt aufnehmen zu können, wird in der neueren Literatur als ‚Active Sourcing' bezeichnet (Trost 2010, Dannhäuser 2015).

Für kleinere Einrichtungen in der Sozialwirtschaft empfiehlt sich aber vor allem eine ‚one-to-few'-Suchstrategie, bei der ganz gezielt zu einer eingegrenzten Gruppe potenzieller BewerberInnen Kontakt aufgebaut wird. Dies hat mehrere Gründe: Berufsrechtliche Regelungen setzen für viele Stellen genau definierte Ausbildungen voraus, daher muss nur dieser Personenkreis angesprochen werden. Die Ausbildung bietet gute Anknüpfungspunkte für ein gegenseitiges Kennenlernen, z.B. im Rahmen von Vorträgen, Exkursionen, Praktika. Viele Träger/Einrichtungen sind zu klein, um neue Technologien (wie z.B. Bewerberportale oder Web 2.0-Anwendungen) in großem Stil einsetzen zu können. Trost (2010, 2012) und Roedenbeck Schäfer (2014) weisen besonders auf die Wettbewerbsvorteile kleinerer Organisationen hin. Anders als Großunternehmen, die mit kostenintensiven Marketing-Kampagnen arbeiten, können sie ihre Besonderheiten eher auf persönlichem Weg, über ihre Führungskräfte und Mitarbeiter, vermitteln. Sozialeinrichtungen besitzen spezifische Potenziale und Möglichkeiten im Hinblick auf Suchkanäle und Botschaften, auf die sie sich stützen und mit denen sie sich von anderen abheben können (z.B. eine eigene Ausbildungseinrichtung, Kontakte über Netzwerke der Führungskräfte, besondere Konzepte der PraktikantInnen-Begleitung usw.). Diese gilt es möglichst zielgruppengerecht zu kommunizieren (Roedenbeck Schäfer 2014).

In Anbetracht der bisher diskutierten Entwicklungen haben folgende Instrumente der Personalrekrutierung in der Sozialwirtschaft Zukunftspotenzial:

- ‚Schul-Recruiting'[6] ist für die meisten Einrichtungen ein bekanntes und bewährtes Instrument. MitarbeiterInnen und Führungskräfte halten Vorträge und Lehraufträge in einschlägigen Ausbildungsstätten und machen auf ihre Einrichtung aufmerksam. Häufig gehen aus Praktika Anstellungen hervor. Nicht allen Sozialeinrichtungen sind jedoch die Möglichkeiten bzw. der Stellenwert dieses Instruments für ihre Rekrutierung bewusst. Erstens könnte noch enger zwischen Ausbildungsstätten einzelner Träger und dessen Betreuungseinrichtungen zusammen-

---

6 Die Literatur spricht in diesem Zusammenhang ausschließlich vom sogenannten ‚Campus-Recruiting' und diskutiert Maßnahmen für Hochschul-AbsolventInnen. Das Instrument kann aber für alle Ausbildungsstufen entsprechend adaptiert werden.

gearbeitet werden – sowohl was inhaltliche Schwerpunktsetzungen als auch die Bindung der AbsolventInnen betrifft.

- Mitarbeiter/Führungskräfte-Netzwerke und Mitarbeiterempfehlungen bauen darauf, dass Mitarbeiter in private und berufliche Netzwerke eingebunden sind und in diesen Netzwerken nicht nur über persönliche Kontakte, sondern zunehmend auch über neue Informationstechnologien (Web 2.0) imagebildend für ihre Einrichtung wirken. Informelle Informationen über eine Einrichtung werden authentischer und glaubwürdiger wahrgenommen als offizielle Informationen des Trägers oder der Einrichtung selbst – und zwar unabhängig davon, ob sie persönlich oder über Blogs, Websites oder Arbeitgeber-Bewertungsportale kommuniziert werden (Dehlsen/Franke 2009, 158 f.). MitarbeiterInnen haben ein Gefühl dafür, wer in die Einrichtung bzw. ins Team passt. Sie haben kein Interesse daran, die Organisation oder ihr Team durch leistungsschwache MitarbeiterInnen zu schwächen und wissen, dass eine schlechte Empfehlung auf sie zurückfallen würde.
- ‚Talent Relationship Management' (TRM) bzw. ‚Talent Scouting' lehnt sich an das Konzept des ‚Customer Relationship Management' im Vertrieb an. Durch aktive Suchstrategien werden Kontakte zu möglichen geeigneten BewerberInnen aufgebaut und die Beziehungen in systematischer und strukturierter Weise gepflegt. Der Ansatz setzt darauf, dass Kandidaten zu irgendeinem Zeitpunkt Interesse an einer angebotenen Stelle haben.
- Führungskräfte sollten daher ein Bewusstsein entwickeln, dass Personalsuche nicht allein Aufgabe einer Personalabteilung sein kann, sondern dass sie und ihre Mitarbeiter dafür mitverantwortlich sind. Diese Strategie kann analog auch in Ausbildungseinrichtungen eingesetzt werden.

4.4.2.3 Der Auswahlprozess – Beteiligte und Instrumente

Bei mehreren Bewerbern besteht die Personalauswahl aus mindestens zwei Schritten, einer Vorauswahl anhand von Bewerbungsunterlagen sowie der Endauswahl, üblicherweise in Form eines Auswahlgesprächs (-interviews). Denkbar sind aber auch (zusätzliche) Arbeitsproben, Tests sowie ein Assessment-Center. Gibt es in der Organisation eine Personalabteilung, so übernimmt sie häufig die Vorauswahl anhand schriftlicher Unterlagen.

Bei der Endauswahl sollten die unmittelbaren Vorgesetzten mit einbezogen werden: Erstens können sie relevante Merkmale der Stelle authentischer vermitteln als die Personalabteilung (oder ein externer Berater), zweitens ermöglichen die Verfahren das persönliche Kennenlernen und drittens sollte die unmittelbare Führungskraft hinter der Auswahlentscheidung stehen und sie mittragen. Denn die Einstellung der Führungskraft gegenüber neuen Mitarbeitern wird positiver sein, wenn sie sie selbst ausgewählt haben. Neue Mitarbeiter erhalten einen ‚Vertrauensvorschuss' und mehr Unterstützung, da sich Führungskräfte u.U. sonst eingestehen müssten, eine falsche Entscheidung getroffen zu haben.

4.4.2.4 Vorbereiten und Führen von Auswahlgesprächen/-interviews

Auswahlgespräche dienen einerseits dem persönlichen Kennenlernen, andererseits dem Gewinnen von Informationen als Basis für eine Entscheidung (Schuler/Mussel (2016, 4). Dies gilt sowohl für das Unternehmen als auch für die potenziellen Mitarbeiter.

Im Vorfeld des Gesprächs sind folgende Fragen zu klären (in Anlehnung an Brenner 2014, 11):

1. Wer nimmt am Gespräch teil?
2. Wo findet das Gespräch statt?
3. Wer nimmt die Bewerber in Empfang?
4. Wer stellt Unterlagen/Informationen über das Unternehmen zusammen?
5. Ist vorgesehen, dass die BewerberInnen den Arbeitsplatz besichtigen bzw. die möglichen KollegInnen kennenlernen können?
6. Wie läuft das Gespräch ab? Welche Fragen werden gestellt?
7. Wie sieht die Abstimmung zwischen dem Personalbereich und der Führungskraft über die Gesprächsinhalte aus?

In der Praxis werden zunehmend strukturierte Interviews eingesetzt, seit Neuestem auch in telefonischer Form (Schuler/Mussel 2016, 8). Durch einen strukturierten Gesprächsablauf kann die prognostische Validität von Gesprächen stark verbessert werden (Jetter 2008, 87). Dies leisten sogenannte ‚Integrierte Interviewsysteme' (Multimodale Interviews) (Schuler (2007, Jetter 2008, Schuler/Mussel 2016). Es handelt sich dabei um teilstrukturierte Interviews, in denen verschiedene Frageformen kombiniert werden. Sie beruhen einerseits auf einer breiten diagnostischen Basis (Simulationen, Verhalten in der Vergangenheit), was insgesamt eine gute Prognosekraft bewirkt. Andererseits konnte auch eine hohe Akzeptanz Multi-modaler Interviews bei Bewerbern festgestellt werden (Schuler/Mussel 2016).

Multimodale Interviews bestehen aus folgenden acht Phasen:

Phase	Inhalt	Funktion
Gesprächsbeginn	Vorstellung der Gesprächspartner, Überblick über Interview-Ablauf und zeitlichen Rahmen	Herstellen einer angenehmen Gesprächsatmosphäre, Betonung der Bedeutung des Kennenlernens und eines klaren und offenen Gesprächs
Selbstvorstellung des/r Bewerbers/in	BewerberIn wird gebeten, in einer vorgegebenen Zeit über beruflichen Hintergrund, Interesse an Position und berufliche Ziele zu sprechen	Bewertung der Inhalte und des Verhaltens (-> Analogie zu Selbstpräsentationen in Assessment-Centers)
Freier Gesprächsteil	Interviewer stellt Fragen zum Gehörten, zu den Bewerbungsunterlagen bzw. zu weiteren Aspekten	Angelehnt an unstrukturierte Interviews
Berufs- und Organisationswahl	Fragen zu Motiven, Interessen und Beweggründen für die Bewerbung	Bewertung anhand von Skalen
Biografiebezogene Fragen	Auf Basis vorher definierter Anforderungen an die Position werden zurückliegende Erfahrungen der Kandidaten erfragt. Die Fragen werden zunächst offen gestellt und durch Nachfragen präzisiert.	Schlussfolgerungen von vergangenem auf zukünftiges Verhalten; Bewertung anhand von Skalen
Realistische Tätigkeitsinformation	Information des Kandidaten über Anforderungen und Bedingungen der Position sowie über das Unternehmen	Unterstützen der Selbstselektion und der Bildung realistischer Erwartungen an die Stelle
Situative Fragen	Schildern von Situationen, die für die Position typisch bzw. anspruchsvoll sind. Aufforderung an die Kandidaten, sich in die Situation zu versetzen und zu beschreiben, wie sie handeln würden.	Bewertung anhand von Skalen (gewünschtes/weniger gewünschtes Verhalten)
Gesprächsabschluss	Ausblick auf den weiteren Bewerbungsprozess und Einladung Fragen zu stellen	Gespräch abrunden und Ausblick

Tab. 7: Phasen eines Multimodalen Interviews (in Anlehnung an Jetter 2008, 104 f., Schuler/Mussel 2016, 47 ff.)

Die biografiebezogenen und situativen Fragen leisten einen wesentlichen Beitrag zur Qualität dieses Interview-Typs. Sie setzen allerdings auch einige Vorarbeit voraus. Beide Fragetypen beruhen auf Anforderungen, die für die gesuchte Position relevant sind. Diese Anforderungen werden auf Basis von ‚Critical Incidents‘ formuliert und in Fragen übersetzt (s. Kap. Anforderungen). Hilfreich sind Sammlungen kritischer Ereignisse, die z.B.

Brigitta Nöbauer

von erfahrenen Mitarbeitern und Führungskräften zusammengestellt und zu situativen Fragen weiterentwickelt werden. In diesem Zusammenhang haben Führungskräfte eine wichtige Funktion, da sie Auskunft darüber geben können, welche Erwartungen sie an eine Position haben und in welchen Situationen diese gut zum Ausdruck kommen.

In der folgenden Tabelle ist jeweils eine biografiebezogene bzw. eine situative Frage für die Anforderung ‚Serviceorientierung' im Sekretariat einer Kinderbetreuungs-Einrichtung exemplarisch dargestellt.

Biografiebezogene Frage:	Situative Frage:
Sie haben erzählt, dass Sie in den letzten Jahren auch ambulante Dienste vermittelt haben. Können Sie sich an eine Situation erinnern, in der dringend eine Betreuung benötigt wurde, Sie aber keine freien Kapazitäten mehr hatten? Schildern Sie bitte die Situation und wie Sie vorgegangen sind. Mögliche Nachfragen: Wie häufig ist so etwas vorgekommen? Wie haben Sie versucht, die Situation zu lösen? Was war das Ergebnis?	Im Sekretariat werden Sie immer wieder telefonische Anfragen nach Betreuungsplätzen zu bearbeiten haben. Stellen Sie sich vor, eine Mutter ruft Sie an und benötigt dringend einen Betreuungsplatz für ihren 3-jährigen Sohn, da die bisherige Betreuungsperson krankheitsbedingt ausfällt. Sie wissen aber, dass alle Einrichtungen voll belegt sind. Was tun Sie?

Die ersten Fragephasen im Multimodalen Interview (Selbstvorstellung, freier Gesprächsteil) liefern Informationen für passende biografiebezogene Fragen an die jeweiligen Bewerber. Situative Fragen können als „mentale Tätigkeitssimulationen" (Schuler/Mussel 2016, 69) verstanden werden und erlauben es, bei relativ geringem Aufwand eine realitätsnahe Situation zu ‚simulieren', ohne tatsächlich eine Arbeitsprobe durchzuführen. Die Bewertung der Antworten sollte objektiviert werden, indem vorher Beispiele für gute, mittlere und schlechte Antworten formuliert werden (Schuler/Mussel 2016, 50).

Bei der Auswahl von Schlüsselpositionen kommen auch Assessment-Center zum Einsatz. Sie stellen sog. Simulationsorientierte Verfahren der Personalauswahl dar, bei denen wichtige berufliche Aufgaben möglichst realitätsnah abgebildet werden (Kanning/Schuler 2014). Sie kombinieren typischerweise Präsentationen, Gruppendiskussionen, Rollenspiele, Postkorb-Übungen und Fallstudien. Assessment-Center sind sowohl in der Konzeption als auch in der Durchführung aufwändig. Führungskräfte sind meist nur als Beobachter bei der Durchführung eines Assessments involviert (Kanning/Schuler 2014), daher wird nicht näher auf dieses Verfahren eingegangen.

4.4.3 Integration neuer Mitarbeiter (Onboarding) planen und umsetzen

Die Integration neuer Mitarbeiter ist der letzte Schritt in der Besetzung einer offenen Stelle (Watzka 2014). Es handelt es sich dabei um Maßnahmen zur Einführung in das neue Tätigkeitsfeld (fachliche Einarbeitung) sowie zur Eingliederung in die Arbeitsgruppe bzw. Unternehmenskultur/ Werte (soziale Integration) (Kieser et al. 1990, Becker 2013, 555 ff.; Moser et al. 2018). Die Einführungsstrategie der Vorgesetzten ist ein zentraler Faktor für eine geglückte und dauerhafte Integration der neuen Mitarbeiter (Kieser et al. 1990).

4.4.3.1 Phasenmodelle der Mitarbeiterintegration

Der Einführungsprozess kann in drei Hauptphasen gegliedert werden (Kieser et al. 1990. Wanous 1992, Becker 2004, Biemann/Weckmüller 2014), entlang derer die Maßnahmen und Programme des Unternehmens entwickelt werden können:
a. Vor-Eintrittsphase/Antizipatorische Sozialisation:
   Aus Sicht der neuen Mitarbeiter beschreibt die Vor-Eintrittsphase den Prozess der Erwartungsbildung in Bezug auf die neue Tätigkeit. Die ‚antizipatorische Sozialisation‘ beschreibt die Entwicklung von (Wert)Vorstellungen über den Beruf bzw. die konkrete Tätigkeit, z.B. durch die Berufsausbildung, frühere Arbeitgeber oder auch das Erleben des Bewerbungsprozesses. Diese Vorstellungen (über das Tätigkeitsfeld, die eigene Rolle, geltende ‚Spielregeln‘) bringen Neue in die Organisation mit. Je besser sie mit der Realität übereinstimmen, desto friktionsfreier wird sich der Neueinstieg gestalten.
   Dem Unternehmen kommt dabei bereits in der Bewerbungsphase die Aufgabe zu, möglichst realitätsnahe Informationen zu ermöglichen bzw. falsche Erwartungen zu korrigieren, um ein möglichst realistisches Bild vom Unternehmen bzw. vom Arbeitsplatz zu zeichnen. Da-

zu eignen sich beispielsweise Praktika, Schnuppertage, Gespräche mit künftigen Kollegen. Diese Instrumente unterstützen eine ‚realistische Rekrutierung', indem sie die Selbstselektion unterstützen und späteren Erwartungstäuschungen entgegenwirken.

Auch Aktivitäten zwischen der Zusage und dem ersten Arbeitstag können in diese Phase gesetzt werden. Dem hohen Informationsbedürfnis neuer Mitarbeiter kann entsprochen werden, wenn vor Arbeitsantritt Informationen übermittelt bzw. die Möglichkeit zu einem intensiveren Kennenlernen der künftigen Kollegen gegeben wird. Damit kann die Zeitspanne zwischen Zusage und Arbeitsbeginn überbrückt und die Bindung an die Jobzusage beim Bewerber erhalten werden. Außerdem entlastet dies die ersten Arbeitstage, in denen neue Mitarbeiter üblicherweise mit zu vielen Informationen überschwemmt werden. Unternehmensintern geht es in dieser Phase um Vorbereitungen des Arbeitsplatzes sowie der Einarbeitung bzw. um die Information der Kollegen über die neuen Mitarbeiter (Watzka 2014, 82 f.).

b. Eintrittsphase/Konfrontation:
Sie beginnt mit dem ersten Arbeitstag und kann sich je nach Position bis in die ersten Arbeitswochen erstrecken. Besondere Bedeutung kommt der Gestaltung des Einstiegstags zu; er sollte ein positives Erlebnis für Neue sein. Häufige Aktivitäten am ersten Arbeitstag sind ein Einführungsgespräch durch die Führungskraft mit Übergabe erster Informationen, die Vorstellung bei der Arbeitsgruppe sowie ein Rundgang durch das Unternehmen.

Im Lauf der Eintrittsphase zeigen sich erste Abweichungen zu den Vorstellungen vor Arbeitsantritt, die angesprochen und bearbeitet werden sollten.

c. Einarbeitung/Integration:
In der letzten Phase liegt der Fokus auf der fachlichen Einarbeitung in die Aufgaben der Stelle. Checklisten bzw. Einarbeitungspläne können diese Phase strukturieren und ein systematisches Vorgehen unterstützen. Zur Einarbeitung in komplexere Tätigkeiten bzw. für Hochschulabgänger werden auch Traineeprogramme angeboten. Sie dienen der Einführung in unterschiedliche Unternehmensbereiche und enthalten zusätzliche Bildungsmaßnahmen. Unabhängig von den Einarbeitungsmaßnahmen sollten die aufgetretenen Fragen und Probleme der Einarbeitung gelöst und eine innere Bindung an das Unternehmen entstanden sein (Kieser et al. 1990, 35 f.).

In der ersten Zeit spielen Führungskräfte, aber auch sog. ‚Paten' eine wichtige Rolle als Orientierungshilfen und Feedback-Geber. Sie sollten auch die Integration in die Arbeitsgruppe fördern (Watzka 2014, 84 ff., Kieser et al. 1990, 24 ff.).

4.4.3.2 Patenmodelle

Bei einem Patenmodell handelt es sich um eine „formell institutionalisierte, persönliche Betreuung des neuen Mitarbeiters durch einen unternehmenserfahrenen, hierarchisch *gleichgestellten*(!) Kollegen" (Watzka 2014, 88; Hervorhebung im Original). Als Paten können aber auch Personen fungieren, die selbst erst kurz im Unternehmen sind. Sie können sich besonders gut in die Situation von neuen Mitarbeitern versetzen und müssen sich für ihre Patenrolle selbst noch einmal mit den Gegebenheiten im Unternehmen auseinandersetzen. Dies unterstützt auch die eigene Identifikation mit dem Unternehmen.

Das potenzielle Aufgabenspektrum des Paten umfasst die soziale und fachliche Integration neuer Mitarbeiter durch folgende Aktivitäten (Kieser et al. 1990, 155; Watzka 2014, 88): Beratung und Hilfe bei allen Fragen, Übernahme (von Teilen) der fachlichen Einarbeitung, Steuerung der Lernprozesse in Abstimmung mit der Führungskraft, Vorstellung von Neuen in der Arbeitsgruppe und bei wichtigen Kontaktpartnern, Vorleben und Thematisieren der ungeschriebenen Regeln im Unternehmen, Ermutigen zu selbstständigem Denken und Handeln, Unterstützen guter Ideen und konstruktives Feedback an die neuen Mitarbeiter.

Ein Patenkonzept sollte verschriftlicht vorliegen und Funktion bzw. Aufgaben von Paten (auch in Abgrenzung zum Vorgesetzten) konkret beschreiben, denn der Pate sollte keinesfalls eine Vorgesetztenrolle übernehmen. Empirische Studien belegen, dass die Unterstützung durch Organisationsmitglieder als Rollenvorbilder die effektivste Integrationsmaßnahme darstellt (Saks et al. 2007, zit. nach Biemann/Weckmüller 2014, 48).

Auch wenn in der Regel viele Personen in die Integration neuer Mitarbeiter eingebunden sind, liegt die koordinative Gesamtverantwortung bei der zuständigen Führungskraft. Sie muss dafür Sorge tragen, dass die erforderlichen Aktivitäten angestoßen und die Instrumente eingesetzt werden. „Denn die Integration neuer Mitarbeiter ist eine nicht delegierbare Führungsaufgabe" (Watzka 2014, 82).

4.5 Personalentwicklung

Die Integration neuer Mitarbeiter stellt nicht nur den letzten Schritt im Rekrutierungsprozess, sondern gleichzeitig auch den ersten Schritt der Personalentwicklung dar, wenn man diese in Anlehnung an Becker versteht. Er definiert Personalentwicklung als „(…) alle Maßnahmen der Bildung, der Förderung und der Organisationsentwicklung, die von einer Person oder Organisation zur Erreichung spezieller Zwecke zielgerichtet, systematisch und methodisch geplant, realisiert und evaluiert werden" (Becker 1013, 5).

4.5.1 Merkmale von Personalentwicklung

Zeitgemäße Personalentwicklung wird in der Literatur durch folgende Merkmale charakterisiert:

Personalentwicklung als geplantes und systematisches Vorgehen

Damit grenzt sie sich einerseits von zufälligen und ungeplant stattfindenden Sozialisations- und Lernprozessen, aber auch von Ad-hoc-Maßnahmen zum Schließen von Qualifikationsdefiziten ab. Eine systematische Personalentwicklung folgt für Becker einem sog. ‚Funktionszyklus' mit sechs Phasen:

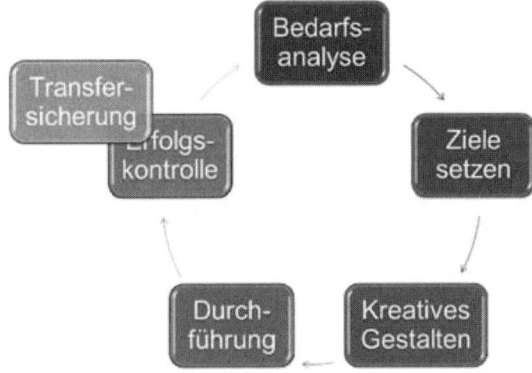

Abb. 4: Der Funktionszyklus der Personalentwicklung; in Anlehnung an Becker 2013, 824

Der Funktionszyklus macht deutlich, dass Personalentwicklung weit mehr umfasst als das Anbieten von Fort- und Weiterbildung. Führungskräfte sind in die einzelnen Phasen unterschiedlich eingebunden: Eine zentrale Rolle spielen sie bei der Bedarfsanalyse und der Zielsetzung sowie bei der Transfersicherung.

Personalentwicklung als Prozess mit vielfältigen Instrumenten

Anknüpfend an den Funktionszyklus umfasst Personalentwicklung den gesamten Prozess von der Bedarfsfeststellung bis zur Evaluierung und der Förderung des Lerntransfers. Auch in der Gestaltung der Lernprozesse selbst geht sie weit über Fort- bzw. Weiterbildungsveranstaltungen hinaus und umfasst ein weites Spektrum an Methoden und Instrumenten wie z.B. Job Rotation, Projektaufgaben, Stellvertretungen als Vorbereitung auf Führungsaufgaben, Maßnahmen des Wissenstransfers usw. Dem trägt eine Unterscheidung zwischen ‚Personalentwicklung on the job‘ (Qualifizierung durch die Tätigkeit an einem Arbeitsplatz) und ‚Personalentwicklung off the job‘ (Qualifizierungsmaßnahmen außerhalb der Tätigkeit) Rechnung.

Die neuere Literatur geht davon aus, dass sich Personalentwicklungsinstrumente in der Zukunft verändern werden: „Das betriebliche Lernen verlagert sich tendenziell immer mehr an den Arbeitsplatz und ins Netz." (Sauter/Scholz 2015, 9). Trost und Jenewein (2011) unterstreichen in Zusammenhang mit web-basiertem Lernen auch einen steigenden Stellenwert informellen, selbstorganisierten Lernens. Für Graf (2014, 191 ff.) gewinnt auch das soziale Lernen an Bedeutung. Sie zitiert in diesem Zusammenhang Studien des Center of Creative Leadership, nach denen effektives Lernen zu 70% durch aktives Tun erfolgt, zu 20% durch Reflexion/ Austausch mit anderen und nur 10% durch formale Curricula gelernt wird. Führungskräfte haben in einem solchen Verständnis die Rolle von (Mit-)Gestaltern von Lerngelegenheiten bzw. von Lerncoaches.

Personalentwicklung als Begleitung durch den betrieblichen Lebenszyklus

Der betriebliche Lebenszyklus eines Mitarbeiters beschreibt seine Entwicklung im Unternehmen vom Eintritt bis zum Austritt (Graf 2007). Personalentwicklung kann als begleitende Maßnahme durch diesen betrieblichen Lebenszyklus verstanden werden, die Leistungsfähigkeit, Motivation und Bindung des Mitarbeiters in dieser Zeitspanne sicherstellen soll (s. dazu auch Kap. 4.2).

Personalentwicklung unterstützt demnach das Erreichen der vollen Leistungsfähigkeit von Mitarbeitern in ihren jeweiligen Funktionen (positionsbezogen), bereitet aber auch auf künftige Positionen/Funktionen vor bzw. gestaltet auch das Ausscheiden der Mitarbeiter (laufbahnbezogen). Becker (2013, 447) verwendet in diesem Zusammenhang den Überbegriff der Förderung und versteht darunter alle Maßnahmen, die der Stabilisierung der Arbeits- und Beschäftigungsfähigkeit und der beruflichen Weiterentwicklung dienen. Er subsumiert unter Fördermaßnahmen u.a. Maßnahmen zur Mitarbeitereinführung, Integration von Menschen mit Migrationshintergrund, Leistungsbeurteilung, Rückkehrgespräche nach Elternkarenz, Potenzialerhebung, Laufbahnplanung usw.

Zielgruppen der Personalentwicklung

Die Maßnahmen der Personalentwicklung beziehen sich auf die Mitarbeiter aller Hierarchieebenen sowie auf Gruppen/Teams. Darüber hinaus besteht eine Wechselwirkung zwischen Personal- und Organisationsentwicklung. Einerseits können Organisationsveränderungen neue Kompetenzen der Mitarbeiter verlangen, andererseits ermöglicht die Weiterentwicklung von Mitarbeiterkompetenzen neue Aufgabenverteilungen, die Weiterentwicklung von Prozessen o.Ä.

Entwicklungsstufen/Reifegrade der Personalentwicklung

In der Literatur werden verschiedene Reifegrade der Personalentwicklung unterschieden (Becker 2013, 825; ähnlich auch Beck/Schwarz 2015, 57 ff., Knoch 2016, Schönenberg 2010). In der Institutionalisierungsphase findet keine systematische Analyse des Entwicklungsbedarfs statt, sondern es werden Seminare für die Mitarbeiter angeboten (Angebotsorientierung). Diese werden punktuell z.B. als Anreize oder Belohnungen eingesetzt oder um Leistungsdefizite auszugleichen. In der Differenzierungsphase werden Lernangebote auf Basis einer systematischen Bedarfserhebung entwickelt. Lernen ist in dieser Phase noch weitgehend getrennt vom Arbeitsplatz organisiert, allerdings wird die Übertragung des Gelernten auf den Arbeitsplatz gezielt unterstützt. In der Integrationsphase sind Lern- und Arbeitsplatz verbunden. Probleme, die sich im Arbeitsprozess stellen, werden zum Auslöser für Lernprozesse. Weiters ist diese Phase durch eine Orientierung an der Unternehmensstrategie und am Leitbild/der Unternehmenskultur sowie durch einen Bezug zur Organisationsentwicklung charakterisiert (Beck/Schwarz 2015, Knoch 2016). Bei einer geplanten Ausweitung des Angebots einer Sozialeinrichtung wäre z.B. seitens der Personalentwicklung begleitend zu klären, wie der neue Tätigkeitsbereich organisiert werden soll, welche Kompetenzen dafür notwendig sind, welche Mitarbeiter im neuen Tätigkeitsbereich eingesetzt und wie sie dafür qualifiziert werden können.

4.5.2 Aufgaben von Führungskräften in der Personalentwicklung

In großen Einrichtungen findet Personalentwicklung im Zusammenspiel von Personalbereich und Fachabteilung statt. In kleineren Einrichtungen sind Führungskräfte vielfach auf sich gestellt, wenn es um die Qualifizierung und Förderung ihrer Mitarbeiter geht. In diesem Kapitel werden entlang des Funktionszyklus von Becker (2013) (Abb. 4) jene Aspekte von Personalentwicklung mit entsprechenden Instrumenten dargestellt, die zu einem großen Teil in der Verantwortung von Führungskräften liegen.

a. Entwicklungsbedarfe feststellen

Bedarfsermittlung bedeutet, „Mitarbeiter möglichst frühzeitig und systematisch auf zukünftige Aufgaben vorzubereiten bzw. Mängel zu erkennen und zu beheben (Becker 2013, 825)." Demnach können aktuelle Leistungsdefizite zu Entwicklungsbedarfen führen (reaktives Vorgehen), aber auch antizipierte Entwicklungen im Unternehmen (prospektives Vorgehen). Diese können auf externen (gesetzlichen oder technologischen Entwicklungen) als auch auf internen Ursachen (z.B. Aufstiege, Innovationen, neue Angebote des Unternehmens) beruhen. Als Instrumente zur Feststellung von Entwicklungsbedarfen dienen z.B.: Stellenbeschreibungen und Anforderungsprofile, Mitarbeitergespräche, Strategieklausuren, Leistungsbeurteilungen.

In den letzten Jahren werden in Sozialeinrichtungen auch unternehmensspezifische Soll-Kompetenzprofile für bestimmte Funktionen (z.B.

Führungskräfte) erstellt und als Grundlage für die Mitarbeiterentwicklung eingesetzt.

b. Maßnahmen planen und gestalten

In dieser Phase geht es um die konkrete Gestaltung von Lerngelegenheiten. Dies ist abhängig vom Ziel des Lernens ist bzw. den Vorstellungen der Verantwortlichen über das Lernen Erwachsener.

Büser (2002) illustriert dies in Anlehnung an Nonaka/Takeuchi (1997) anhand der folgenden Wissensspirale:

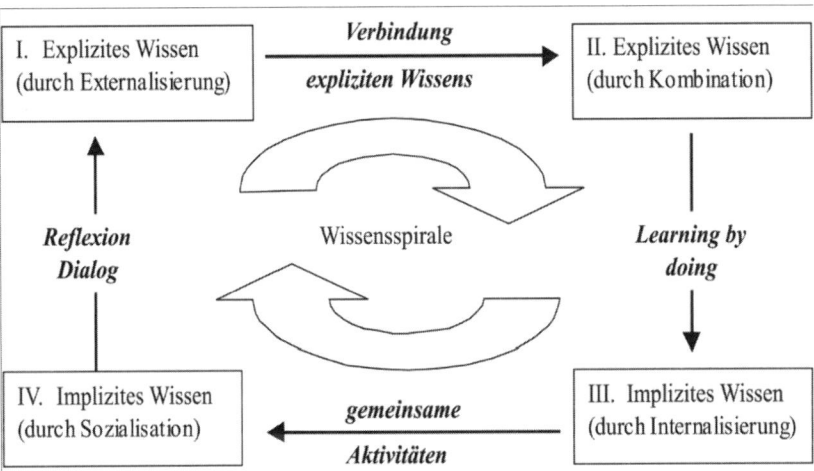

Abb. 5: Lernen im Kontext der Wissensspirale, Büser 2002, 17

Explizites Wissen ist bewusstes Wissen, das schriftlich bzw. symbolisch darstellbar ist und verbreitet und genutzt werden kann. Implizites Wissen ist dagegen Person gebundenes Erfahrungswissen, das schwer formulierbar und daher für andere kaum zugänglich ist (Becker 2013, 6 bzw. Büser 2002, 4 f.).

Ziel des Lernens kann die Anreicherung von explizitem Wissen um weiteres explizites Wissen sein (z.B. die Kenntnis neuer Pflegekonzepte). Lernen kann auch zum Ziel haben, durch ‚learning by doing' bestehendes explizites Wissen zu verinnerlichen und im Arbeitsalltag zu verankern. Durch gemeinsames Tun kann implizites Wissen weiterentwickelt werden, ohne dieses explizit zu machen. Schließlich kann die Reflexion bisher nicht hinterfragter Handlungsweisen intendiert sein, z.B. im Umgang mit schwierigen Klienten. In diesem Fall geht es nach Büser darum, unhinterfragte Haltungen, Werte, Handlungsweisen (implizites Wissen) besprechbar zu machen und in der Folge weiterzuentwickeln. Je nach Intention bieten sich unterschiedliche Lernmethoden bzw. Kombinationen daraus an.

Führungskräfte sind vor allem dann Mitgestalter von Lernprozessen, wenn es um arbeitsplatznahe Formen des Lernens und um informelles Lernen geht. Dies betrifft neben Maßnahmen ‚on the job' (z.B. Projektarbeit, Stellvertretung, Sonderaufgaben, Unterweisung am Arbeitsplatz) auch die Gestaltung einer lernförderlichen Gestaltung von Arbeitsplätzen (s. dazu Kap. 4.6.2.1). Auch in die Initiierung und Gestaltung von Lernformen ‚into the job' (z.B. Einarbeitung, Teamintegration) und ‚near the job' (z.B. Mentoring, Coaching, Qualitätszirkel) sind Führungskräfte eingebunden. Maßnahmen ‚near the job' bearbeiten Fragen/Probleme aus dem Arbeitsalltag und lassen die erarbeiteten Lösungen wieder in die Aufgabenerfüllung einfließen. Führungskräfte sind auch (Mit-)Gestalter von Maßnahmen ‚out of the job', in denen z.B. das Wissen ausscheidender Mitarbeiter weitergegeben wird oder Mitarbeiter auf den Ruhestand vorbereitet werden (Wunderer 2011, 363). Auch wenn es für all die genannten Instrumente Konzepte im Unternehmen gibt, liegt die qualitätsvolle Umsetzung maßgeblich in der Verantwortung der Führungskräfte.

Unabhängig von konkreten Lernformen wird in der Literatur der Gestaltung einer lernförderlichen Kultur durch Führungskräfte große Bedeutung beigemessen (z.B. Trost/Jenewein 2011). Dies betrifft z.B. den Erhalt bzw. die Förderung der Lernbereitschaft aller Mitarbeiter, unabhängig von Alter und Betriebszugehörigkeit sowie eine konstruktive Feedback- und Fehlerkultur.

c. Transfer fördern

Als Lerntransfer beschreibt die Literatur die Übertragung erlernter Kenntnisse, Haltungen, Fähigkeiten, Fertigkeiten vom Lernort auf Herausforderungen des Arbeitslebens (Solga 2011, Beck/Schwarz 2015). Die Notwendigkeit für Lerntransfer tritt vor allem bei Maßnahmen ‚off the job' (Seminare, Vorträge, Exkursionen ...) auf. Lerntransfermanagement beschreibt alle Maßnahmen zur Planung, Optimierung und Kontrolle des Lerntransfers. Dabei wird zwischen Maßnahmen im Lernfeld (z.B. Seminar) und im Anwendungsfeld (Arbeitsalltag) unterschieden. Die folgende Tabelle gibt

Beispiele für Transferunterstützung vor, während und nach Qualifizierungsmaßnahmen.

Transferförderung im Lernfeld	Unterstützung in der Bearbeitung durch Experten Lerntransferprobleme antizipieren und bearbeiten Fälle/Situationen der Teilnehmer bearbeiten
Transferförderung im Anwendungsfeld vor der Qualifizierung	Anforderungsbezug der Qualifizierungsmaßnahme sicherstellen Aufgaben übertragen, bei denen Gelerntes angewendet werden soll Vereinbarungen treffen
Transferförderung im Anwendungsfeld nach der Qualifizierung	Transfererwartungen kommunizieren Transfererfolge verstärken Vorbildfunktion, Coaching durch die Führungskraft Peer-Netzwerke, deren Teilnehmer über ihre Fortschritte und Probleme im Austausch bleiben

Abb. 6: Transferförderliche Maßnahmen, in Anlehnung an Solga 2011

Die Beispiele zeigen, dass es zahlreiche Möglichkeiten gibt, um Transfer sowohl im Lern- als auch im Arbeitsfeld (vor und nach der Qualifizierungsmaßnahme) zu fördern. Solga spricht von einem Lerntransferklima als Teil der Lernkultur eines Unternehmens und versteht darunter eine „bestimmte, organisationstypische Wertschätzung des individuellen Lernens und betrieblicher Weiterbildungsaktivitäten" (Solga 2011, 353). Dazu gehören einerseits die Bedingungen, die zur Umsetzung des Gelernten anregen sowie die positiven oder negativen Konsequenzen, die aus der Umsetzung des Gelernten resultieren.

Zusammenfassend lässt sich feststellen, dass Führungskräften in der Planung und Umsetzung von Personalentwicklungsmaßnahmen vielfältige Aufgaben zukommen. Sie setzen ein gewisses Grundverständnis voraus, wie Lernprozesse bei Erwachsenen ablaufen und wie diese gefördert werden können.

4.5.3 Talente erkennen und fördern

Ein wichtiger Teilbereich der Personalentwicklung ist die gezielte Förderung von Potenzialträgern im Rahmen des Talentmanagements. Talentmanagement bezeichnet „jene Organisationskonzepte und -maßnahmen, die sich gezielt mit der Gewinnung, Erhaltung und Entwicklung von gegenwärtigen oder zukünftigen Mitarbeitenden auseinandersetzen, die aufgrund ihrer vergleichsweise knappen, stark nachgefragten und für die Organisation zentralen Schlüsselkompetenzen als Talente bezeichnet werden." (Thom/Ritz 2011, 10). In dieser Definition sind sowohl potenzielle (externes Talent Management) als auch derzeitige Mitarbeiter (internes Talentmanagement) angesprochen. Dieses Kapitel beschränkt sich auf das interne Talentmanagement.

4.5.3.1 Möglichkeiten für Talentmanagement in der Sozialwirtschaft

In der Sozialwirtschaft ist systematisches Talent Management aus mehreren Gründen eher wenig entwickelt: Teilweise bietet die Größe der Einrichtungen kaum Entwicklungsperspektiven. Weiters sind im Sozialbereich die möglichen Laufbahnwege und entsprechenden Entwicklungsschritte zu einem großen Teil berufsrechtlich determiniert. Es kann aber auch daran liegen, dass Karriere immer noch hauptsächlich mit hierarchischem Aufstieg und einer Führungslaufbahn in Verbindung gebracht wird.

Sowohl für Becker (2013) als auch Thom/Ritz (2011) umfasst der Begriff Talentmanagement aber mehr als die Förderung von Führungskräfte-Nachwuchs, weil Mitarbeiter aller Altersgruppen und Positionen eingeschlossen sind, die über strategisch wichtige Kompetenzen verfügen. Ziel eines Talentmanagements ist demnach das Nutzen der Mitarbeiter-Kompetenzen und Neigungen sowie Mitarbeiterbindung.

Um Mitarbeiter zu fördern muss die Organisation auch entsprechende attraktive Positionen zur Verfügung stellen. Dies ist Aufgabe der Laufbahn-/Karriereplanung, die festlegt, „welche Entwicklungsstationen eine Person durchlaufen muss, um die angestrebte jeweilige nächste und die höchste Karrierestufe zu erreichen" (Becker 2013, 611).

Folgende Laufbahnwege sind dabei denkbar (Becker 2013, 613 f.):
– Führungskarriere bedeutet die Übernahme von Positionen mit Leitungsaufgaben in einem hierarchischen System, z.B. als Teamleitung, KITA-Leitung.
– Fachkarriere ist durch die Zunahme von Verantwortung und Entscheidungskompetenz in einem bestimmten Fachbereich gekennzeichnet, z.B. im Bereich Demenz, Wundversorgung.

Brigitta Nöbauer

– Projektkarriere bedeutet eine zeitlich begrenzte Fach- oder Führungskarriere, z.B. zur Erprobung der Führungsfähigkeit oder zur Erweiterung des fachlichen Horizonts durch die Mitarbeit oder Leitung in
einem Projekt.

Weitere Laufbahnoptionen formuliert Schein (1971, zit. nach Föhls-Kö-
nigslehner/Müller-Camen 2015, 346). Neben der vertikalen (Führungslaufbahn) beschreibt Schein eine horizontale Laufbahn, bei der unterschiedliche Fachbereiche durchlaufen werden (z.B. vom stationären in den
ambulanten Bereich einer Einrichtung). Als dritte Option charakterisiert er
die ‚zentripetale Karriere‘ als Annäherung an das Machtzentrum mit ver-
mehrtem Einfluss auf Entscheidungen und die Zugehörigkeit zu bestimmten Gruppen. Diese Form der Karriere muss weder mit einem formalen
Aufstieg noch einem sonstigen Positionswechsel einhergehen. In der Sozialwirtschaft könnte diese Karriereform z.B. durch die Mitarbeit in (organisationsübergreifenden) Arbeitsgruppen/Gremien, durch interne Spezialis-
ten-, Beratungs- oder durch Lehrtätigkeit in der Ausbildung forciert werden. Schein stellt diese Varianten in Form eines Kegels dar.

Dieser erweiterten Perspektive von Karriere trägt auch die Definition
von Becker (2013, 611) Rechnung: „Karriere ist definiert als subjektiv
empfundene und/oder objektiv gegebene Zunahme des Einflusses einer
Person oder einer Personengruppe auf die Entscheidungen und Handlungen einer Organisation.“

Dass Karriere nicht zwingend mit einem hierarchischen Aufstieg verbunden sein muss, eröffnet der Sozialwirtschaft Gestaltungsmöglichkeiten
für Laufbahnen, die zudem auch unterschiedliche Entwicklungsbedürfnis-
se von Mitarbeitern ansprechen. Dem Können und den Wünschen der Mitarbeiter entsprechende individuelle Entwicklungsmöglichkeiten zu gestalten, ist Aufgabe eines internen Talent Managements.

4.5.3.2 Instrumente des Talent Managements

In Anlehnung an Thom/Ritz (2011, 13 ff.) sowie Becker (2013, 626 ff.)
kann internes Talent Management als Kreislauf von Beurteilung, Einsatz
und Erhaltung, Entwicklung bis zum Kontakthalten beim Ausscheiden
von Talenten gesehen werden. Systematisches Talent Management ist in
der Sozialwirtschaft wenig verbreitet; die Förderung der Mitarbeiter liegt
stark in der individuellen Verantwortung der Führungskräfte.

In einen systematischen Talent Management-Kreislauf sind sowohl der Personalbereich als auch die Führungskräfte eingebunden. Dem Personalbereich kommen dabei Steuerungs- und Querschnittsfunktionen zu. Dies beinhaltet nach Thom/Ritz (2011, 13 ff.) folgende Aufgaben:
– Festlegen des Verständnisses von Talenten
– Aufzeigen der Verknüpfung von Talent Management und Organisationsstrategie
– Ableiten der strategierelevanten Anforderungen an Talente
– Sicherstellen ausreichender Ressourcen
– Kommunikation des Talent Managements
– Koordinieren der Aufgabenträger (Personal/Fachabteilung) sowie
– Planung, Controlling und Marketing
Diese Punkte zeigen die notwendige Verknüpfung zwischen der Strategie der Organisation und dem Talent-Begriff: Kompetenzen, die Mitarbeiter als Talente qualifizieren, müssen wesentlich für die Umsetzung der Strategie sein.

Die folgende Tabelle zeigt im Überblick die darauf aufbauenden operativen Prozessschritte im internen Talent Management mit möglichen Instrumenten.

Beurteilung des Potenzials	Potenzialanalysen, Entwicklungs-Assessment Mitarbeitergespräch 360-Grad-Feedback (Talent wird vom Vorgesetzten, Kollegen, internen und externen Kunden beurteilt)
Einsatz und Erhaltung von Talenten	Spezielle Aufgaben, z.B. Projekte Entwicklung spezieller Anreize (Aufgaben, Work-Life-Balance …)
Entwicklung der Talente	Talentpools Entwicklungsberatung Gesamtes Spektrum an Qualifizierungsmaßnahmen on/off-the-job (v.a. Mentoringprogramme, Coaching, Peer-Supervision, Stellvertretung …)
Kontakthalten bei Ausscheiden der Talente	Einladung zu Veranstaltungen, Alumni-Netzwerke

Tab. 8: Prozesse und Instrumente im internen Talent Management, in Anlehnung an Thom/Ritz 2011, 15 ff. sowie Becker 2013, 626 ff.

Diese operativen Maßnahmen finden auch in der Sozialwirtschaft Anwendung, z.B. wenn Führungskräfte in Mitarbeitergesprächen Leistungen einschätzen und Entwicklungsperspektiven besprechen. Becker (2013, 627 f.) grenzt Potenzialeinschätzungen aber strikt von Mitarbeiterbeurteilungen ab, da sich das Potenzial auf die Zukunft (mögliche künftige Aufgaben) bezieht, während Leistungen derzeitige oder vergangene Ergebnisse betreffen. Insofern sind Mitarbeitergespräche oder Beurteilungs-/Feedback-Instrumente nur dann aussagekräftig, wenn sie sich auf Aufgaben einer angestrebten künftigen Position beziehen.

Maßnahmen zum Einsatz und zur Entwicklung von Talenten können ohne systematisches Talent Management gesetzt werden. Dieses hat allerdings den Vorteil, dass ein gemeinsames Verständnis von strategierelevanten Anforderungen hergestellt wird und Maßnahmen im gesamten Unternehmen einheitlich umgesetzt werden. Außerdem kann dadurch dem Phänomen entgegengewirkt werden, dass Führungskräfte gute Mitarbeiter unter Umständen eher im eigenen Bereich halten als weiterentwickeln möchten.

4.6 Mitarbeiterführung und Leistungssteuerung

Seit Mitte des letzten Jahrhunderts entstanden zahlreiche Führungsmodelle, die versuchten, das komplexe Phänomen ‚Führung‘ theoretisch zu fassen. Der gemeinsame Kern der zahlreichen Führungsdefinitionen kann in Anlehnung an Yukl (2010, 21) wie folgt beschrieben werden: Führung ist ein intendierter Prozess, bei dem Aktivitäten und Beziehungen von Menschen, Gruppen oder Organisationen ermöglicht und zielgerichtet gelenkt werden.

Dieser Prozess muss nicht zwangsläufig von einer Person ausgehen. Wunderer unterscheidet zwischen persönlich-interaktiver Führung und strukturell-systemischer Führung (Wunderer 2011, 5 ff.). Kerr/Mathews (1995, Sp. 1026) bezeichnen letztere als Führungssubstitute und verstehen darunter: professionelle Orientierung durch lange Ausbildungs- und Sozialisationszeiten, Formalisierung und Standardisierung von Aufgaben, Leistungsfeedback unmittelbar aus der Tätigkeit sowie eine kohäsive Zielidentifikation innerhalb der Arbeitsgruppe. Sie alle wirken unmittelbar steuernd auf das Arbeitsverhalten und ersetzen persönlich-interaktive Führung in einem gewissen Ausmaß. Neuberger ergänzt die oben beschriebenen Führungssubstitute um ‚symbolische Führung‘ durch verbale (Geschichten, Reden, Slogans …), interaktionale (Rituale, Gewohnheiten …) und artifizielle (Gebäude, Statussymbole, Logos …) Medien. Weiters lenken auch technische Systeme (z.B. Eingabemasken einer Pflegedokumentation, Bestellabläufe) das Mitarbeiterverhalten (Neuberger 2002). Die in der Einleitung dargestellten Merkmale sozialwirtschaftlicher Unternehmen machen deutlich, dass Führungssubstitute wie Handbücher,

Standards, Werte oder die Ausbildung der Mitarbeiter eine große Bedeutung in der Mitarbeiterführung haben.

Im folgenden Kapitel liegt der Schwerpunkt allerdings auf der persönlich-interaktiven Führung. Dazu werden die wichtigsten Entwicklungslinien der Führungsforschung skizziert und anschließend einige aktuelle und für die Sozialwirtschaft bedeutsame Führungsansätze ausführlicher dargestellt.

4.6.1 Zentrale Verhaltensdimensionen persönlich-interaktiver Führung

Bereits ab den 1940er Jahren erhielt die Führungsforschung Impulse, die bis heute die Führungsforschung beeinflussen. Die sog. Ohio-Studien identifizierten zwei voneinander unabhängige Dimensionen von Führung (Walenta/Kirchler 2011, 436):

– Mitarbeiterorientierung (‚consideration‘) beschreibt das Ausmaß, in dem eine Führungskraft gegenseitiges Vertrauen, Sensibilität für die Bedürfnisse der Mitarbeiter und Offenheit für ihre Vorschläge für wichtig erachtet.

– Aufgabenorientierung (‚initiating structure‘) bezeichnet das Ausmaß, in dem eine Führungskraft Aufgaben definiert und strukturiert, um Ziele zu erreichen.

Ein zweiter Aspekt, der die Führungsforschung und -praxis nachhaltig geprägt hat, ist das Ausmaß an Beteiligung der Mitarbeiter bei Entscheidungen. In Führungsstil-Typologien wird dies sehr pauschal als partizipativer versus autoritärer Führungsstil bezeichnet. Dass sie aber nur Endpunkte eines Kontinuums abbilden, zeigten Tannenbaum/Schmidt (1958). Sie entwickelten ein differenzierteres Modell, wie Entscheidungen von Führungskraft und Mitarbeitern getroffen werden können, wie nachfolgende Abbildung zeigt:

Entscheidungs-spielraum des Vorgesetzten	Führungskraft trifft die Entscheidung und gibt sie bekannt.	Tell
	Führungskraft ‚verkauft' die Entscheidung.	Sell
	Führungskraft präsentiert Ideen und lädt zu Fragen ein.	Consult
	Führungskraft präsentiert vorläufige, für Veränderungen offene Entscheidung.	
	Führungskraft präsentiert das Problem, sammelt Vorschläge und trifft die Entscheidung.	
Entscheidungs-spielraum der Gruppe	Führungskraft definiert die Grenzen und fordert eine Gruppenentscheidung ein.	Share
	Führungskraft gewährt Mitarbeitern Entscheidungsspielraum innerhalb bestimmter Grenzen.	

Abb. 7: Entscheidungskontinuum nach Tannenbaum/Schmidt 1958, zit. nach Kirchler 2011, 450

Die frühere Führungsforschung ging tendenziell davon aus, dass es generell einen optimalen Führungsstil gibt, der durch hohe Mitarbeiter- und Aufgabenorientierung sowie hohe Partizipation der Mitarbeiter gekennzeichnet ist. Später entwickelten sich sog. ‚situative Führungstheorien', die je nach Situation und Kontext unterschiedliches Verhalten der Führungskraft empfehlen.

4.6.2 Neuere Führungskonzepte für die Sozialwirtschaft

Im folgenden Kapitel werden neuere Führungskonzepte vorgestellt, die den speziellen Rahmenbedingungen für Personalführung in der Sozialwirtschaft gerecht werden.

4.6.2.1 Empowerment-Ansatz

Unter Empowerment wird die Erhöhung des Handlungsspielraums der Mitarbeiter verstanden (Kirchler 2011, 612). Die Erweiterung von Handlungsspielräumen als Instrument einer motivations- und lernförderlichen Gestaltung der Arbeit wurde bereits Mitte der 1970er Jahre beforscht. Hackman/Oldham (1980) sahen fünf Aufgabenmerkmale als wesentlich für das Motivationspotenzial einer Tätigkeit: Anforderungsvielfalt, Ganzheitlichkeit der Aufgabe, Bedeutsamkeit einer Aufgabe, Autonomie bei der Aufgabenerfüllung und Rückmeldung aus der Aufgabenerfüllung selbst. Dieses Konzept beeinflusst bis heute psychologische Arbeitstätigkeitsanalysen (Kirchler 2011, 231 ff.).

Die neuere Empowerment-Forschung unterscheidet zwischen strukturellem und psychologischem Empowerment. Strukturelles Empowerment ermöglicht Mitarbeitenden den Zugang zu Informationen, Ressourcen und Entwicklungsmöglichkeiten, vor allem aber sollen sie durch veränderte Arbeitsgestaltung mehr Handlungs- und Entscheidungsspielräume erhalten. Wichtige Gestaltungsparameter sind flache Hierarchien, Job Enrichment, Teilautonome Gruppen, Betriebliches Vorschlagswesen und Arbeitszeitautonomie (Schermuly 2016, 22). Hier wird die Verbindung zum Ansatz von Hackman/Oldham deutlich.

Beim individuellen oder psychologischen Empowerment-Ansatz ist die subjektive Wahrnehmung der Arbeitsrolle durch die Mitarbeitenden zentral. Von Einfluss sind dabei folgende Faktoren (Spreitzer 1995, zit. nach Schermuly 2016, 16 f.):

- Kompetenzerleben: Ist das Kompetenzerleben hoch ausgeprägt, schätzen die Mitarbeitenden ihre beruflichen Fähigkeiten hoch ein und sind überzeugt, den beruflichen Anforderungen und Aufgaben gewachsen zu sein.
- Bedeutsamkeitserleben: Mitarbeitende mit hohem Bedeutsamkeitserleben schätzen ihre Arbeit als sinnhaft und wichtig ein. Die Ausführung der Tätigkeit selbst wirkt belohnend.
- Einflusserleben: Bei hohem Einflusserleben sind die Mitarbeitenden überzeugt, strategische, administrative und operative Ergebnisse ihrer Arbeit beeinflussen zu können.
- Selbstbestimmungsleben: Es bezeichnet das wahrgenommene Ausmaß an Autonomie in der Bearbeitung der Aufgaben.

In verschiedenen Studien konnte nachgewiesen werden, dass Empowerment nicht nur die Produktivität und das Innovationsverhalten von Mitarbeitenden positiv beeinflusst. Es unterstützt auch deren Gesundheit, da Stress und Belastungsempfinden reduziert werden (Elprana et al. 2016, 145). Darüber hinaus wurde auch ein positiver Zusammenhang mit der emotionalen Bindung der Mitarbeitenden an ihre Organisation nachgewiesen, die sogar den Renteneintrittswunsch hinauszögern kann (Schermuly 2016, 18).

Führungskräfte haben einen maßgeblichen Einfluss darauf, wie Mitarbeitende das psychologische Empowerment wahrnehmen. Bereits in der Personalauswahl und Einarbeitung wird die Passung zwischen Anforderungen und Kompetenzen und damit das mögliche Kompetenzerleben

grundgelegt. Durch Personalentwicklung und Maßnahmen der Arbeitsgestaltung (strukturelles Empowerment) wie Rollenklarheit, Job Enrichment
oder Zeitsouveränität unterstützen Führungskräfte ebenfalls das Empower-
ment-Empfinden. Weitere Faktoren sind ein positives Team- und Organi-
sationsklima sowie ein partizipativer, transformationaler Führungsstil
(Schermuly 2016, 19 ff.).

4.6.2.2 Transformationale Führung

Transformationale Führung verändert nach Bass (1985) die Mitarbeitenden in folgender Hinsicht: Sie werden zu Leistungen bewegt, die jenseits
des Erwarteten liegen; sie richten ihre Aufmerksamkeit auf die für das Unternehmen wichtigen Belange und sie setzen sich für das Unternehmen
ein, anstatt ihre individuellen Interessen zu verfolgen. Transformationale
Führung vermittelt eine attraktive Unternehmensvision, hinter die sich die
Mitarbeitenden stellen, weil die Führungskraft ihre Bedürfnisse und Ziele
mit den Organisationszielen in Einklang bringt. Sie ist durch folgende vier
Verhaltensdimensionen charakterisiert (Kirchler 2011, 475 ff.):

- Idealisierter Einfluss/Charisma (idealized influence): Die Führungskraft schafft Identifikationsmöglichkeiten durch Vorbildwirkung und
  authentisches Verhalten. Sie fördert dadurch Stolz, Respekt und Vertrauen bei den Mitarbeitenden.
- Inspirierende Motivation (inspirational motivation): Die Führungskraft
  artikuliert eine Vision für die Zukunft und kommuniziert sie begeisternd. Sie formuliert hohe Erwartungen an die Mitarbeitenden, gleichzeitig zeigt sie Wege auf, wie die Vision erreicht werden kann.
- Intellektuelle Stimulierung (intellectual stimulation): Die Führungskraft ermutigt zu kreativen und unkonventionellen Herangehensweisen
  und nimmt das Risiko von Fehlern in Kauf.
- Individuelle Wahrnehmung (individualized consideration): Die Mitarbeitenden erfahren Wertschätzung und Aufmerksamkeit für ihre individuellen Bedürfnisse und Potenziale. Die Führungskraft fördert die Entwicklungschancen der Einzelnen.

Transformationale Führung beinhaltet eine emotionale Komponente und
ist eher mitarbeiterorientiert. Im Gegensatz dazu betrachtet die sog.
‚Transaktionale Führung' Leistungsverhalten als Tauschgeschäft. Es werden klare Ziele definiert und vereinbart und ein klarer Zusammenhang
zwischen Zielerreichung und Belohnung formuliert. Die Zielerreichung

führt für die Mitarbeitenden schließlich zur Belohnung. Dieser Ansatz ist durch hohe Aufgabenorientierung gekennzeichnet (Kirchler 2011, 475 ff.), das typische Instrument ist Führen durch Zielvereinbarungen (Management by Objectives).

Der Wert transformationaler Führung in der Sozialwirtschaft lässt sich aus der angenommenen Motivationsstruktur der Mitarbeitenden ableiten; demnach würden extrinsische Anreize die intrinsische Arbeitsmotivation verdrängen (Schober et al. 2013, 254). Transformationale Führung ermöglicht den professionell ausgebildeten Mitarbeitenden in der Sozialwirtschaft auch, ihr Expertenwissen einzusetzen, um kreative Lösungen zu erarbeiten und innovative Vorschläge zu machen. Schließlich besteht in der Literatur Übereinstimmung darin, dass transformationale Führung die Veränderungsbereitschaft von Mitarbeitenden erhöht. Transformationale Führungskräfte erfüllen eine wichtige Symbolfunktion: „sie verkörpern Veränderungsprozesse und stehen – wenn sie Erfolg haben – als Vorbild für den Wandel" (Pundt/Nerdinger 2012, 42 f.).

4.6.2.3 Gesundheitsförderliche Führung

Gesundheitsförderliche Führung besitzt in der Sozialwirtschaft einen besonderen Stellenwert, da die Aufgaben hohe psychische Anforderungen an die Mitarbeitenden stellen.

Der oben dargestellte Empowerment-Ansatz verdeutlichte bereits den Zusammenhang zwischen Arbeitsbedingungen und Mitarbeitergesundheit. Aber auch der Gesundheitszustand der Führungskraft sowie ihre Vorbildfunktion im Umgang mit der eigenen Gesundheit beeinflussen die Gesundheit der Mitarbeitenden direkt oder indirekt. Gesundheitsförderliche Führung umfasst daher sowohl die Mitarbeiterführung als auch die Selbstführung der Führungskraft (Elprana et al. 2016, 144 f., Franke et al. 2015). Beides beinhaltet folgende Aspekte: den Stellenwert von Gesundheit für die Führungskraft (Wichtigkeit), das bewusste Wahrnehmen von Belastungsgrenzen bei sich selbst und den Mitarbeitenden (Achtsamkeit) sowie gesundheitsrelevante Handlungen bzw. Verhaltensweisen (Aktivität) (Elprana et al. 2016, 146 f.).

In der Literatur werden folgende Verhaltensweisen diskutiert, die direkt oder indirekt auf die Gesundheit der Mitarbeitenden einwirken (Saupe/Korek 2016, 160 ff., Elprana et al. 2016, Franke et al. 2015):

- Vorbildwirkung: Das gesundheitsbezogene Verhalten der Führungskraft ist häufig Orientierung für das Verhalten der Mitarbeitenden. Setzt sich die Führungskraft nicht mit der eigenen Gesundheit, mit Stressoren und Ressourcen auseinander, wird sie nicht in der Lage sein, dies bei den Mitarbeitenden zu beurteilen oder zu fördern. „Vor der gesundheitsförderlichen Mitarbeiterführung steht zunächst die gesundheitsbezogene Selbstführung" (Saupe/Korek 2016, 160).
- Gestalten von Arbeitsbedingungen: Um diese Aufgabe wahrzunehmen, müssen die Führungskräfte über Wissen zu gesundheitsförderlichen Arbeitsbedingungen und entsprechende Gestaltungsspielräume verfügen (s. dazu auch 4.6.2.1).
- Stressmildernde Ressourcen bereitstellen: Coaching und kollegiale Fallberatung sind zwei Möglichkeiten, um stressauslösende Situationen zu reflektieren und Bewältigungsstrategien zu erarbeiten.
- Aktivieren von Unterstützungsressourcen auf Teamebene: Dazu gehören vor allem der Aufbau einer Identität als Team und die Förderung einer Teamkultur, in der sich die Mitglieder gegenseitig unterstützen. Sie können einerseits eine präventive Funktion haben, sich aber auch auf den Krankheitsfall beziehen, wenn z.B. Strategien erarbeitet werden, wie krankheitsbedingte Ausfälle gemeinsam gut bewältigt werden können.
- Mitarbeiterorientierte Führung, d.h. die Orientierung am Einzelnen und die Berücksichtigung der individuellen Werte, Normen und Bedürfnisse der einzelnen Mitarbeitenden.

Je nach Kontext können in der Sozialwirtschaft auch weitere Führungskonzepte eine Rolle spielen, die hier nicht ausführlicher thematisiert werden. Die wichtigsten sind: Führung von Experten, Führung auf Distanz (z.B. bei ambulanten Diensten) das Führen von (altersgemischten) Teams, interkulturelle Führung oder Führung als Co-Leitung, wenn die Führungsposition auf zwei Personen aufgeteilt ist.

4.7 Zusammenfassung

Das Kapitel hatte zum Ziel, die zentralen Aufgaben und Rollen der Führungskräfte im Personalmanagement herauszuarbeiten. In der Literatur herrscht Übereinstimmung darüber, dass sie eine maßgebliche Rolle bei der Personalsuche und -auswahl, bei der Leistungssteuerung sowie der Entwicklung und Bindung ihrer Mitarbeitenden einnehmen. Die Personalabteilung stellt – sofern sie vorhanden ist – unterstützende und einheitliche Instrumente und Systeme zur Verfügung und berät die Führungskräfte bei der Umsetzung. Idealerweise stellt die Personalabteilung auch die Verknüpfung der Personalmanagement-Felder und Instrumente mit den strategischen Zielen des Unternehmens sicher. Damit gibt sie den Rahmen vor, innerhalb dessen die Systeme und Instrumente erarbeitet werden (s. dazu Kap. 3).

Die derzeitigen Entwicklungen im Bereich der Personalsuche und -auswahl sowie in der Personalentwicklung werden die Führungskräfte in weitaus größerem Ausmaß als bisher involvieren. Das zeigt sich beispielsweise im Konzept des Employer Branding oder in den aktuellen Such- und Auswahlinstrumenten. Auch in der Personalentwicklung sind Führungskräfte durch den Trend zu informellen Lernformen sowie die Notwendigkeit des lebenslangen Lernens unabhängig vom Alter mehr denn je gefordert.

Um die angesprochenen Personalführungs-Aufgaben wahrnehmen zu können, müssen bei den Führungskräften entsprechende Kompetenzen entwickelt werden. Viele Unternehmen haben dazu organisationsspezifische Kompetenzmodelle entwickelt, die als Basis für die Entwicklung ihrer Führungskräfte dienen.

Kontrollfragen

1. Was sind personalwirtschaftliche Besonderheiten in der Sozialwirtschaft und welchen aktuellen Herausforderungen sieht sich das Personalmanagement in der Sozialwirtschaft gegenüber?
2. Durch welche Merkmale kann zeitgemäße Personalsuche beschrieben werden?
3. Welche Phasen/Teilprozesse umfasst der Prozess der Personalsuche und -auswahl? Worin bestehen die Hauptaufgaben einer Führungskraft in diesem Prozess?
4. Welche Arten von Anforderungen an BewerberInnen können unterschieden werden?
5. Was versteht man unter ‚Critical Incidents‘ (erfolgskritischen Situationen) in der Anforderungsermittlung bzw. Personalauswahl?
6. Welche Suchinstrumente zur Ansprache neuer Mitarbeitender können unterschieden werden? Welche bieten sich für die Sozialwirtschaft besonders an?

7. Was versteht man unter ‚Candidate Experience' und worin besteht die Rolle von Führungskräften darin?
8. In welchen Phasen erfolgt die Integration neuer Mitarbeitender in eine Organisation?
9. Welche Elemente umfasst der Personalentwicklungs-Zyklus? Was sind die Hauptaufgaben von Führungskräften im Personalentwicklungs-Zyklus und welche Instrumente stehen dafür zur Verfügung?
10. Welche Laufbahnwege sind generell bzw. in der Sozialwirtschaft möglich?
11. In der Führungsforschung wird zwischen persönlich-interaktiver und strukturell-systemischer Führung unterschieden. Was versteht man jeweils darunter und welche Bedeutung hat strukturell-systemische Führung in der Sozialwirtschaft?
12. Welche Führungskonzepte für die Sozialwirtschaft werden in der aktuellen Literatur diskutiert? Was sind die Grundaussagen des jeweiligen Führungskonzeptes?

Literatur

Bass, B.M. (1985): Leadership and performance beyond expectations. New York.

Beck, Reinhilde/Schwarz, Gotthart (2015): Personalentwicklung. 3. Auflage. Regensburg.

Becker, Manfred (2004): Personaleinführung. In: WiSt Heft 9, 514–519.

Becker, Manfred (2013): Personalentwicklung. Bildung, Förderung und Organisationsentwicklung in Theorie und Praxis. 6. Auflage. Stuttgart.

Biemann, Torsten/Weckmüller, Heiko (2014): Onboarding – Mitarbeiter richtig integrieren. Durch systematische Integrationsprogramme erreichen Neueinsteiger im Unternehmen rascher die gewünschte Performance. In: PERSONALquarterly 1, 46–49.

Braune, Paul/Alberternst, Christiane (2013): Führen im öffentlichen Bereich und in Non-Profit-Organisationen. Handeln zwischen Politik und Verwaltung. Instrumente und Arbeitsfelder. Wiesbaden.

Brenner, Doris (2014): Bewerberinterviews sicher und zielgerichtet führen: Ein Überblick für Führungskräfte. Wiesbaden.

Bruch, Heike/Kunze, Florian/Böhm, Stefan (2010): Generationen erfolgreich führen. Konzepte und Praxiserfahrungen zum Management des demografischen Wandels. Wiesbaden.

Büser, Tobias (2002): Kompetenzen von Führungskräften – Teil 2: Entwicklung der Kompetenzen von Führungskräften. In: Knauth, Peter/Wollert, Arthur (Hrsg.): Handbuch für Human Ressource Management, Gruppe 8, Beitrag 8.36, Köln, 1–40.

Dannhäuser, Ralf (2015): Trends im Recruiting. In: Dannhäuser, Ralf (Hrsg.): Praxishandbuch Social Media Recruiting. Experten Know-How/Praxistipps/Rechtshinweise. Wiesbaden, 1–32.

Dehlsen, Mariana/Franke, Carsten (2009): Employee Branding: Mitarbeiter als Botschafter der Arbeitgebermarke. In: Trost, Armin (Hrsg.): Employer Branding: Arbeitgeber positionieren und präsentieren. Köln, 156–169.

Elprana, Gwen/Felfe, Jörg/Franke, Franziska (2016): Gesundheitsförderliche Führung diagnostizieren und umsetzen. In: Felfe, Jörg/van Dick, Rolf (Hrsg.): Handbuch Mitarbeiterförderung. Wirtschaftspsychologisches Praxiswissen für Fach- und Führungskräfte. Berlin/Heidelberg, 143–156.

Föhls-Königslehner, Nina/Müller-Camen, Michael (2015): Personalentwicklung. In: Mayrhofer, Wolfgang/Furtmüller, Gerhard/Kasper, Helmut (Hrsg): Personalmanagement – Führung – Organisation. 5. Auflage. Wien, 321–356.

Franke, Franziska/Ducki, Antje/Felfe, Jörg (2015): Gesundheitsförderliche Führung. In: Felfe, Jörg (Hrsg.): Trends der psychologischen Führungsforschung. Neue Konzepte, Methoden und Erkenntnisse. Göttingen, 253–264.

Graf, Anita (2001): Lebenszyklusorientierte Personalentwicklung. In: iomanagement 3, 24–31.

Graf, Anita (2007): Lebenszyklusorientierte Personalentwicklung. In: Thom/Norbert/Zaugg, J. (Hrsg.): Moderne Personalentwicklung. Mitarbeiterpotenziale erkennen, entwickeln und fördern. 2., aktualisierte Auflage. Wiesbaden, 263–280.

Graf, Nele (2014): Einleitung Personalentwicklung. In: Graf, Nele (Hrsg.): Innovationen im Personalmanagement. Wiesbaden, 189–196.

Grunwald, Klaus (2013): Kapitel 3: Soziale Arbeit und ihre Selbstverortung. In: Wöhrle, Armin/Beck, Reinhilde et al. (Hrsg.): Grundlagen des Managements in der Sozialwirtschaft. Baden Baden, 81–115.

Hackman, J.R./Oldham, G.R. (1980): Work Redesign. Reading, M.A.

Heider-Winter, Cornelia (2014): Employer Branding in der Sozialwirtschaft. Wiesbaden.

Heyse, Volker/Erpenbeck, John/Ortmann, Stefan (Hrsg.) (2010): Grundstrukturen menschlicher Kompetenzen. Praxiserprobte Konzepte und Instrumente. Münster et al.

Institute for Competitive Recruiting (Hrsg.): Recruiting Trends 2017. o.O.

Jetter, Wolfgang (2008): Effiziente Personalauswahl. Durch strukturierte Einstellungsgespräche die richtigen Mitarbeiter finden. 3. Auflage. Stuttgart.

Jochmann, Walter: Status Quo der Personalentwicklung – eine Bestandsaufnahme. In: Meifert, Matthias T. (Hrsg.): Strategische Personalentwicklung. Ein Programm in acht Etappen. 2., überarbeitete und aktualisierte Auflage. Heidelberg, 29–43.

Kahlke, Edith/Schmidt, Viktor (2004): Handbuch Personalauswahl. Heidelberg.

Kanning, Uwe Peter/Schuler, Heinz (2014): Simulationsorientierte Verfahren der Personalauswahl. In: Schuler, Heinz (Hrsg.): Lehrbuch der Personalpsychologie. 3., überarbeitete und erweiterte Auflage. Göttingen et al., 215–256.

Brigitta Nöbauer

Kerr, Steven/Mathews, Charles S. (1995): Führungstheorien – Theorie der Führungs-substitution. Führungssubstitute. In: Kieser, Alfred/Reber, Gerhard/Wunderer, Rolf (Hrsg.): Handwörterbuch der Führung. 2. Auflage. Stuttgart, Sp. 1021–1034.

Kieser, Alfred/Nagel, Rüdiger/Krüger, Karl H./Hippler, Gabriele (1990): Die Einfüh-rung neuer Mitarbeiter in das Unternehmen. 2. Auflage. Neuwied et al.

Kirchler, Erich (Hrsg.) (2011): Arbeits- und Organisationspsychologie. 3. Auflage. Wien.

Klaffke, Martin (Hrsg.) (2014): Generationen-Management. Konzepte, Instrumente, Good-Practice-Ansätze. Wiesbaden.

Knoch, Cornelia (2016): Professionalisierung von Personalentwicklung. Wiesbaden.

Mayerhofer, Helene/Michelitsch-Riedl, Gabriele (2009): Personalentwicklung. In: Kasper, Helmut/Mayrhofer, Wolfgang (Hrsg.): Personalmanagement – Führung – Organisation. 4. Auflage. Wien, 406–462.

Moser, Klaus/Soucek, Roman et al. (2018): Onboarding – Neue Mitarbeiter integrie-ren. Göttingen.

Moser, Klaus/Zempel, Jeanette: Personalmarketing. In: Schuler, Heinz (Hrsg.) (2006): Lehrbuch der Personalpsychologie. 2., überarbeitete und erweiterte Auflage. Göttin-gen et al., 69–99.

Neuberger, Oswald (2002): Führen und führen lassen. 6. Auflage. Stuttgart.

Pfeil, Silko (2017): Werteorientierung und Arbeitgeberwahl im Wandel der Generatio-nen. Wiesbaden.

Pundt, Alexander/Nerdinger, Friedemann W. (2012): Transformationale Führung – Führung für den Wandel? In: Grote, Sven (Hrsg.): Die Zukunft der Führung. Berlin/ Heidelberg, 27–45.

Roedenbeck Schäfer, Maja (2014): Personalgewinnung in der Pflege. Innovative Ideen – einfach umgesetzt. München.

Rump, Jutta/Eilers, Silke (Hrsg.) (2014): Lebensphasenorientierte Personalpolitik. Strategien, Konzepte und Praxisbeispiele zur Fachkräftesicherung. Heidelberg.

Saks, Alan M. et al. (2007): Socialisation Tactics and Newcomer Adjustment: A Meta-Analytic Review and Test of a Model. In: Journal of Vocational Behavior 5, 413–446.

Saupe, Gerit/Korek, Sabine (2016): Führung und Gesundheit. In: Felfe, Jörg/van Dick, Rolf (Hrsg.): Handbuch Mitarbeiterführung. Wirtschaftspsychologisches Fachwis-sen für Fach- und Führungskräfte. Wiesbaden, 157–168.

Sauter, Werner/Scholz, Christiana (2015): Von der Personalentwicklung zur Lernbe-gleitung. Veränderungsprozess zur selbstorganisierten Kompetenzentwicklung. Wiesbaden.

Schein, Edgar H. (1971). The individual, the organization, and the career: A conceptu-al scheme. In: Journal of Applied Behavioral Science 7, 401–426.

Scheren, Susanne/Hülsbeck, Marcel (2017): Generationenspezifische Arbeitswerte, Mitarbeiterbindung und HRM. In: Jochmann, Walter et al. (Hrsg.): HR-Exzellenz. Wiesbaden, 269–287.

Schermuly, Carsten C. (2016): Empowerment: Die Mitarbeiter stärken und entwickeln. In: Felfe, Jörg/van Dick, Rolf (Hrsg.): Handbuch Mitarbeiterführung: Wirtschaftspsychologisches Praxiswissen für Fach- und Führungskräfte. Heidelberg, 15–26.

Schober, Doris/Schmidt, Andrea/Simsa, Ruth (2013): Personalmanagement. In: Simsa, Ruth/Meyer, Michael/Badelt, Christoph (Hrsg.): Handbuch der Nonprofit-Organisation. Strukturen und Management. 5. Auflage. Stuttgart, 247–265.

Scholz, Christian (2014): Generation Z – wie sie tickt, wie sie verändert und warum sie uns alle ansteckt. Weinheim.

Schönenberg, Ulrich (2010): Prozessexzellenz im HR-Management. Professionelle Prozesse mit dem HR-Management Maturity Model. Wiesbaden.

Schuler, Heinz (2006): Arbeits- und Anforderungsanalyse. In: Schuler, Heinz (Hrsg.): Lehrbuch der Personalpsychologie. 2., überarbeitete und erweiterte Auflage. Göttingen, 45–68.

Schuler, Heinz (2013): Personalauswahl. Eine eignungsdiagnostische Perspektive. In: Stock-Homburg, Ruth (Hrsg.): Handbuch Strategisches Personalmanagement. Wiesbaden, 29–58.

Schuler, Heinz/Mussel, Patrick (2016): Einstellungsinterviews vorbereiten und durchführen. Göttingen.

Simsa, Ruth/Patak, Michael (2008): Leadership in Nonprofit-Organisationen. Die Kunst der Führung ohne Profitdenken. Wien.

Simsa, Ruth/Steyrer, Johannes (2013): Führung in NPOs. In: Simsa, Ruth/Meyer, Michael/Badelt, Christoph (Hrsg.): Handbuch der Nonprofit-Organisation. Strukturen und Management. 5. Auflage. Stuttgart, 359–377.

Solga, Marc (2011): Förderung des Lerntransfers. In: Ryschka, Jurij/Solga, Marc/Mattenklott, Axel (Hrsg.): Praxishandbuch Personalentwicklung. Instrumente, Konzepte, Beispiele. 3., vollständig überarbeitete und erweiterte Auflage. Wiesbaden, 339–368.

Spreitzer, Gretchen M. (1995): Psychological empowerment in the workplace: Dimensions, measurement and validation. In: Academy of Management Journal 38, 1442–1465.

Tannenbaum, R./Schmidt, W. (1958): How to choose a leadership pattern. In: Harvard Business Review 36, 95–101.

Thom, Norbert/Ritz, Adrian (2011): Talent Management. Talente identifizieren, Kompetenzen entwickeln, Leistungsträger erhalten. 2. Auflage. Wiesbaden.

Tomczak, Torsten/Esch, Franz-Rudolf/Kernstock, Joachim/Herrmann, Andreas (Hrsg.) (2008): Behavioral Branding. Wie Mitarbeiterverhalten die Marke stärkt. Wiesbaden.

Trost, Armin (2010): Employer Branding. Arbeitgeber positionieren und präsentieren. Köln.

Trost, Armin (2012): Talent Relationsship Management in Zeiten des Fachkräftemangels. Berlin u.a.

Trost, Armin/Jenewein, Thomas (2011): Personalentwicklung 2.0. Lernen, Wissensaustausch und Talentförderung der nächsten Generation. Köln.

Brigitta Nöbauer

Walenta, Christa/Kirchler, Erich (2011): Kapitel IV: Führung. In: Kirchler, Erich (Hrsg.): Arbeits- und Organisationspsychologie. Wien, 411–495.

Wanous, John P. (1992): Organizational Entry: Recruitment, Selection, Orientation, and Socialization of Newcomers. Upper Saddle River.

Watzka, Klaus (2014): Personalmanagement für Führungskräfte. Elf zentrale Handlungsfelder. Wiesbaden.

Wegge, Jürgen/Shemla, Meir/Haslam, Alexander (2014): Leader behavior as a determinant of health at work: Specification and evidence of five key pathways. In: Zeitschrift für Personalforschung 28, 6–23.

Wöhrle, Armin (2013): Kapitel 6: Sozialmanagement und Management in der Sozialwirtschaft. In: Wöhrle, Armin/Beck, Reinhilde et al. (Hrsg.): Grundlagen des Managements in der Sozialwirtschaft. Baden Baden, 191–233.

Wunderer, Rolf (2011). Führung und Zusammenarbeit. 9., überarbeitete Auflage. München.

Yukl, Gary A. (2010): Leadership in Organizations. 7th Edition. Upper Saddle River/New York.

Zaugg, R. (2012): Demografiemanagement. Perspektive eines nachhaltigen HRM. In: Steiner, Reto/Ritz, Adrian (Hrsg.): Personal führen und Organisationen gestalten. Bern et al., 337–350.

5. Bestandteile des Personalmanagements (Strategien, Verfahren, Methoden und Instrumente)

Andrea Tabatt-Hirschfeldt

Wichtige aktuelle und zukunftsweisende Personalmanagementinstrumente in der Sozialwirtschaft werden im vorliegenden Kapitel aufgezeigt.

Lernziele:

– Sie erhalten einen Überblick über Instrumente der Personalbeurteilung unterteilt in (merkmalsorientierte Einstufungsverfahren und zielorientierte Beurteilungsverfahren) und die zukunftsorientierte Potenzialanalyse.
– Sie gewinnen einen Einblick für verschiedene Einsatzgebiete von Instrumenten der Personalunterstützung (situatives Feedback, Mentoring und Coaching) in sozialwirtschaftenden Organisationen.
– Sie lernen Umgangsmöglichkeiten sowie die Notwendigkeit, sich als sozialwirtschaftender Arbeitgeber als Arbeitgebermarke (Employer Branding) zu positionieren, kennen. Dabei werden Anhaltspunkte zur Strategie und Umsetzung des Employer Brands aufgezeigt.
– Als Instrumente der Personalentwicklung lernen sie Diversity Management, als ganzheitliche Unternehmensstrategie sozialwirtschaftlicher Organisationen sowie Multirationales Management (auch: Dilemmatamanagement, Interdependenzmanagement) im Kontext der Hybridisierung sozialer Dienste und Träger, kennen.

5.1 Instrumente der Personalbeurteilung und -unterstützung

Die Personalbeurteilung ist eine „planmäßige und systematische Beurteilung von Mitgliedern der Organisation durch Vorgesetzte, häufig in regelmäßigen Zeitabständen (i.d.R. ein Jahr). Bewertet wird die Leistung und/oder das Verhalten und/oder die Persönlichkeit" (Gabler Wirtschaftslexikon 2017). Diese sogenannten hierarchischen Beurteilungsverfahren unterscheiden sich von den nicht hierarchischen Verfahren (Vorgesetzten-,

Gleichgestellten- oder Selbstbeurteilungsverfahren) dadurch, dass in der Hierarchie von oben nach unten bewertet wird.

Der Zweck der Personalbeurteilung liegt darin, ein Bild über Fähigkeiten, Leistungen und Arbeitsverhalten von Mitarbeitenden zu erlangen. Dies findet besonders Einsatz:

- „bei Entscheidungen über den Personaleinsatz,
- für Beförderungsvorschläge,
- zur Bemessung von Leistungsvergütungen,
- bei der Auswahl für Weiterbildungsmaßnahmen,
- beim Verfassen turnusmäßiger Beurteilungen und
- beim Formulieren von Arbeitszeugnissen" (Laufer 2008, S. 26).

Personalbeurteilungsverfahren sollten eine möglichst hohe methodische Güte aufweisen:

- Objektivität: Freiheit von subjektiver Einflussnahme
- Reliabilität: Zuverlässigkeit, d.h. mehrere Beurteiler sollen gleiche Sachverhalte gleich beurteilen
- Validität: Gültigkeit, d.h. dass das gemessen wird, was gemessen werden soll (vgl. Adamaschek/Oechsler 2001).

Um Fehler bei der Personalbeurteilung so weit wie möglich zu vermeiden, bieten sich verschiedene Ansätze an. Zum einen sollten die Führungskräfte für die Beurteilung qualifiziert werden (Vorbereitung des Gespräches, Beobachtung der Mitarbeitenden, Führen des Beurteilungsgesprächs, Wissen über typische Beurteilungsfallen). Des Weiteren ist es wichtig, dass sich die Führungskräfte innerhalb eines Trägers auf Leistungsstandards für die jeweiligen Berufsgruppen wie z.B. Sozialpädagog_innen, Erzieher_innen bzw. Tätigkeitfelder wie z.B. Altenhilfe, Behindertenhilfe etc. verständigen. Gegenüber den Mitarbeitenden sollte Transparenz hinsichtlich Einführungen, Änderungen, Methoden der Beurteilung sowie Beurteilungskriterien bestehen. Zudem sollten Personalbeurteilungen Bestandteil eines ganzheitlichen Management- und Führungskonzeptes sozialwirtschaftlicher Organisationen sein (vgl. Kapitel 3). Damit bestehen sie in Bezug zu anderen organisatorischen und personalwirtschaftlichen Instrumenten wie Anforderungsprofilen, Stellenbeschreibungen, Personalentwicklungskonzepten, Führungsgrundsätzen etc. (vgl. Breisig 2012). Schließlich sollte in Anbindung ans Benchmarking und Qualitätsmanagement der Standard entsprechend aktualisiert und angepasst werden. Mitunter wird vergessen, die Personalbeurteilung zu evaluieren. Hier bieten sich verschiedene Fragestellungen an:

– Qualität: Wie gut wird etwas gemessen?
– Quantität: In welchem Umfang wird etwas gemessen?
– Zeit: Wie schnell und wie pünktlich wird etwas getan?
– Art und Weise: Wie systematisch wird etwas getan?
– Methoden: Wird etwas mit angemessenen Methoden und Techniken getan?
– Kosten: Unter welchem Verschleiß von Ressourcen wird etwas getan? (vgl. Adamaschek/Oechsler 2001, S. 35).

Im weiteren Sinne kommen entsprechend unterschiedliche Beurteilungsziele, verschiedene Verfahren zum Einsatz die Leistungsmerkmale, Verhaltensweisen, Persönlichkeitseigenschaften oder -potenziale bewerten:

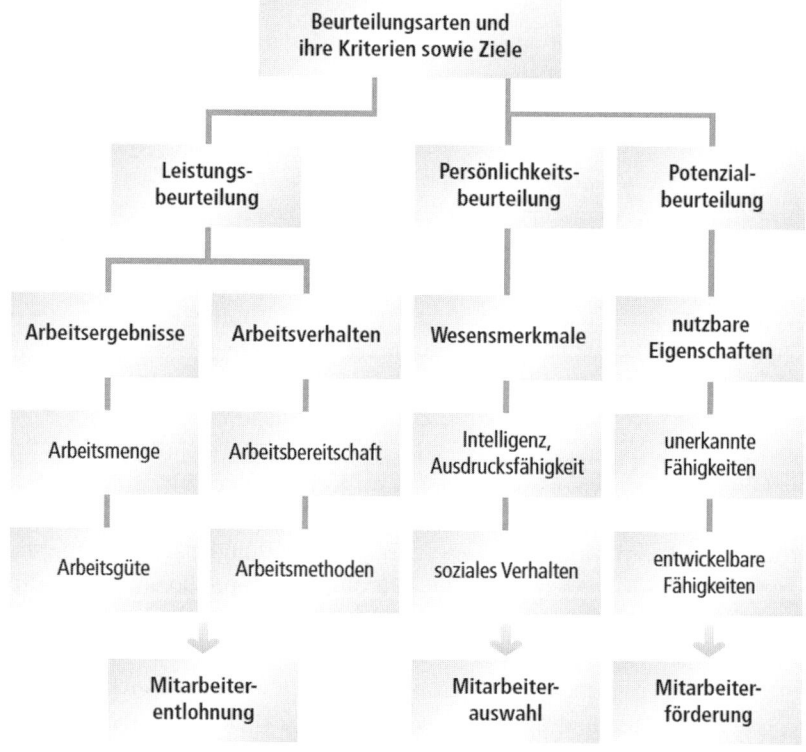

Abb. 1: Beurteilungsart und Bewertungskriterien bei Personalbeurteilungsverfahren (©Laufer 2008, S. 33)

Andrea Tabatt-Hirschfeldt

Entsprechend der o.g. Definition werden im Wesentlichen zwei Methoden der Personalbeurteilung unterschieden:

– **merkmalsorientierte Einstufungsverfahren** (auch: (systematische) Leistungsbeurteilung, Mitarbeiterbeurteilung, Regelbeurteilung, Beurteilungsgespräch etc.): „stark standardisierte Verfahren, bei denen der Mitarbeiter anhand eines Rasters von Kriterien und einer mehrstufigen Skala bewertet wird (Klassisches Verfahren)" (Gabler Wirtschaftslexikon 2017). Bei der merkmalsorientierten Beurteilung bewertet die „Führungskraft die Gesamtheit der Arbeitsergebnisse und das Arbeitsverhalten Ihres Mitarbeiters in einem bestimmten Beurteilungszeitraum". (Beenen/Stöwe 2013, S. 15) Unterschiedliche Beurteilungskategorien dabei sind z.B. Arbeitsqualität, Engagement, Adressatenorientierung, Mitarbeit im Team etc. Wesentlicher Bestandteil dabei ist ein Bewertungsbogen, bei dem nach vorher festgelegten Kriterien die Einschätzung entlang einer Skala (auch: Beurteilungsstufen, Punktzahlsystem etc.) vorgenommen wird. Wichtig dabei ist, dass Mitarbeitende im gleichen Tätigkeitsbereich anhand gleicher Kriterien beurteilt werden, um Fairness und Transparenz zu gewähren. Ein allgemeines Muster für Mitarbeiterbeurteilungen findet sich unter: https://www.gehaltsvergleic h.com/assets/vorlagen-muster/Mitarbeiterbewertung.pdf. Für Bewertungsbögen von Sozialarbeiter_innen spielen neben dem Kriterium Arbeitsleistung (z.B. Fachkompetenz, Vollständigkeit, Kontinuität etc.) auch Arbeitsverhalten (z.B. Arbeitsplanung, Selbstständigkeit, Verhalten gegenüber Adressat_innen und Stakeholdern etc.) Eigeninitiative (z.B. Flexibilität, konstruktive Kritik, Engagement etc.), Wirtschaftlichkeit (z.B. Arbeitsorganisation, Umgang mit Ressourcen etc.), Soziales Verhalten (z.B. Teamarbeit, Kommunikation, Wissensweitergabe etc.) eine Rolle. Wesentlich dabei ist, sich über die Inhalte des jeweiligen Kriteriums zu verständigen und diese in beobachtbares Arbeitsverhalten zu operationalisieren. Die verschiedenen Kriterien können auch einer unterschiedlichen Gewichtung unterliegen. Im Rahmen des Beurteilungsgesprächs, häufig wird auch die allgemeine Bezeichnung Mitarbeitergespräch verwendet, werden Stärken und Entwicklungsfelder aufgezeigt und gemeinsam Qualifizierungsmaßnahmen und Weiterentwicklungen vereinbart.

– **Zielorientierte (Beurteilungs-)Verfahren** (auch: Zielvereinbarung, Zielreviewgespräch): „Die Erreichung zuvor festgelegter Ziele wird beurteilt (Zielerreichungsgrad), dieses Verfahren gewinnt immer mehr an Bedeutung" (Gabler Wirtschaftslexikon 2017). Das Verfahren dient der Ausrichtung der Mittarbeitenden an den Gesamtzielsetzungen einer Organisation z.B. eines Wohlfahrtsverbandes. Zielorientierte Beurteilungsverfahren sind Bestandteil eines umfassenden Managementansatzes des Führens mit Zielen (Management by Objectives). „Dabei werden Mitarbeitern Ziele vorgegeben und ihre Leistung wird anhand des Zielerreichungsgrads gemessen. Dies erfolgt durch die Gegenüberstellung der Sollvorgaben und der (Ist-)Zielerreichung am Ende der jeweiligen Beurteilungsperiode" (Scherm/Süß 2010, S. 80). Es geht also um die Vereinbarung erwünschter Arbeitsergebnisse als zu erreichende Endzustände am Ende des Beurteilungszeitraums und die Einschätzung zu deren Erreichung(sgrad). Dies kann sich sowohl auf individuelle Ziele als auch auf Teamziele beziehen. Im Rahmen der Zielvereinbarung können abhängig von den Organisationsinteressen als Ganzes, von Jahr zu Jahr neue bzw. divergierende Ziele vorgegeben werden, an denen die Mitarbeitenden dann durch die Zielvereinbarungen ausgerichtet werden. Klassischerweise werden die Ziele Top down heruntergebrochen (durch Vorgaben auf Bundes-, über die Landesebene hinunter bis zu den einzelnen Einrichtungen und Diensten und ihren Mitarbeitenden). Idealerweise sollten in einem Buttom-up-Gegenstromverfahren, Veränderungen, die sich oft zunächst auf der Ausführungsebene bemerkbar machen, über Zielvereinbarungen nach oben weitergeleitet werden. Das Bewertungsverfahren der Mitarbeitenden ist weniger umfangreich als die Gesamtbewertung der Arbeitsleistung beim merkmalsorientierten Einstufungsverfahren, sondern fokussiert sich auf die Arbeitsergebnisse. Zielvereinbarungen helfen den Mitarbeitenden, sich an übergeordneten Zielen zu orientieren und sich damit auseinanderzusetzen. Mit dem „Blick über den Tellerrand" kann dies helfen, Synergien zu erzeugen und so z.B. die Zusammenarbeit einzelner Dienste innerhalb eines Verbandes entlang komplexer Hilfebedarfe befördern. Da Zielvereinbarungen die Ergebnisse fokussieren, wird die Eigenverantwortung der Mitarbeitenden im Sinne des Weges zur Erreichung gefördert. Anweisungen durch die Vorgesetzten treten damit in den Hintergrund, was z.B. bei der sozialräumlichen Arbeit besonders wichtig ist.

Die Unterschiede beider Verfahren lassen sich im Überblick verdeutlichen:

Mitarbeiterbeurteilung	Führen mit Zielen
Die Mitarbeiter sollen die Möglichkeit erhalten, umfassendes Feedback zu ihrer Leistung zu erhalten.	Die Mitarbeiter sollen ein Verständnis für übergeordnete Ziele des Unternehmens entwickeln.
Mitarbeiterqualifizierung soll bedarfsgerecht geplant und realisiert werden.	Das eigenverantwortliche Arbeiten der Mitarbeiter soll gefördert werden.
Potenzialträger sollen bestimmt werden.	Die Ressourcen im Team sollen möglichst effektiv zur Erreichung der Teamziele eingesetzt werden.
Der Austausch zwischen Führungskraft und Mitarbeiter hinsichtlich der gegenseitigen Zufriedenheit soll gefördert werden.	Variable Vergütung soll anhand möglichst objektiver Leistungskriterien bestimmt werden.
Mitarbeiter sollen möglichst fair, d. h. anhand der gleichen Maßstäbe beurteilt werden.	Die Zusammenarbeit im Team soll in eine bestimmte Richtung gelenkt werden.
Der Qualifizierungsbedarf im Unternehmen soll erhoben werden.	

Abb. 2: Unterschiede zwischen merkmalsorientierten Einstufungsverfahren und Zielvereinbarungen (©Beenen/Stöwe 2013, S. 25)

Die Verfahren unterscheiden sich entsprechend ihrer unterschiedlichen Zielsetzungen. Während das merkmalsorientierte Einstufungsverfahren primär der Beurteilung der Mitarbeitenden und der Personalentwicklung dient, geht es bei der Zielvereinbarung um ein gesamtorganisatorisches Steuerungsinstrument im Sinne einer gemeinschaftlichen Zielausrichtung.

Im Gegensatz zu den Personalbeurteilungsverfahren der Mitarbeiterbeurteilung und Zielvereinbarung geht es bei der **Potenzialanalyse** nicht um die Beurteilung der vergangenen, erbrachten Leistung, sondern um die künftigen Einsatzgebiete, wofür es entsprechend der Stärken die Mitarbeitenden zu qualifizieren gilt. Der „war of talents" im Zuge des Fachkräftemangels (vgl. Kapitel 1) macht es auch für sozialwirtschaftliche Arbeitgeber notwendig, talentierte und qualifizierte Mitarbeitende langfristig zu binden. Die Instrumente der Potenzialbeurteilung (auch Potenzialanalyse, -einschätzung, -betrachtung) sind dabei wesentliche Bestandteile eines ganzheitlichen Talentmanagements. Im Durchschnitt verfügt jedes Unternehmen nur über 10-15% Leistungsträger, die sich sowohl über eine über-

durchschnittliche Kompetenz wie auch mit einem hohen Potenzial aus-
zeichnen (vgl. Rohrschneider et al. 2010, S. 17). Mit der Potenzialeinschätzung, soll eine Aussage darüber getroffen werden, welche „Leistungen dem Mitarbeiter in der Zukunft noch möglich sind und wohin er sich
noch entwickeln kann" (ebd., S. 26).

Die Gründe für Potenzialbeurteilungen können dabei unterschiedlich
sein.

Aus Organisationsperspektive sind dies:

– „Für neuartige Arbeitsaufgaben oder anstehende Stellenneubesetzun-
  gen soll die Eignung der zur Auswahl stehenden Kandidaten einge-
  schätzt werden.
– Wegen eventuell entstehenden Personalbedarfs sollen die Mitarbeiter-
  potenziale vorsorglich bewertet werden.
– Zur Planung von Förder- oder Weiterbildungsmaßnahmen sollen die
  Entwicklungspotenziale der Mitarbeiter erkannt werden" (Laufer 2008,
  S. 118 f.).

Aus Mitarbeitenden Perspektive sind dies:

– „Mitarbeiter erhalten von einer unabhängigen Stelle ein sehr differenziertes Feedback zu ihrem aktuellen Entwicklungsstand und zu dem,
  was ihnen für die Zukunft an weiterer Entwicklung zugetraut wird …
– Mit der Stärken- und Schwächen-Einschätzung gewinnt der Mitarbeiter Klarheit darüber, in welchen Feldern er sich noch weiterentwickeln
  kann oder muss, um seine beruflichen Ziele zu erreichen.
– Der Mitarbeiter lernt die Erwartungen des Unternehmens an die Inha-
  ber von bestimmten Positionen kennen. Erst damit wird es ihm möglich, für sich selbst einzuschätzen, ob er diese Position wirklich übernehmen will und sich selbst in der Lage fühlt, die damit verbundenen
  Anforderungen zu erfüllen.
– Wird dem Mitarbeiter die Kompetenz oder das Potenzial für die Übernahme einer bestimmten Zielposition bescheinigt, erhält er in Verbindung mit der Potenzialeinschätzung gleichzeitig eine auf sein Profil abgestimmte Entwicklungsunterstützung. Diese trägt dazu bei, dass er
  seine beruflichen Ziele schneller und mit mehr Erfolg erreicht. Darüber
  hinaus ist die Investition in ihn auch eine deutliche Wertschätzung seiner Person.
– Neben den genannten Aspekten bietet eine Potenzialanalyse für die
  Teilnehmer auch immer einen Anstoß für die Selbstreflexion…"
  (Rohrschneider et al. 2010, S. 27 f.).

Am Ausgangspunkt der Potenzialanalyse steht die Frage, was in der sozialwirtschaftenden Organisation damit erreicht werden soll (z.B. Entwicklung eines Auswahlverfahrens für den Führungskräftenachwuchs oder der Karriereplanung). Je klarer die Ziele bestimmt werden, desto einfacher lassen sich daraus Kriterien für die Potenzialbeurteilung ableiten! Um die Fragen der Art des Verfahrens, Zielgruppe und Anzahl der Teilnehmenden zu beantworten, bedarf es der Klärung der Ausgangssituation. Diese baut auf die Unternehmensziele und -strategien auf und kann eine Altersstrukturanalyse, die Analyse der Platzierung der Organisation auf dem Arbeitsmarkt und dem lokalen Arbeitskräfteangebot sowie zukünftiger Entwicklungen (z.B. Internationalisierung, s.u. Diversity Management) beinhalten. Für die Entscheidung, welches Verfahren für die Potenzialanalyse genutzt werden muss, sind die Unternehmenssituation, der Bedarf an Nachwuchskräften, die Erfahrungen von Mitarbeitenden und Führungskräften mit Feedbackverfahren, die finanziellen Möglichkeiten und der zeitliche Umfang für das Verfahren entscheidend. Die Arbeitnehmervertretung sollte in jedem Fall so früh wie möglich involviert werden.

Mit der Potenzialanalyse können im Allgemeinen Einschätzungen zu drei Entwicklungsrichtungen vorgenommen werden:

- Stellenbezogene Entwicklung: Ausbau der Leistungen und Kompetenzen eines Mitarbeitenden in der aktuellen Position.
- Horizontale Entwicklung: Übernahme anderer Aufgaben oder Verantwortungsbereiche auf der gleichen Hierarchieebene. Wichtig ist, Wünsche und Möglichkeiten der Mitarbeitenden nach Stellenwechseln z.B. im Rahmen von Mitarbeitergesprächen, zu erfassen.
- Vertikale Entwicklung: Übernahme erweiterter Verantwortung durch Aufstieg in der Organisationshierarchie. Neben der klassischen Führungslaufbahn gibt es auch die Projekt-, Experten- oder Spezialistenlaufbahn (vgl. Beenen/Stöwe 2013, S. 41).

Bei der Auswahl der Mitarbeitenden für die Teilnahme an der Potenzialanalyse sollten bestehenden Beurteilungen aus merkmalsorientierten oder zielorientierten Verfahren herangezogen werden. Zum Vorgehen empfiehlt sich der folgende Ablauf:

1. „Anhand der aktuellen Leistung empfiehlt eine Führungskraft einen Mitarbeiter zur Potenzialeinschätzung an ihren Vorgesetzten.
2. Die Nennung durch die Führungskraft wird vom Vorgesetzten überprüft.
3. Die jetzt gemeinsam getragene Benennung eines Mitarbeiters wird durch das Management überprüft. Die Bestätigung eines Kandidaten

durch das Management kann z.B. auch im Rahmen eines Management-
boards oder einer Entwicklungskonferenz erfolgen. Hier treffen sich
wichtige Entscheidungsträger des Unternehmens und lassen sich die
einzelnen genannten Kandidaten von deren Führungskräften vorstellen.
Die Führungskraft ist in diesem Board gefordert, zu vertreten, warum
sie bei dem vorgeschlagenen Mitarbeiter Potenzial für eine weiterführende Position sieht. Dieser Schritt hat den Vorteil, dass leichtfertige
oder allein durch Sympathie getragene Vorschläge zur Teilnahme an
einer Potenzialeinschätzung reduziert werden. Wenn die Führungskräfte wissen, dass sie ihre vorgeschlagenen Mitarbeiter argumentativ vor
dem Management vertreten und ihre Entscheidung begründen müssen,
überlegen sie sich differenzierter, welcher ihrer Mitarbeiter wirklich
Potenzial für weiterführende Aufgaben hat.

4. Nachdem eine vom Management getragene Empfehlung vorliegt, kann
   eine weitere Vorauswahl durch die Personalentwicklung erfolgen. Es
   können z.B. bestimmte Testverfahren oder Persönlichkeitsfragebögen
   vorgeschaltet werden oder noch einmal ein Interview mit dem Teilnehmer geführt werden, um dessen Motivation für weiterführende Aufgaben zu hinterfragen.

5. Einige Unternehmen bitten die ausgewählten oder vorgeschlagenen
   Kandidaten, ein „Motivationsschreiben" zu erstellen, in dem sie darle-
   gen, warum sie sich weiterentwickeln wollen, was ihre beruflichen
   Ziele sind und warum sie der Meinung sind, für weiterführende Aufgaben geeignet zu sein.

6. Hat der Teilnehmer auch diese Stufe erfolgreich bewältigt, wird er für
   die Teilnahme an einer Potenzialeinschätzung vorgesehen" (Rohrschneider et al. 2010, S. 40 f.).

Das Anforderungsprofil stellt die Grundlage dafür da, welche Kompetenzen durch die Potenzialanalyse erfasst und bewertet werden sollen. Für die
Potenzialanalyse als solche bieten sich unterschiedliche Verfahren an.
Beim Assessment-Center ist zu überprüfen, welche Bausteine bzw. Aufgaben benötigt oder ergänzt werden sollten, um die Kriterien der Potenzialanalyse zu beobachten. Bei einem Management Audit ist möglicherweise
ein Tiefeninterview ausreichend. Aufbauend können situative Elemente
ergänzt werden. Für die Potenzialanalyse sind schließlich verschiedene
Materialien vorzuhalten bzw. zu entwickeln („Interviewleitfaden, Simulationen bzw. Aufgabenstellungen für alle Übungen, Unterlagen in einer
Teilnehmerversion mit allen Anleitungen & Hilfestellungen, Unterlagen in
einer Beobachterversion mit allen Anleitungen & Hilfestellungen, Beob-

achtungsbögen, Teilnehmerzeitpläne, Beobachterzeitpläne, Teilnehmerinformationsunterlagen, Beobachterinformationsunterlagen, Unterlagen für das Beobachtertraining, Unterlagen für die Ergebnisdarstellung und -kommunikation, Rohrschneider et al. 2010, S. 44).

Weniger kosten- und zeitaufwendig als die beschriebenen Verfahren, allerdings auch weniger genau, sind Erkenntnisse Beobachtungen der Mitarbeitenden in verschiedenen, bewusst hergestellten Arbeitssituationen wie „Tätigkeitsanreicherung, Sonderaufträge, Arbeitsplatzrotation, probeweise anderweitige Beschäftigung, Delegation in Sondergremien" etc. (Laufer 2008, S. 120).

Die Rückmeldung über die Ergebnisse der Potenzialanalyse sollte in Form einer Kurzrückmeldung direkt im Anschluss an das Verfahren geschehen. Meist erfolgt dies durch die Führungskraft zu Verhaltensbeobachtungen, Entwicklungsaspekten und Stärken. Die Ergebnisse sollten auch schriftlich den Mitarbeitenden ausgehändigt werden (Beschreibung von Stärken und Entwicklungsfelder sowie geeignete Entwicklungsmaßnahmen) und in die Personalakten aufgenommen werden.

Im Gegensatz zu den hierarchischen Beurteilungsverfahren, liegt der Fokus bei den Personalunterstützungsverfahren auf der aufbauenden Wirkung, Wertschätzung und Motivation der Mitarbeitenden mit dem Ziel der langfristigen Mitarbeiterbindung. Das **Situative Feedback** ist eine Rückkopplung auf informelle Ebene und hat damit direkte Wirkung auf die Organisationskultur. Die unmittelbare Rückmeldung zur Wahrnehmung des Verhaltens durch Vorgesetzte ergänzt dabei die hierarchische Beurteilung. Die Kommunikation in der sozialwirtschaftlichen Organisation kann dadurch verbessert, gemeinsames Lernen befördert werden. Die Ziele auf der individuellen Ebene sind die Schärfung der Selbstwahrnehmung und eine bessere Verhaltenssteuerung. In Bezug auf Teams zielt situatives Feedback auf die Entwicklung von Vertrauen, Offenheit, Kooperation sowie die Effektivität der Zusammenarbeit ab. Damit das Feedback seine unterstützende Wirkung entfalten kann, sind seitens der Feedbackgeber- wie Feedbacknehmer bestimmte Regeln einzuhalten:

Feedback-Geber	Feedback-Nehmer
Feedback mit Vorankündigung und nicht in der Öffentlichkeit geben. Das Feedback muss auch erwünscht sein.	Bereitschaft zur Annahme des Feedbacks aussprechen
Wertschätzende Formulierungen wählen (Person und Verhalten trennen!).	das Gesagte erst einmal annehmen, auf sich wirken lassen
Verhalten und die daraus resultierenden Ergebnisse sollen nur aus der Sicht des Betrachters formuliert sein. Daher immer in der Ich-Form formulieren (ehrlich, als ein Wahrnehmungsangebot formuliert).	Feedback-Geber ausreden lassen
Gegenseitiger und respektvoller Umgang, den anderen nicht erziehen wollen. Daher: beschreibend, nicht wertend oder interpretierend.	Aktives Zuhören
Das wahrgenommene Verhalten sollte möglichst konkret und spezifisch beschrieben werden.	sich nicht rechtfertigen erklären verteidigen
Feedback zeitnah und rechtzeitig geben („altes Zeug" weglassen und in der nahen Zukunft bleiben).	für Feedback bedanken
nicht zu viel auf einmal umfassen	nach dem Feedback in Ruhe überlegen, was sie über das Gehörte denkt und fühlt, was sie annehmen möchte, was sie daraus machen möchte
Motivation dazu, sich Veränderungsmöglichkeiten anzuschauen und im eigenen Tempo Neues anzugehen. Veränderbares Verhalten muss umsetzbar sein.	mit sich selbst regelmäßige Aufzeichnungen über die Selbstbeobachtungen vereinbaren und im eigenen Tempo störende Verhaltensweisen verändern.

Abb. 3: Feedback-Regeln (in Anlehnung an: ©Führungsakademie Hessen 2017, ©Themen der Gesundheit 2017)

Andrea Tabatt-Hirschfeldt

Das Feedback-Geben seitens der Führungskräfte kann in vier Phasen aufgeteilt werden:
- Phase 1 (positive Rückmeldung): Was gefällt mir am Mitarbeitenden? Was kann/macht sie/er besonders gut? Wo sehe ich ihre/seine Stärken?
- Phase 2 (kritische Rückmeldung): Was stört, ärgert, irritiert oder verunsichert mich am Mitarbeitenden? Was, glaube ich, kannst sie/er nicht so gut? Wo steht sie/er sich selbst im Wege?
- Phase 3 (Tipps): Auf was würde ich an ihrer/seiner Stelle besonders achten? Was, glaube ich, könntest sie/er eventuell anders/besser machen? Was würde ich mir bei ihr/ihm für die Zukunft wünschen?
- Phase 4 (Äußerungen Feedbacknehmende):
  - Resümee: Quittieren
  - Kommentar: Einblick geben
  - Bewertung: Prioritäten setzen (vgl. Doppler/Lauterburg 2014).

Vor dem Hintergrund der Sociosclerose in der Sozialwirtschaft (vgl. Kapitel 1) gewinnen Personalunterstützungs-Instrumente der Sozialwirtschaft zunehmend an Bedeutung. Im Gegensatz zur Potenzialanalyse, die sich an einen Teil der Belegschaft ausrichtet (s.o.), dienen Mentoring und Coaching dem Personalerhalt im Gesamten. Sie sind daher auch ein Instrument des strategischen Personalmanagements, insofern sie zur Erreichung der Leistungserbringungsziele beitragen (vgl. Kapitel 3). Beide Instrumente werden im Folgenden in Bezug auf die Personalunterstützung in der Sozialwirtschaft kurz dargelegt.

„Als Personalentwicklungsinstrument …, bezeichnet **Mentoring** die Tätigkeit einer erfahrenen Person (Mentor/in), die ihr fachliches Wissen oder ihr Erfahrungswissen an eine unerfahrenere Person (Mentee oder Protegé) weitergibt. Ziel ist es, den Mentee in seiner persönlichen und beruflichen Entwicklung zu unterstützen. Anwendungsbereiche des Mentorings sind breit gestreut und umfassen unter anderem Ausbildung, Nachfolgeregelung, Einarbeitung neuer Mitarbeiter, Frauenförderung und Führungskräfteentwicklung." (Edelkraut/Graf 2011). Es geht also um die Gestaltung einer i.d.R. bilateralen Beziehung (Ausnahme: Gruppen-Mentoring, s.u.) der Wissensteilung auf Zeit von zwei Mitarbeitenden der sozialwirtschaftlichen Organisation, bei der der Mentor seinen Erfahrungsvorsprung teilt. Bei den regelmäßigen Treffen werden „persönliche und berufliche Inhalte und Fragestellungen diskutiert und Lösungsoptionen für verschiedene Handlungsfelder erarbeitet, ausprobiert und reflektiert" (Graf/ Edelkraut 2014, S. 7). Wichtig ist dabei eine vertrauensvolle, offene und respektvolle Beziehung zwischen Mentor und Mentee. Neben der formalen Wissensvermittlung geht es insbesondere um informelles Wissen, wie Kontakte in Netzwerken innerhalb und außerhalb der Organisation zu sozialwirtschaftlichen Stakeholdern. Mentoring bietet dabei eine große Einsatzbreite für verschiedene Formen der Personalunterstützung:

Klassisches Mentoring	Die Grundform des Mentorings, in der ein erfahrener und persönlich gefestigter Mensch (Mensch), einen weniger erfahrenen Menschen (Mentee) in seiner beruflichen und persönlichen Entwicklung unterstützt. Der Mentor hilft dem Mentee seinen eigenen Weg zu finden, indem er Wissen, Erfahrungen und auch sein Netzwerk in die Mentoring- Beziehung einbringt.
Cross-Mentoring	In einem Cross-Mentoring schließen sich mehrere Unternehmen zu einem Verbund zusammen, um gemeinsam ein Mentoring-Programm durchzuführen. Jedes stellt eine gleiche Anzahl von Mentoren und Mentee und die Tandems (Paare von Mentor und Mentee) werden aus Vertretern unterschiedlicher Unternehmen zusammengestellt. Das Cross-Mentoring erlaubt es auch kleinen Unternehmen, ein Mentoring aufzusetzen. Viele derartige Programme sind entlang der Wertschöpfungskette, regional oder branchenintern organisiert. Jede dieser Konstellationen bietet somit Vorteile, die über die reine Förderung des Nachwuchses hinausgehen.
Reverse Mentoring	Bei dem Reverse Mentoring ist der Mentee die grundsätzlich lebenserfahrenere Person; in Bezug auf das Mentoringziel jedoch noch unbedarft. Der Mentee ist typischerweise jünger als der Mentor, jedoch Experte in dem speziellen Bereich. Ziele des Reverse Mentorings beziehen sich häufig auf Themen der jüngeren technischen Entwicklungen, wie der Umgang mit Social Media oder der generelle Einsatz von IT im Berufsalltag.

Peer-Mento-ring	Peer-Mentoring (Mentoring unter Gleichgestellten/ Gleichrangigen), ist eine spezielle Form des Mentorings, die meist in Schulen oder Universitäten zwischen erfahre-nen Schülern und neuen Schülern stattfindet. Das Kon-zept einer Peer-Mentoring-Gruppe beruht auf der Selbst-organisation und gegenseitigen Unterstützung der mög-lichst statusgleichen Teilnehmer; mit ihren eigenen Kom-petenzen und individuellen Erfahrungen unterstützen sich die Teilnehmer gegenseitig bei Planung und Entwicklung ihrer Karriere. Es baut auf den Prinzipien der Eigenver-antwortlichkeit, der Selbstorganisation und der Notwen-digkeit eigenen Engagements auf. Die Gruppenprozesse werden von allen Gruppenmitgliedern gesteuert; dabei sind Verlässlichkeit und Verbindlichkeit wichtige Kriteri-en.
Informelles Mentoring	Dem Mentoring liegt kein formales Programm zugrunde. Mentor und Mentee gehen aus eigenem Antrieb in eine Mentoringbeziehung und gestalten diese auch eigenstän-dig aus. Das informelle Mentoring ist wahrscheinlich die häufigste Form des Mentorings.
Gruppen-Mentoring	Von Gruppen-Mentoring wird gesprochen, wenn ein Mentor mehrere Mentees parallel und hauptsächlich ge-meinsam betreut. Diese Form des Mentorings wird vor al-lem dann eingesetzt, wenn zu wenige Mentoren verfügbar sind oder die gegenseitige Unterstützung der Mentees un-tereinander, im Sinne einer kollegialen Beratung, mit dem klassischen Mentoringansatz kombiniert werden soll.
Blended Mentoring	Das Blended Mentoring ist ein Mix aus dem klassischen Mentoring (s.o.) und Online-Elementen. Das Tandem kann sich zwischen den Treffen virtuell austauschen und die Vernetzung mit anderen Tandems suchen. Zudem ste-hen sowohl Mentor als auch vor allem dem Mentee kleine Lerneinheiten und Hilfestellungen zur Verfügung, deren Ergebnisse in die Treffen einfließen sollten.

Abb. 4: Mentoring Formen (in Anlehnung an: © Graf/Edelkraut 2014, S. 18 f.)

Das klassische Mentoring findet einen breiten Einsatz in den verschiede-nen Personalbindungs-, -entwicklungs- und -unterstützungsprozessen sozi-alwirtschaftlicher Organisationen (s.o.).

Cross-Mentoring ist insbesondere für kleinere Dienste und Einrichtungen der Sozialwirtschaft von Interesse. Der Einsatz ist weniger mit Mitbewerbern denkbar, als mit Organisationen, mit denen entlang der Wertschöpfungskette innerhalb des Wohlfahrtsmixes zusammengearbeitet wird (vor-, nachgelagerte oder parallele Aktivitäten).

Reverse Mentoring ist in Bezug auf neue Wissensbestände, die z.B. Hochschulabsolvent_innen in die sozialwirtschaftlichen Einrichtungen und Dienste einbringen, von Interesse. Da Soziale Medien in der Sozialwirtschaft immer wichtiger werden, können auch diese Wissensbestände über diese Form des Mentorings, Eingang in sozialwirtschaftliche Organisationen finden. Zudem stärkt das Reverse Mentoring aufgrund seiner Gegenseitigkeit, wenn es mit anderen Mentoring Formen verbunden wird, den Zusammenhalt innerhalb der Belegschaft im Sinnen eines, „jede/r lernt von jeder/m".

Peer-Mentoring unterstützt die kollegiale Beratung und ermöglicht einerseits die Spezialisierungen einzelner Mitarbeitender. Andererseits wird über das Instrument des Peer-Mentorings als Teil des Wissensmanagements in sozialwirtschaftlichen Organisationen, eine breite Basis von Grundlagenwissen an die Belegschaft weitergegeben.

Informelles Mentoring ist v.a. deshalb von hohem Belang, weil es den Weg zur Kontaktpflege zu Stakeholdern und die Netzwerkarbeit der sozialwirtschaftlichen Organisation unterstützt.

Da Teamarbeit und kollegiale Beratung in der Sozialen Arbeit eine wichtige Rolle spielen und es sich zudem um eine kostengünstige Variante des Mentorings handelt, da weniger Mentoren zum Einsatz kommen, ist diese Form des Mentorings für sozialwirtschaftliche Organisationen von besonderem Interesse.

Blended Mentoring bietet sich insbesondere in großen Organisationen der Sozialwirtschaft oder Verbänden wie Wohlfahrtsverbänden an, da Mentoring über größere Distanzen stattfinden kann.

Loebbert hat sich umfassend mit dem **Coaching**-Begriff beschäftigt und kommt zu dem Schluss, dass es sich um eine „persönliche Prozessberatung" handelt, die

– Einerseits die Selbstreflexion beinhaltet: „Coaching ist eine intensive und systematische Förderung ergebnisorientierter Problem- und Selbstreflexion sowie Beratung von Personen oder Gruppen zur Verbesserung der Erreichung selbstkongruenter Ziele oder zur bewussten Selbstveränderung und Selbstentwicklung."

– Andererseits die „Handlungssteuerung von coachenden Personen", des Coaches beinhaltet: „dass und wie ein Coach Personen dabei am besten unterstützt, beziehen sich auf handlungstheoretische Vorstellungen, wie Menschen ihr Handeln (erfolgreich) durch Problem- und Selbstreflexion sowie durch die Kongruenz von Zielen steuern können (Loebbert 2017, S. 33 f.).

Der Deutsche Bundesverbandes Coaching e. V. (DBVC) kommt beiden Anforderungen in seiner Definition nach. „Coaching ist die professionelle Beratung, Begleitung und Unterstützung von Personen mit Führungs- und Steuerungsfunktionen und von Experten in Organisationen. Coaching richtet sich auch auf die entsprechenden sozialen Gruppen und organisationalen Systeme. Sowohl im Einzel- wie im Mehrpersonen-Coaching wird dieser soziale und organisationale Kontext immer berücksichtigt." (Dietz et al. 2012, S. 20).

In der Sozialwirtschaft kommt dem Führungskräftecoaching eine besondere Bedeutung zu: „Speziell vor dem Hintergrund der kontinuierlichen Veränderungen (vgl. Sociosclerose Kapitel 1, Anm. d. Verf.) in der sozialwirtschaftlichen Landschaft und damit auch in Zeiten des Umbruchs und Wandels ist es unerlässlich, Führungskräfte nachhaltig in ihrer individuellen Leistungs- und Anpassungsfähigkeit zu fördern. Schließlich werden hierdurch auch die organisationale Flexibilität und die Veränderungsbereitschaft insgesamt unterstützt" (Weingärtner 2014, S. 14).

Beim Coaching lassen sich die verschiedenen Settings: Einzel-, Gruppen- und Team-Coaching unterscheiden.

– Einzelcoaching: diese „Face-to-Face"-Beratung ist personenorientiert, auf die individuellen Bedürfnisse und Entwicklung des Coachees abgestimmt und ermöglicht die Spezialisierung auf bestimmte Themen. In dem geschlossenen Rahmen ist eine maximale Vertraulichkeit, Diskretion und Verschwiegenheit gegeben. Besonders hochrangige Führungskräfte schätzen diese vertrauliche Atmosphäre (vgl. Schreyögg 2003, S. 215). Dies wären z.B. Vorstände in sozialwirtschaftlichen Organisationen. Nachteilig kann sich auswirken, dass dem Coach als einzigen Gesprächspartner „nur ein bestimmter Radius von Perspektiven und Handlungsmustern" (ebd., S. 215) zur Verfügung steht. Seinerseits sind insbesondere externe Coachs von den Schilderungen des Coachees und seiner eingeschränkten Sichtweise abhängig.

– Gruppen-Coaching: ist entweder auf „funktionsgleiche Menschen" aus unterschiedlichen Systemen, z.B. Sozialarbeiter_innen aus verschiedenen Bereichen eines Wohlfahrtsverbandes, oder auf Mitarbeitende mit

derselben Funktion aus einer Organisation, z.B. Pflegekräfte im Alten-
hilfebereich eines Trägers, ausgerichtet (vgl. Schreyögg 2003, S. 216).
Von Vorteil ist dabei der Synergieeffekt in Form des Austausches der
Coachees untereinander über „berufliche Erfahrungen …, Fragen und
Anliegen aus unterschiedlichen Perspektiven, Wahrnehmungen und
Kenntnissen zu beleuchten. Alle Teilnehmer partizipieren somit an den
Lerneffekten Einzelner" (vgl. Böning 2005, S. 24; Glatz und Lam-
precht 2002, S. 135; Schreyögg 2003, S. 217; Rauen 2005a, S. 128;
Rückle 2001, S. 29, zitiert in: Weingärtner 2014, S. 54).

– Team-Coaching: als Sonderform des Gruppen-Coachings bezeichnet
Team-Coaching die persönlichkeits- bzw. aufgabenbezogene Beratung
von Mitarbeitenden in gleichen Funktionszusammenhängen. Während
früher eher obere hierarchische Ebenen Zielgruppe des Teamcoachings
waren (z.B. Vorstände, Geschäftsführer eines Wohlfahrtsverbandes),
wird es jetzt auch von der unteren und mittleren Führungsebene genutzt (z.B. Einrichtungsleitungen) (vgl. Rauen 2005, S. 130). Beim
Team-Coaching geht es um die Entwicklung des Teams, gemeinsamen
Teamlernens bzw. um Krisenbewältigung. „Letztendlich geht es
darum, Leistungen zu verbessern oder dauerhaft zu sichern und diese
bei Veränderungen jeglicher Art zu unterstützen. Verallgemeinernd
lässt sich zusammenfassen, dass diese Variante des Coachings vor allem der Beziehungs- und Konfliktklärung, der Förderung der Kommunikation, Motivation und Kooperation sowie der Neugestaltung oder
Optimierung von Arbeitsabläufen dienen soll (vgl. Rauen 2005a,
S. 130; Rückle 2001, S. 28, S. 31; von Sassen und Vogelauer 2002,
S. 8-9, zitiert in: Weingärtner 2014, S. 55). In sozialwirtschaftlichen
Organisationen wird häufig in Teamkonstellationen gearbeitet. Im Zuge der Ökonomisierung der sozialen Arbeit kommt es verstärkt zu Ar-
beitsverdichtungen, Prozessoptimierungen, Zusammenschlüssen von
Organisationen bzw. Organisationseinheiten, wodurch Teamcoaching
auch auf der unteren hierarchischen Ebene wieder an Bedeutung ge-
winnt. Gleiches gilt für die Zusammenarbeit von Haupt- und ehrenamtlichen Mitarbeitenden. Mit zunehmendem ökonomischem Druck ist
Team-Coaching jedoch auch auf Vorstandsebene sozialwirtschaftender
Organisationen von Belang.

Andrea Tabatt-Hirschfeldt

5.2 Die Arbeitgebermarke (Employer Branding) in der Sozialwirtschaft

Employer Branding ist definiert als „identitätsbasierte, intern wie extern wirksame Entwicklung und Positionierung eines Unternehmens als glaubwürdiger und attraktiver Arbeitgeber[7]" (DEBA). Die Arbeitgebermarke (Employer Brand) soll aufzeigen, wofür der jeweilige Arbeitgeber steht (vgl. Trost 2009 und Beck 2012). Besonders vor dem Hintergrund des Fachkräftemangels stehen deutsche Unternehmen vor der Herausforderung, qualifizierte Mitarbeitende zu finden und zu binden. „Gegenwärtig hat gut jedes zweite mittelständische Unternehmen Schwierigkeiten bei der Besetzung freier Stellen, darunter auch Führungspositionen" (Zieblo 2014, S. 1). Handlungsbedarf besteht daher darin, die eigene Attraktivität als Arbeitsgeber am Arbeitsmarkt herauszustellen und die Personalbeschaffungsprozesse zu verbessern. Dabei ist „laut Axel Singler, Partner Promerit HR + IT Consulting AG „ein Employer Branding, das die Gestaltung der Arbeitgeberleistungen beinhaltet, das wirksamste Mittel" (ebd.).

Warum ist Employer Branding nun für die Sozialwirtschaft wichtig? Menschen, die soziale Berufe ergreifen, tun dies aus altruistischen Motiven, sie wollen schlicht helfen bzw. sinnstiftend tätig sein, monetäre Anreize spielen eine geringere Rolle. Daher ist es wichtig, dass sozialwirtschaftliche Arbeitgeber über Werte Identifikationsmöglichkeiten schaffen. Diese Übereinstimmung wirkt sich positiv auf „die Motivation, den Einarbeitungs- und Integrationsprozess und die Arbeitsproduktivität aus" (Scherenberg 2012, S. 121). Aber auch aus Sicht der Mitarbeitenden bestehen Defizite, die es zu überwinden gilt: „Den Mitarbeiterinnen und Mitarbeitern der Sozialwirtschaft fällt es im Vergleich zu anderen Branchen besonders schwer, stolz auf sich selbst und auf ihr Berufsfeld zu sein. Dabei hat die Branche gerade in der heutigen Zeit strategische Vorteile auf dem Arbeitsmarkt zu bieten. Während Unternehmen der freien Wirtschaft sich abmühen, mit Nachhaltigkeitsaspekten und gesellschaftlichem Verantwortungsbewusstsein mehr Sichtbarkeit zu verschaffen, ist genau das Kernbestandteil der Arbeit des sozialen und Bildungsbereichs" (Heider-Winter 2014, S. 1).

---

7 Die Deutsche Employer Branding Akademie legte im Jahr 2006 die in Wissenschaft und Praxis bis heute am häufigsten referenzierte Definition von Employer Branding vor.

Als wesentliche Gründe, warum Arbeitgeber in der Sozialwirtschaft Employer Branding anwenden sollten, lassen sich nennen:
- „verbessertes Arbeitgeber- und Unternehmensimage
- höherer Bekanntheitsgrad
- größerer Bewerberpool und mehr Bewerbungen
- bessere Passgenauigkeit bei der Stellenbesetzung
- verbessertes Betriebsklima
- gesteigerte Arbeitsproduktivität
- weniger Fluktuation durch eine höhere Bindung der Mitarbeiter/-innen
- insgesamt sinkende Personalkosten durch Einsparungen bei Rekrutierungs- und Einstellungskosten" (Deutscher Paritätischer Wohlfahrtsverband 2014, S. 75).

Zu unterscheiden sind internes und externes Branding. „Die Arbeitgebermarke ist ein Nutzenversprechen an die schon Beschäftigten und an potenzielle Mitarbeiter/-innen" (Heider-Winter 2014a). Bei der Innenwirkung geht es darum, dass die Arbeitgebermarke in allen Bereichen und Handlungen der Organisation spürbar und damit glaubwürdig wird. „Zielführende Fragestellungen sind:
- Wie verhalten wir uns, wenn unsere Arbeitgebermarke verbindlich ist?
- Wie wirkt sich die Marke auf das Verhalten der Beschäftigten und Leitungskräfte aus?
- Was bedeutet sie für unser Führungsleitbild?" (Deutscher Paritätischer Wohlfahrtsverband 2014, S. 76).

Das interne Employer Branding lässt sich in vier Ebenen einteilen[8]:
1. Analysephase: Wesentlich dabei sind die Überprüfung und Anpassung der Führungskultur sowie die Entsäulung der Organisationsstruktur. Die Zufriedenheit der Mitarbeitenden hängt maßgeblich vom erlebten Führungsverhalten ab, welches authentisch die Versprechen der Arbeitgebermarke widerspiegeln muss. Zur Überprüfung bietet sich die diesbezügliche Einbindung in Führungskräftebeurteilungen an, gefolgt von Maßnahmen der aufgezeigten Handlungsbedarfe. Gerade bei großen Trägern wie z.B. der Wohlfahrtsverbände stehen die unterschiedlichen Hilfefelder der Kinder- und Jugend-, Behinderten-, Altenhilfe etc. häufig versäult nebeneinander. Entsäulung hilft Redundanzen zu verhindern und Kosten zu sparen. Sie geschieht über themenübergreifende Zusammenarbeit in Querschnittsbereichen wie z.B. Integration, Inklu-

---

8 Die Einteilung folgt Kapital 8 in Heider-Winter 2014.

Andrea Tabatt-Hirschfeldt

sion, demografischer Wandel oder Gesundheitsmanagement. Es gilt kooperative Strukturen zu schaffen und Netzwerke zu Stakeholdern einzubeziehen und auszubauen, um eine integrierte Versorgung der Adressat_innen sicherzustellen. Ausgangspunkt dabei kann beispielsweise eine Umfeldanalyse sein, bei der die Interessen der Stakeholder deutlich werden, auf die die Organisation durch abgestimmte Prozesse reagieren sollte. Gerade bei der Nachwuchsrekrutierung spielen viele verschiedene Stakeholder eine Rolle.

2. Interne Markenführung: über ein Kommittent als Wissen um und die damit verbundenen Werte des Employer Brands, erwächst als Ausdruck der Überzeugung ein Verhalten, das zu einer gelebten Arbeitgebermarke führt. Dazu bedarf es ausgehend von der normativen Ebene eines langfristigen und ganzheitlichen Ansatzes. Auf Geschäftsführungs- bzw. Vorstandsebene ist Markenführung als Philosophie verinnerlicht und wird Top down ins Unternehmen getragen. Dies geschieht über Anreiz- und Sanktionsmechanismen. Neben Maßnahmen der Personalentwicklung geht es dabei auch um organisationale Rahmenbedingungen. Dabei sollten Erfolge und Möglichkeiten in den Vordergrund gestellt werden, wie Best-practice-Beispiele oder der Arbeitgebermarke entsprechende Modelle zur Arbeitsgestaltung. Die Arbeitsgestaltungsmaßnahmen unter Einbeziehung des Empoyer Brandings sind dabei sehr weit gefächert. Beispiele sind:

   a. Flexible Arbeitszeitgestaltung: selbstbestimmtes Arbeiten ist ein Kern des Employer Brands. Flexible Tagesgestaltung schafft Freiräume.

   b. Vernetzte Aufgabenverteilung: flache Hierarchien und abteilungsübergreifend vernetzte Teams sind ein Wesenszug der Arbeitgebermarke.

   c. Arbeitsplatzgestaltung: Farbgestaltung entsprechend der Corporate Identity, gerade auch in Rückzugsorten und Ruhebereichen.

   d. Freizeitangebote: innovative Arbeitgeber der Sozialwirtschaft ermöglichen ihren Mitarbeitenden Dienstreisen mit privaten Reisen zu verknüpfen, die in Verbindung mit ihren Werten stehen.

   e. Teambuilding: passend zur Arbeitgebermarke stattfindendes jährliches Event für die gesamte Belegschaft. Identitätsstiftend wirken wiederkehrende Symbole, die leicht zu verstehen und einprägsam sind. Dies kann ein Begrüßungsritual oder auch selbst komponiertes Unternehmenslied etc. sein.

3. Interne Kommunikation in Verbindung mit der Arbeitgebermarke: die interne Kommunikation ist der wesentliche Stellhebel zur Stärkung eines Employer Brands konformen Verhaltens der Mitarbeitenden! "Ein gemeinsames Bild und eine gemeinsame Vision vom Arbeitgeber können nur geschaffen werden, wenn effiziente Kommunikationswege etabliert sind, die die Arbeitgebermarke immer wieder zum Vorschein bringen. Dementsprechend hat die interne Kommunikation stets Vorrang vor der externen Kommunikation" (Heider-Winter 2014, S. 167). Mithilfe der internen Kommunikation werden Bekanntheit und Akzeptanz des Markenversprechens abgesichert. Sie verbindet die arbeitsbezogene Fachkommunikation mit der personenbezogenen Beziehungskommunikation. Um Denk- und Handlungsweisen konform zur Emloyer Brand zu entwickeln, muss die Arbeitgebermarke verständlich und klar formuliert sein und authentisch und offen über Wiederstände oder Gleichgültigkeit kommuniziert werden. Um die Arbeitgebermarke intern zu kommunizieren, stehen zahlreiche Kommunikationskanäle in Organisationen zur Verfügung, die genutzt werden sollten, um eine aktive Teilnahme zu ermöglichen (z.B. Mitarbeiterzeitschrift, Besprechungen, soziale Netzwerke, „Flurfunk", Intranet etc.). Beim internen Employer Branding werden alle Kommunikationswege darauf hin geprüft, wo zu viel bzw. zu wenig kommuniziert wird. Dies lässt sich bildhaft im Organigramm darstellen. Daraus lassen sich Verbesserungsbedarfe aber auch Vorbilder für Kommunikationswege, die die Arbeitgebermarke am besten befördern, herausfiltern. Meist sind Teams umfassender informiert, die von einer wertschätzenden Führung geleitet werden. Zur Diskussion helfen Leitfragen:

   a. „Welches Team, welche Einrichtung, Führungs- oder Fachkraft ist am umfassendsten informiert und warum?
   b. Welche Instrumente und Wege werden genutzt?
   c. Muss jeder alles wissen?
   d. Lässt sich das auf die gesamte Organisation übertragen? Wo und wie sind Anpassungen vorzunehmen?" (Heider-Winter 2014, S. 171).

4. Botschafter_innen der Arbeitgebermarke: Überzeugende Kommunikation ihrer Arbeitnehmermarke durch die Mitarbeitenden bedeutet die Krönung des Employer Brandings! Sozialwirtschaftliche Arbeitgeber können dazu beitragen, dass Mitarbeitende überzeugende Multiplikatoren der Arbeitgebermarke werden. Employer-Branding Schulungen sind insofern fragwürdig, weil es um die Authentizität der Mitarbeiten-

den geht, die von Motivation, Eigeninitiative und Engagement geprägt ist. Es geht darum, aktiv Möglichkeiten herzustellen, bei denen Mitarbeitende über ihre Arbeit sprechen können. Hier verschwimmt so die Grenze zwischen internem und externem Employer Branding. Mitarbeitende können auf Homepages, in Broschüren oder anlässlich von Veranstaltungen wie „offene Tür" zu aktiven Fürsprecher_innen bzw. Botschafter_innen ihrer Organisation werden. Es können auch kurze Filme gedreht werden. Wichtig ist die Freude dabei, die in Stolz über das fertige Produkt mündet, und so die Arbeitgebermarke stärkt.

Die Außenwirkung bezieht sich hauptsächlich auf die passgenaue Ansprache von Bewerber_innen bezüglich ihrer Wünsche und Bedürfnisse.

Zu Beginn des externen Employer Brandings steht das Konzept der Außendarstellung der sozialwirtschaftlichen Organisation auf dem Arbeitsmarkt. Dabei werden auch die verschiedenen Instrumente (Personalakquise, Stellenanzeigen, Homepage, Social Media) zu einer spezifischen Arbeitgebermarke synchronisiert. Die zielgruppenorientierten Maßnahmen, mit dem Ziel als glaubwürdiger und attraktiver Arbeitgeber wahrgenommen zu werden, müssen dabei regelmäßig aktualisiert und an geänderte Bedarfslagen angepasst werden. Dies beginnt mit einem einheitlichen Bild der Außendarstellung auf allen Ebenen (Botschaften, Motive und Wording aller Kommunikationsinstrumente). Es bietet sich an, bei Grafikdesign, Social-Media-Konzeption, Mediaplanung und Give Aways etc. professionelle Agenturen in Anspruch zu nehmen. Letztlich wird von der Professionalität der Außendarstellung auch auf die inhaltliche Professionalität der fachlichen Arbeit geschlossen. Um die Aussagekraft der Botschaften zu testen bietet sich kostengünstig wie effektiv ein Pretest bei potenziellen Bewerbern sowie Mitarbeitenden an, die noch nicht lange in der Organisation beschäftigt sind.

Differenzierter lässt sich das externe Employer Branding in drei Ebenen einteilen[9]:

1. Zielgerichtete Kommunikation des Employer Brands auf dem Arbeitsmarkt: Die Homepages und Gestaltung der Stellenanzeige sind für Bewerber_innen die wichtigsten Informationsquellen und bestimmen so den ersten Eindruck der Organisation. Wunsch und Wirklichkeit zum

---

9 Die Einteilung folgt Kapital 9 in Heider-Winter 2014.

Informationsgehalt von Stellenanzeigen klaffen einer Studie[10] zufolge aber sehr auseinander:

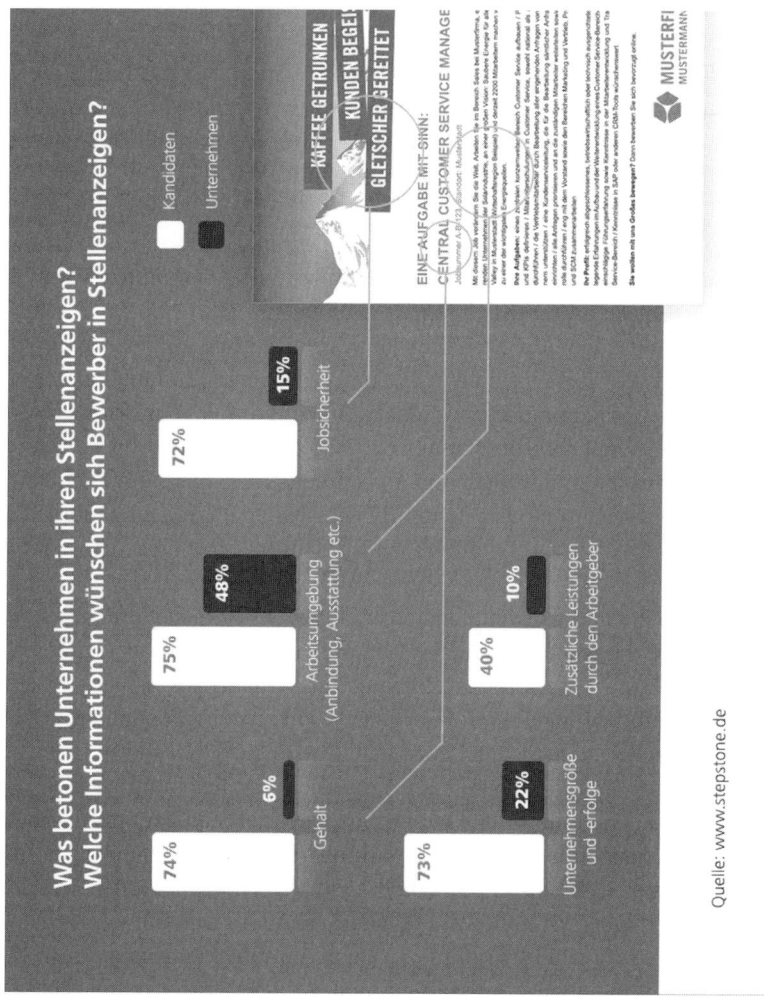

Abb. 5: Unterschiede zwischen Bewerberwünschen und Wirklichkeit von Stellenanzeigen (©StepStone Deutschland 2013, S. 3)

---

10 Online-Befragung unter mehr als 20.000 europäischen Fachkräften und rund 800 Personalverantwortlichen aus acht europäischen Ländern (StepStone Deutschland 2013).

Andrea Tabatt-Hirschfeldt

Damit wird deutlich, dass sich sozialwirtschaftliche Arbeitgeber bereits durch konkrete und detaillierte Stellenanzeigen von der Konkurrenz abheben können.

Bei der spezifischen Personalakquise können folgende Fragestellungen helfen:

– „Was erwarten potenzielle Bewerber/-innen von uns?
– Welche Informationen benötigen sie über unser Unternehmen?
– Was können wir ihnen bieten, was die Konkurrenz nicht hat?
– Wen wollen wir ansprechen?
– Wie wollen wir mit dieser Zielgruppe in Kontakt treten? Welche Informationskanäle und Medien nutzt sie?" (Deutscher Paritätischer Wohlfahrtsverband 2014, S. 76).

Wesentlich ist, die externen Kommunikationsmaßnahmen auf ihre Wirksamkeit hin zu überprüfen. Beispielsweise kann einfach im Bewerbungsgespräch erfragt werden, durch welches Medium die Bewerber_innen auf die Stelle aufmerksam geworden sind (Druckmedien, Homepage, Messen, Online-Jobbörsen etc.). Um die Effektivität zu steigern bietet sich Crossmedia an. Es weist sich dadurch aus, dass:

– die Werbebotschaften über mindestens zwei unterschiedliche Werbeträger verbreitet werden,
– die Kommunikationsmaßnahmen zeitgleich ablaufen,
– die Werbebotschaften in den unterschiedlichen Kanälen inhaltlich verknüpft sind und durch Text- und Bildsprache als zusammengehörig wahrgenommen werden,
– die spezifischen Stärken des Werbeträgers genutzt werden, also die Werbebotschaft für z.B. Kino oder Print entsprechend den Voraussetzungen und Vorzügen des Werbeträgers modifiziert wird,
– die Rezipienten geleitet werden, um in allen Kanälen Kontakte zu evozieren, beispielsweise wird die Zielgruppe durch den Verweis auf die Website in einem Radiospot oder auf einem Plakat von einem Medium sinnvoll zum nächsten geführt (vgl. Sauter 2006, S. 5 ff.).

2. Persönlicher Kontakt im Bewerbungsprozess im Einklang mit der Arbeitgebermarke: gerade in Hinblick auf die knappen Ressourcen bei Trägern der Sozialen Arbeit gilt es, bestehende Netzwerke zu nutzen bzw. auszubauen. Dies reicht von Kontakten zu Ausbildungsstätten bzw. Hochschulen bis zu persönlichen Kontakten zu Fach- und Führungskräften. Wenn nicht die Ressourcen wie in der freien Wirtschaft zur Verfügung stehen für imponierende Messestände, geht es umso

mehr darum, kreative Ideen zu entwickeln, um die Zielgruppe anzusprechen.

a. Nachwuchs-Recruiting-Event: Der Recruitingmarkt boomt, die
Anzahl der Studien- und Ausbildungsorientierungs-Messen nimmt
stetig zu. Sozialwirtschaftliche Träger sind hier deutlich unterre-
präsentiert (vgl. Heider-Winter 2014, S. 204). Bei größeren Messen (CON-Sozial, Mastermessen etc.) geht es v.a. um die Multipli-
katorenwirkung. Hier bietet es sich an, sich mit anderen Trägern
unter einem gemeinsamen, verbindenden Motto zusammenzu-
schließen. Im Sinne einer größtmöglichen Authentizität sowie dem
Abbau von Hemmschwellen sollten jüngere Mitarbeitende, Werks-
student_innen bzw. Auszubildende dabei sein. Wichtig ist auch das
Briefing des Messeteams zu Zugangswegen in den Beruf beim eigenen Träger, Zukunftschancen, Besonderheiten und Vorteilen des
Trägers/der eigenen Organisation, Botschaften des Employer
Brands sowie Möglichkeiten für Praktika, Hospitationen etc. der
eigenen Organisation.

Die Nachwuchsarbeit sollte unbedingt langfristig ausgebaut werden. Dies erfolgt durch das systematische Sammeln von Kontaktdaten, um Stakeholder zeitnah über Ausbildungs- und Arbeitsmög-
lichkeiten zu informieren, die Präsenz bzw. Initiierung kleinerer
Berufsorientierungsevents an (Hoch-)Schulen, von Arbeitsagentu-
ren etc. oder Kooperationen mit diesen Partnern z.B. über Prak-
tikakontingente speziell für diese Partner. Kreativität ist bei der
Entwicklung neuer Formate des Recruiting gefragt, wie bei Stadt-
festen, Musik- oder Sportveranstaltungen. Wichtig ist bei allen Re-
cruiting-Maßnahmen die Evaluation (z.B. nach Bildungsabschlüs-
sen: wer wurde wie erreicht?).

b. Systematisierung der Empfehlungen durch Mitarbeitende: Empfehlungen durch Mitarbeitende innerhalb deren Freundes- und Be-
kanntenkreises sind von einer hohen Authentizität zu Arbeitsatmosphäre, gelebten Werten sowie Arbeitsinhalten geprägt. Nach erfolgreicher Empfehlung empfinden Mitarbeitende häufig auch eine
gewisse Verantwortung und unterstützen bei der Einarbeitung. Bei
der Besetzung von Schlüsselpositionen sollte gezielt ein Empfeh-
lungsmanagement aufgebaut werden. Zu der Zielgruppe zählen neben Mitarbeitenden mit gleicher Qualifikation auch Ehemalige
oder auch Verwandte und Bekannte der Mitarbeitenden. Dieser
Empfehlungskreis sollte regelmäßig über die Arbeitgebermarke,

Ziele und Möglichkeiten in der Organisation informiert werden. Bestandteil ist ferner eine offene Feedbackkultur. Dies beinhaltet die aktive Nachfrage nach Unterstützung- und Verbesserungsbedarfen bei Empfehlungen, Rückmeldungen zu Gründen der Nichteinstellung etc. Jede Absage bezieht sich schließlich auf spätere potenzielle Bewerber_innen. „Auch bei einer Absage gilt es, Wertschätzung entlang Ihrem Nutzenversprechen als Arbeitgeber auszusprechen. Solche Personen können in Ihr Netzwerk aufgenommen und regelmäßig über offene Stellen informiert werden" (vgl. Heider-Winter 2014, S. 207). Auch hier sollte evaluiert werden, wie viele Empfehlungen über welche Wege zum Erfolg führen.

Den Employer Brand gilt es schließlich innerhalb des Bewerbungsgespräches spürbar werden zu lassen. Die spezifischen Botschaften, Attraktivitätsbotschaften und die Wertschätzung gegenüber dem Bewerbenden sollten durchgängig Ausdruck finden („erster persönlicher Kontakt auf einer Veranstaltung, Eingang der Bewerbung, schriftliche oder telefonische Einladung zum Vorstellungsgespräch, telefonische Vorgespräche, Vorstellungsgespräch, Einstellungszusage, Einarbeitung, Absage für die ausgeschriebene Stelle", Heider-Winter 2014, S. 207 f). Zudem sollte von den Bewerber_innen ein Pool für zukünftige Stellenbesetzungen angelegt werden.

3. Nutzung der Pressearbeit im Sinne des Employer Brands: Pressearbeit spart Geld für Öffentlichkeitsarbeit, Medienveröffentlichungen weisen zudem eine hohe Glaubwürdigkeit in Bezug auf die potenziellen Bewerber_innen auf. Sozialwirtschaftliche Organisationen haben es einfacher als Wirtschaftsunternehmen, sich der Presse als Arbeitgebermarke zu präsentieren, da sie durch ihre Arbeit mit Menschen emotionale Botschaften vermitteln können und ihnen aufgrund der Wertorientierung und Gemeinnützigkeit eine hohe Authentizität beigemessen wird.

   a. Um eine gute Story zu entwickeln gilt es einige Aspekte zu beachten: Botschaften sollten eindeutig und klar sein und werden durch Geschichten vermittelt, unterstützt durch Bilder und „O-Töne" (Einverständniserklärungen sind einzuholen). Sinnvoll ist es zudem, den Journalist_innen mehrere Perspektiven anzubieten und den Kontakt herzustellen (Fachkräfte, Experten, Betroffene und deren Verwandte etc.). Auch die Herstellung eines übergeordneten Kontextes ist sinnvoll (Thema ist exemplarisch für aktuelle Entwicklungen, Querverbindungen zu anderen Feldern der Sozialen

Arbeit oder zu Wirtschaftsunternehmen, Erfahrungen anderer Bundesländer, Träger etc., Beitrag für andere Zielgruppen oder Stadtteile/Städte, Ableitung einzigartiger Vorteile oder Trends, die aus einem Projekt etc.). Die Seriosität der Arbeit wird durch Fakten und Zahlen glaubwürdiger. Beispiele sind Studien zum Themenbereich, nachweisbare Erfolge durch die Arbeit, interessante Zahlen aus der Organisationsanalyse oder verschiedene Befragungen.

b. Kontaktaufnahme zur Presse: Pressemitteilungen sollten konkret sein und mit Fakten überzeugen: Im ersten Absatz steht die Kerninformation und beantwortet sechs W-Fragen (Wer?, Was?, Wann?, Wo? Wie?, Warum?). Die Wichtigkeit der Nachrichteninhalte bestimmt die Reihenfolge, jeweils ist die Quelle zu nennen. Sachverhalte sind einfach und in kurzen Sätzen zu formulieren. Maximal zwei Zitate können sinnvoll sein und Eingang in die spätere Medienveröffentlichung nehmen. Zu nennen sind schließlich die Homepage und Kontaktdaten. Themen können auch durch Telefonate mit den zuständigen Redakteur_innen platziert werden.

c. Krisenkommunikation: Durch interne Kommunikation werden die Rahmenbedingungen für die Krisenkommunikation abgesteckt, um sicherzustellen, dass die Employer-Branding-Maßnahmen nicht konterkariert werden. Es geht darum zu steuern, was nach außen dringt und die Fäden zusammenzuhalten. Jede Krise hat drei Dimensionen: das tatsächliche Ereignis, das Verhalten der Organisation zur Krisenbewältigung sowie die Wahrnehmung der Krise in der Öffentlichkeit (vgl. Bundesministerium des Innern 2014, S. 5). Im Rahmen des Employer-Branding-Prozesses wurden zahlreiche Zuständigkeiten festgelegt. Ergänzend werden durch eine Szenario-Analyse das Verhalten und die Zuständigkeiten im Umgang mit einer öffentlichen Krise festgelegt. Nach der Definition einer öffentlichen Krise werden die Szenarien nach Schadenshöhe priorisiert und nach der zur Verfügung stehenden Zeit, die zur Krisenbewältigung zur Verfügung steht, eingeteilt. Dem Krisenstab gehören Mitarbeitende mit Überblick über bestimmte Bereiche an sowie Personen, die innerhalb der sozialwirtschaftlichen Organisation als Erstes informiert werden müssen und jene, die über Kontaktmöglichkeiten zu allen Ebenen verfügen. Der Krisenstab hat erste Priorität und erhält im Krisenfall alle Informationen. Krisenkontakte zweiter Priorität erhalten weniger detaillierte Mindestinformationen. Der/die Krisenmanager_in kommuniziert im Krisen-

Andrea Tabatt-Hirschfeldt

fall als einige/r mit den Medien (One-Voice-Policy) und sollte der Organisationsspitze oder der Pressestelle angehören. Da Zeit und timing wesentlich sind, sollten für unterschiedliche Szenarien präventiv unverbindliche Presseantworten entwickelt werden. In einem Leitfaden sollten schließlich alle Zuständigkeiten und Handlungsanweisungen zusammengefasst werden.

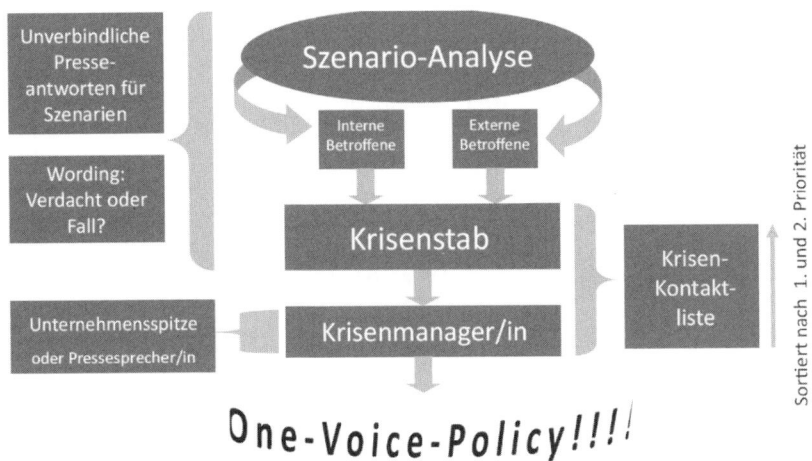

Abb. 6: Employer Branding im Umgang mit einer öffentlichen Krise (©Heider-Winter 2014, S. 225)

Als Zusammenfassung hier noch ein Überblick der wichtigsten Empfehlungen zum Employer Branding:
- „Eine Arbeitgebermarke muss die Besonderheiten des Unternehmens berücksichtigen und genau wie gute Arbeit nach innen und außen hin gelebt werden.
- Für die Umsetzung der Unternehmens- und Arbeitgebermarke ist die Führungsebene zuständig. Sie trägt die Verantwortung für die Markenentwicklung, interne und externe Kommunikation, das Bekanntwerden der Marke, aber auch dafür, dass diese ernsthaft gelebt wird.
- Für eine gelungene Markenbildung ist ein Zusammenwirken von internem und externem Branding notwendig.
- Die Beteiligung der Mitarbeiter/-innen am Entwicklungsprozess ist die Voraussetzung für die Passgenauigkeit und Akzeptanz. Ihr Einsatz als Botschafter/-innen steigert die Authentizität der Marke und ermöglicht eine zielgruppengerechte Ansprache.

–   Wenige, dafür aber organisationsspezifische Alleinstellungsmerkmale und Botschaften sind besser, als Markenversprechen, die nicht umgesetzt werden.
–   Die Bereiche Vielfalt, Gesundheit im Betrieb oder Vereinbarkeit von Familie und Beruf lassen sich gut als Ansatzpunkte zum Entwickeln der Arbeitgebermarke nutzen.
–   Intern geht vor extern: Es ist sinnvoll, mit der Personal- und Organisationsentwicklung zur Arbeitgebermarke zu beginnen, bevor erste Maßnahmen für Marketing und Öffentlichkeitsarbeit gestaltet werden" (Deutscher Paritätischer Wohlfahrtsverband 2014, S. 78).

5.3 Diversity Management

Unter Diversity Management wird die „Anerkennung von Vielfalt als Ressource" verstanden." (Popescu-Willigmann/Thege 2014, S. 37). Dies beinhaltet sowohl eine „normative Haltung der grundsätzlichen Bejahung und Würdigung von Unterschiedlichkeiten und Diversität" als auch „ein Hinterfragen von gesellschaftlichen Ein- und Ausschlüssen von Teilhabe und Diskriminierung" (Popescu-Willigmann/Thege 2014, S. 38). Dabei werden klassisch sechs Dimensionen der Diversität unterschieden. Diese sogenannten „big six" oder auch „Kerndimensionen" sind Alter, Geschlecht, sexuelle Orientierung, Behinderung und Fähigkeiten, Religion und Weltanschauung sowie ethnische Zugehörigkeit, Hautfarbe und soziokultureller Hintergrund. Je nach Kontext gehören auch die Stellung in der institutionellen Hierarchie und Familienstand zu den Unterscheidungsmerkmalen.

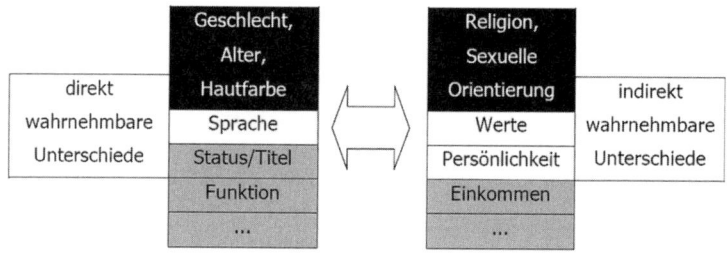

Abb. 7: Diversity-Dimensionen nach Wahrnehmbarkeit unterschieden (Vedder 2011, S. 8)

Die Gründe, sich mit Diversity-Management in der Sozialwirtschaft zu beschäftigen, sind vielfältig:

- Pluralisierung der Lebenswelten: aus soziologischer Sicht zerfallen einheitliche Muster des Lebens und Zusammenlebens in der Gesellschaft zunehmend. Nach dem Ende des Zweiten Weltkriegs und mit der 68-er Bewegung entwickelten sich unterschiedliche Werte und Normen für Leben und Zusammenleben. Dies prägt die sozialen Beziehungen, unterschiedliche Familien-Formen bilden sich seitdem aus. Damit ergeben sich auch mehr Optionen, indem mehr Lebenswelten gestaltet werden können (vgl. Kelve 201, S. 50).
- Migration: Es gibt zunehmende internationale Personal-Wanderungsbewegungen innerhalb der Sozialwirtschaft. Beispielsweise rekrutiert das Deutsche Rote Kreuz Pflegekräfte für Altenheime aus Litauen (CONZepte 3/2011) oder die Caritas vermittelt polnische Haushaltshilfen in deutsche Familien (Germeten-Ortmann 2011).
- Demographischer Wandel: Die Anzahl der Menschen im beschäftigungsfähigen Alter wird bis zum Jahr 2030 um über 20% zurückgehen, die Zahl der über 60-Jährigen in der gleichen Zeit um mehr als 40% steigen.
- Neue Gesetze
  - EU: Antidiskriminierung und Diversity sind zentraler Bestandteil der europäischen Beschäftigungsstrategie (Lissabon Strategie).
  - Deutschland: AGG (Allgemeines Gleichbehandlungsgesetz (08/2006): das Benachteiligungen aus Gründen der „Rasse", der ethnischen Herkunft, des Geschlechts, der Religion oder Weltanschauung, einer Behinderung, des Alters oder der sexuellen Identität verhindern und beseitigen soll. Zur Verwirklichung dieses Ziels erhalten die durch das Gesetz geschützten Personen Rechtsansprüche gegen Arbeitgeber und Private, wenn diese ihnen gegenüber gegen die gesetzlichen Diskriminierungsverbote verstoßen.
- Verbreitung: der EU-Studie „Geschäftsnutzen von Vielfalt" (2005): von 919 befragten europäischen Unternehmen gaben 83% an, dass Diversity Management ihnen bei der Verbesserung des Geschäftserfolgs geholfen hat.
- Ökonomisierung der Sozialen Arbeit: stellt eine Herausforderung für die Soziale Arbeit dar, sich Menschenrechtsprofession und Social Justice zu festigen.
- Zunahme intersektoraler Vernetzung: im sogenannten welfare Mix entstehen unterschiedliche Formen der Hilfegestaltung, die besonders an

den Bedarfen der Adressat_innen ausgerichtet sind und die klassischen Grenzen zwischen Markt, Staat, drittem Sektor und privaten Hilfenetzten überwinden (vgl. Czollek/Perko 2010, v. Keuk et al. 2011, Kleve 2010, Wendt 2010).

Konkret verdeutlicht sich der Bedarf an Diversity Management darin, dass ...

- Mitarbeitende und Adressaten der Sozialen Arbeit aus unterschiedlichen Herkunftsländern stammen. „Kunden unterschiedlicher Herkunft oder Tradition werden sich gezielt Einrichtungen suchen, bei denen sie das Gefühl haben, mit ihren individuellen Bedürfnissen verstanden zu werden. Das setzt für die Organisationen mitunter voraus, dass sich die Kundenstruktur in ihrer Personalstruktur widerspiegelt. Mal ganz abgesehen davon, dass auf diesem Wege völlig neue Kundengruppen, die wirtschaftlich interessant sind, gewonnen werden können" (Heider-Winter 2014, S. 58);

- der Führungsnachwuchs fehlt. „In vielen Mitgliedsorganisationen des Paritätischen NRW findet momentan ein Generationenwechsel in der Geschäftsführung statt oder steht in den nächsten 10 bis 15 Jahren an. Insbesondere bei Unternehmen, deren Beschäftigte durchschnittlich über 45 Jahre sind, verursacht das altersbedingte Ausscheiden einen erhöhten Personalbedarf und den Verlust von Erfahrungswissen. Die Zahl der Absolventinnen und Absolventen sozialer Ausbildungs- und Studiengänge reicht jedoch nicht aus, um die Nachfrage nach gut ausgebildeten Nachwuchskräften zu decken" (Watrinet 2012, S. 192);

- neue Zielgruppen in der Personalakquise erschlossen werden müssen. „Durch die Ansprache von Wiedereinsteigerinnen, Menschen mit Migrationshintergrund, Behinderung oder älteren Arbeitnehmerinnen und Arbeitnehmern erreicht ein Unternehmen neue Bewerbergruppen und betont seine Attraktivität als weltoffener und moderner Arbeitgeber ... Notwendig sind Konzepte und Maßnahmen, die vielfältige Bewerber/-innen systematisch ins Unternehmen integrieren" (Deutscher Paritätischer Wohlfahrtsverband 2014, S. 59).

„Diversity Management geht ... über eine reine Gleichstellungs- und Antidiskriminierungspolitik hinaus. „Diversity" bedeutet Vielfalt im Sinne sozialer und kultureller Unterschiedlichkeit von Menschen. Der Diversity-Ansatz geht von einer bunt gemischten Gesellschaft aus und setzt auf die aktive Nutzung verschiedener Potenziale in der Personalbindung. Der Diversity-Ansatz geht von einer bunt gemischten Gesellschaft aus und setzt auf die aktive Nutzung verschiedener Potenziale, die sich aus einer vielfältigen Belegschaft ergeben (Deutscher Paritätischer Wohlfahrtsverband 2014, S. 60). Für eine ganzheitliche Betrachtung des Diversity Managements in sozialwirtschaftlichen Organisationen bedarf es der Betrachtung der inneren (s.o.) und äußeren Dimensionen der (potenziellen) Mitarbeitenden sowie der organisationalen Dimension:

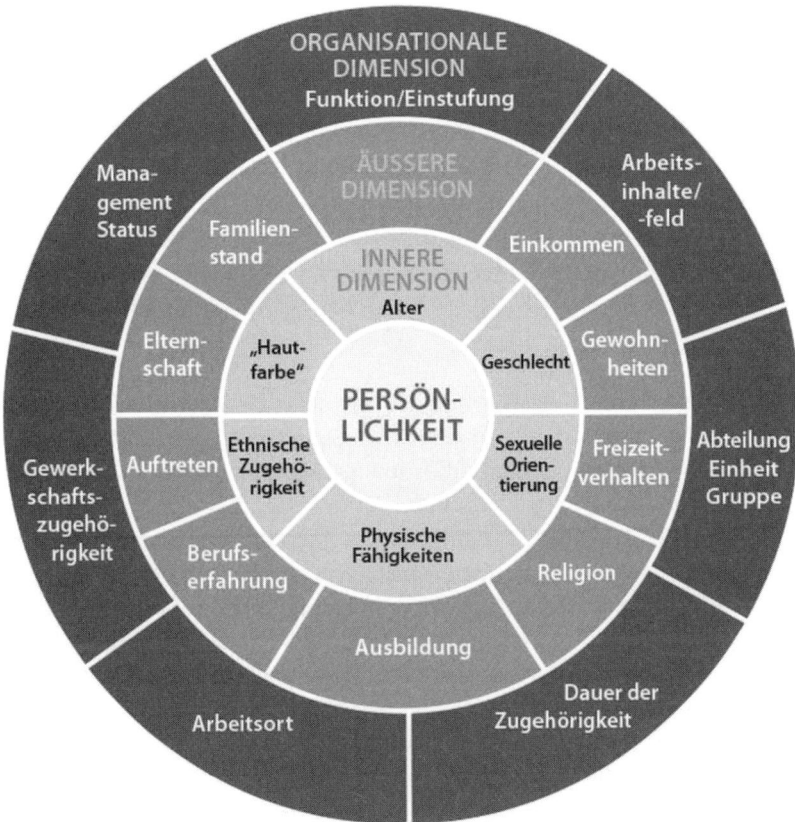

Abb. 8: Dimensionen eines ganzheitlichen Diversity Management (IQ-Fachstelle Diversity Management beim VIA Bayern)

Im Zentrum steht die Persönlichkeit des Mitarbeitenden (big six, s.o.), deren Faktoren kaum zu beeinflussen sind. Die äußeren Dimensionen sind „sozial hergestellte Merkmale ... Die organisationale Dimension bezieht sich auf Merkmale und Kriterien eines Menschen, die ihn in seiner Rolle in Organisationen oder Unternehmen beschreiben" (Deutscher Paritätischer Wohlfahrtsverband 2014, S. 60 f.). Die drei Dimensionen sind miteinander verbunden und unterliegen Wechselwirkungen. I.d.R. liegen Mehrfachzugehörigkeiten vor. Durch Diversity-Management rücken nicht nur bestimmte Merkmale (Herkunft, Bildung o.Ä.), sondern die Vielfalt der Mitarbeitenden in den Fokus. „Diversity Management propagiert die Wertschätzung und Nutzung der Vielfalt der Mitarbeiter als Wettbewerbsvorteil. Analog zu verfügbaren Technologien und Rohstoffen wird unter Diversity Management eine Ressource verstanden, die dem Unternehmen als Wettbewerbsinstrument zur Verfügung steht" (Watrinet 2012, S. 163).

Diversity-Management im Sinne einer ganzheitlichen Unternehmensstrategie bedeutet, „die vielfältigen Erfahrungen, Qualifikationen und Fähigkeiten der Mitarbeiter/-innen in alle Prozesse einzubeziehen und wertzuschätzen ... Ziel ist immer, die Menschen dort im Unternehmen einzusetzen, wo sie ihre Besonderheiten am besten einbringen können" (Deutscher Paritätischer Wohlfahrtsverband 2014, S. 65 f.). Die Bausteine dabei sind:

– Personalmanagement:
  – Bei der Personalbeschaffung ist beispielsweise auf merkmalsneutrale Stellenprofile, Ergänzungen in Stellenanzeigen (z.B. „Migrationshintergrund erwünscht") sowie die Nutzung fremdsprachiger Medien und Inserate zu achten.
  – Bei der Personalerhaltung sollten Mentorenprogramme, Frauennetzwerke oder Equal Pay Audits genutzt werden. Ferner sollte auf die Work-Life Balance durch Jobsharing (auch in Führungspositionen!), Sabaticals oder spezielle Arbeitsplatzausstattung (Eltern-Kind Raum, behindertengerechte Arbeitsplätze etc.) geachtet werden.
  – Bei der Zusammensetzung von Teams ist darauf zu achten, dass eine niedrige Diversity zu wenig Durchschlagkraft hat, aber eine hohe Diversity vermehrt Konflikte hervorrufen kann. Eine mittlere Diversity weist die Tendenz zur Subgruppenbildung auf (vgl. Rastetter 2006).
  – Problematisch erscheint immer noch die Führungskräfte-Diversity: Die Problematik besteht darin, dass wegen Karriereabsichten die work-life-balance tabuisiert wird. Dies führt zu einem Teufelskreis, denn die bestehende Kultur der Trennung von Beruflichem und Privatem wird dadurch stabilisiert. Diversity Management bietet hier die Chance, dass die Besonderheiten des Individuums als Ganzes in

die Betrachtung rücken und daher auch über unterschiedliche Lebensführungskonzepte kommuniziert werden.

– Organisationsentwicklung/Organisationskultur:

    – Regeln vereinbaren und festlegen: Um eine solidarische Organisationskultur zu entwickeln, bedarf es auch formal abgestimmter Regeln des Umgangs miteinander. Führungskräfte haben dabei die Aufgabe, „den Rahmen für Vielfalt in der Organisation zu gestalten, indem sie Ziele festlegt und anschließend umsetzt. Klare Absprachen oder Verhaltensregeln zum respektvollen Umgang miteinander helfen, Werte wie Offenheit, Fairness, Teamgeist, Zuverlässigkeit, Toleranz und Transparenz zu berücksichtigen. Unternehmens- und Führungsgrundsätze sowie Betriebsvereinbarungen sind weitere, nützliche Instrumente, um Verhaltensregeln für Diversity Management festzulegen" (Deutscher Paritätischer Wohlfahrtsverband 2014, S. 62).

    – Sensibilisierung: Auch hier haben Führungskräfte eine besondere Vorbildfunktion, wenn es sich z.B. um den internen Sprachgebrauch handelt. Aber auch bei Bekleidungsvorschriften, dem Speisenangebot etc.

    – Umgang mit Widerständen gegen Diversity: Dabei geht es darum, auch verdeckte Widerstände wie „Lippenbekenntnisse ohne Folgen im Denken und Handeln" zu erkennen und den Widerständen Raum zu geben. Schließlich ist manches Diversity Konzept so komplex, dass es schlicht nicht verstanden wird (vgl. Mandler Gayer 2015, S. 27 f.).

– Qualifizierung: sollte intersektoral angesetzt sein und das Ineinandergreifen von struktureller Diskriminierung, sowohl auf individueller als auch auf institutioneller Ebene und Diskriminierung auf kultureller Ebenen miteinander verknüpfen (für die folgenden Ausführungen vgl. Czollek et al. 2012, Czollek/Perko 2010, Zick/Küpper 2011). Unterschiedliche Strukturen befördern Diversity:

    – Auf der individuellen Ebene geht es um die Dekonstruktion von Stereotypen. Dies kann durch die Reflexion der eigenen Zugehörigkeit zu einer sozialen Gruppe geschehen. Stereotypen bedeuten, dass einer Gruppe Merkmale zugeschrieben werden (Eigenschaften, Verhaltensweisen, Ansichten etc.). Mit der Selbstreflexion werden Handlungsoptionen und Möglichkeiten ausgelotet sowie andere Handlungsoptionen aufgezeigt.

– Auf der institutionellen Ebene geht es um die Reflexion der informellen als auch formalen Handlungsfelder innerhalb der eigenen sozialwirtschaftlichen Organisation als auch Adressat_innen und externen Stakeholdern gegenüber. Über die Klärung sowohl kurz- und langfristiger Ziele wie auch in- und externer Ziele und der Überprüfung der Rahmenbedingungen, können Arbeitsfelder bestimmt werden, die einer Veränderung bedürfen. Durch die Reflexion der bisherigen Implementierungen können so neue und ganzheitliche gefunden werden. Ein Beispiel, wie dieser Prozess in Gang gesetzt werden kann, ist ein Fragebogen zur Diversity-Reife[11]. Konflikt- und Kommunikationstrainings unterstützen den Prozess der Auseinandersetzung und Findung neuer Umgangsformen und Handlungsfelder. So können z.B. durch eine Mediation konsensorientiert Lösungen auf Grundlage der Akzeptanz verschiedener Sichtweisen gesucht werden (Konflikttraining). Durch Paraphrasierung oder aktives Zuhören wird Rückmeldung auf der informellen Ebene gegeben. Durch ein Reframing werden neue Perspektiven auf Verhaltensweisen ermöglicht (Kommunikationstrainings).

– Auf kultureller Ebene geht es um die Reflexion ethischer und politischer Haltungen. Hier kann beispielsweise die Methode Mahloquet Anwendung finden. Sie liegt als ethisch-dialogische Haltung dem Diversity-Training zugrunde und ist dem Social Justice verschrieben. Hintergrund ist die jüdische Tradition, bei der Gespräche nicht in der Form des geregelten Frage-Antwortens stattfinden, sondern im lebendigen Miteinander. Bei der Dialogmethode im Umgang mit Konfliktparteien wird der jeweilige historische Kontext in den Prozess der Lösungsfindung und -verarbeitung einbezogen. Dabei geht es nicht um die eine Wahrheit, sondern um die Öffnung verschiedener Perspektiven (vgl. Czollek et al. 2012).

– Öffentlichkeitsarbeit: Hier lassen sich zwei Ansätze unterscheiden:

– Zielgruppenübergreifender Ansatz: Antidiskriminierungs- und Gleichstellungsarbeit, die sowohl nach innen in die sozialwirtschaftliche Organisation gerichtet ist, als auch eine allgemeine gesellschaftspolitische Wirkung nach außen entfaltet.

---

11 Beispiele: Ausführlicher Fragebogen: http://www.online-diversity.de/instrument/d ocs/form.pdf Ein Kurzfragebogen findet sich in Czollek/Perko 2007, S. 19.

Andrea Tabatt-Hirschfeld

– Zielgruppenspezifischer Ansatz: Antidiskriminierungs- und Gleichstellungsarbeit unter Berücksichtigung von Lebenswelt und Le-
  benslage der Adressat_innen.

Allgemein zielt die Öffentlichkeitsarbeit auf politische Meinungsbildung
ab. Die kann beispielsweise über Bildungsarbeit geschehen über den Weg
des Bewusstwerdens und Wissens über Diskriminierungen und ihrem Zu-
standekommen. Oder auch durch Aktivierung seitens der sozialwirtschaftenden Organisation, bei dem auf verschiedene Art und Weise Nachdenken und Aktivitäten zu den Themenfeldern Antidiskriminierung und
Gleichstellung organisiert werden. Dies kann auch verschiedene Formen
des Austauschs über die Gestaltung von Vielfalt bedeuten (vgl. Schröer
2012, Weinbach 2006).

5.4 Multirationales Management

Die Vorstellung, dass (soziales) Management und die Steuerung von Organisationen allein innerhalb eines Sektors stattfindet, ist überholt. Die
Steuerungslogiken zwischen Staat, Markt, Assoziationen/NPO`s und den
primären Netzen individueller Versorgung verschwimmen zusehends zugunsten eines sich ausweitenden intermediären Sektors (vgl. Arnold/
Maelicke 2014, Wöhrle et al. 2013, Roß 2012). Für die Organisationen innerhalb des Wohlfahrtsmixes bedeutet dies, dass sie zunehmend hybridisieren (vgl. Böhmer 2014, Jäger/Schröer 2013). Zur Verdeutlichung: „…
hybride Organisationen kombinieren verschiedene Ziele miteinander, die
entweder im öffentlich-staatlichen Interesse liegen, der Gewinnerzielung
dienen oder ein soziales Anliegen verfolgen. Um ihre Ziele zu erreichen,
bedienen sie sich unterschiedlicher Strategien: sie verbinden ehrenamtliche mit bezahlter Arbeit; sie nutzen unterschiedliche Finanzierungsfor-
men, wie zum Beispiel Fördermittel staatlicher Institutionen und Stiftun-
gen, aber auch privater Investoren und Spender; sie verfolgen darüber hinaus oftmals Gewinnabsichten durch den Verkauf von Produkten und/oder
Dienstleistungen, die dann jedoch an die Organisation zurückfließen.“
(Berg 2012, S. 55). In der Konsequenz bedeutet dies für sozialwirtschaftliche Organisationen, dass sie versuchen müssen:

– „materielle und immaterielle Ressourcen aus unterschiedlichen gesellschaftlichen Sektoren bzw. entlang unterschiedlicher Handlungslogiken einzuwerben.

– Zielvorgaben, die unterschiedlichen Sektoren entstammen und für diese jeweils charakteristisch sind, in ein „Zielbündel" zu integrieren.
– Einfluss- und Entscheidungsstrukturen, die unterschiedlichen Sektorlogiken entsprechen, zu kombinieren.
– Identitäten, die unterschiedlichen Sektoren entsprechen, in ein neues „Amalgam", d.h. eine neue hybride Identität zu integrieren" (Grunwald 2016, Folie 11).

Damit gewinnt die Gestaltung der Hilfekonstellationen insbesondere über die Organisationsgrenze hinaus, an Bedeutung. Führungskräfte müssen sich dabei mehr denn je mit den unterschiedlichen Logiken der verschiedenen Sektoren sowie deren Funktionsweisen auseinandersetzen und Anschlussfähigkeiten herstellen. Governance und Wohlfahrtsmix bedürfen der Gestaltung von Interdependenzen der verschiedenen Akteure. Für Führungskräfte bedeutet dies, dass sie zunehmend Dilemmatamanagement (Grunwald/Roß 2014), Interdependenzmanagement (Schubert 2015) bzw. multirationales Management (Schedler/Rüegg-Stürm 2013) betreiben müssen. Im Folgenden wird dieses Management als multirationales Management bezeichnet.

Die Herausforderungen, die dem Management in hybriden sozialwirtschaftlichen Organisationen begegnen, sind vielfältig. Es muss:

– „unterschiedliche, teils widersprüchliche Handlungslogiken integrieren,
– unterschiedliche Zielvorgaben zu einem eigenen Zielbündel zusammenfügen,
– unterschiedliche, teils widersprüchliche Einfluss- und Entscheidungsstrukturen berücksichtigen und kombinieren,
– aus unterschiedlichen Identitätsangeboten eine eigene Identität formen,
– sich also in vielfältigen Spannungsfeldern bewegen und
– vielfältige Dilemmata bestehen" (Grunwald 2016, Folie 12).

Multirationales Management hybrider sozialwirtschaftlicher Organisationen bedarf der Kopplung verschiedener Ebenen:

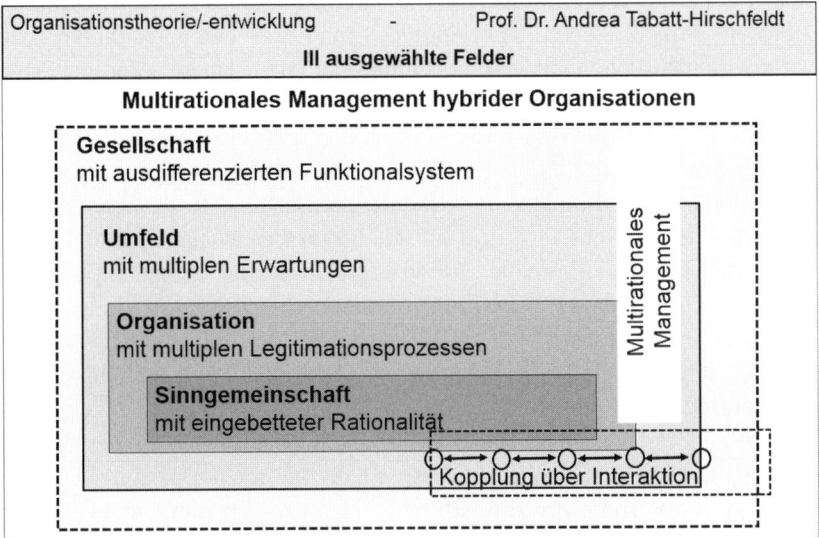

Abb. 9: Führung als multirationales Management hybride sozialwirtschaftliche Organisationen (Schedler, Rüegg-Stürm 2013, S. 83)

Innerhalb der Organisation ist die multinationale Führung in eine Sinn- und Wertegemeinschaft eingebunden. Die Führung baut auf dem Erkennen der eigenen Position auf. Denn nur, wer seine eigene Position, seine eigene Rationalität des Handelns, Begründens und Konstruktion der Realität kennt, kann sich auf die Differenz zur Rationalität des anderen einlassen. Hierzu bedarf es der Selbstreflexion, Supervision, Reflexion der eigenen beruflichen Rolle auch über Mitarbeitergespräche etc. Eine Aktualisierung der Stellenbeschreibung hilft bei der Konkretisierung der eigenen Aufgaben.

Auf der Ebene der sozialwirtschaftlichen Organisation erkennt multirationales Management an, dass es für das Überleben der Organisation unter Umständen wichtig ist, mehrere Rationalitäten gleichzeitig und auf Dauer zu integrieren. Dies geschieht sowohl in Arbeitsformen wie Teambesprechungen und Teambuilding, als auch durch (Weiter-) qualifizieren in anderen Bereichen sowie der (Weiter-) Entwicklung von Leitbildern. Die multirationale Führung agiert dabei im Spannungsfeld zwischen Formal- und Sachzielorientierung. Sie steht zunehmend vor der Herausforderung,

Haupt- und ehrenamtliche Mitarbeitende zu koordinieren (s.a. Diversity Management).

In Bezug auf das Umfeld reflektiert multirationales Management verschiedene Möglichkeiten. Die Handlungs- und Entscheidungsfähigkeit der sozialwirtschaftlichen Organisation unterliegt dabei einem ständigen Veränderungsprozess, bei dem zwischen Kooperationen und Konkurrenz ausgelotet wird. Daraufhin muss die multirationale Führung das Umfeld ständig „abscannen" und neu beurteilen. Um im Sozialraum Akzeptanz zu erlangen, bedarf es schließlich der Öffentlichkeitsarbeit.

Im gesellschaftlichen Kontext ist multirationales Management ein fortwährender Prozess. Einmalige strukturelle Eingriffe reichen nicht! Wesentlich ist hingegen die Schaffung von Strukturen zur Abwicklung multirationaler Entscheidungsfindung. Hier werden Voraussetzungen geschaffen, um innerhalb des gesellschaftlichen Wandels zu agieren und so den Herausforderungen von Singularisierung der Gesellschaft oder demographischem Wandel zu begegnen. So kann auf politische oder gesetzliche Änderungen reagiert werden. In diesem Kontext gewinnt sozialer Lobbyismus im Sinne sozialanwaltschaftlichen Handelns zunehmend an Bedeutung (vgl. Schedler, Rüegg-Stürm 2013)!

Im Umgang mit veränderten Umweltbedingungen gewinnen unterschiedliche Strategien für das multirationale Management zunehmend an Bedeutung:

Strategien	Taktiken	Beispiele
Nachgeben	Gewöhnen Imitieren Erfüllen	Unsichtbaren Normen folgen Modelle nachahmen Regeln und Werte akzeptieren
Ausgleichen	Abwägen Beruhigen Verhandeln	Unterschiedliche Erwartungen abwägen Stakeholder beschwichtigen Mit Stakeholdern ihre Erwartungen verhandeln
Vermeiden	Verschweigen Puffern Flüchten	Nicht-Konformität tarnen Institutionelle Kopplungen lockern Ziele, Aktivitäten, Märkte wechseln
Standhalten	Kündigen Bestreiten Angreifen	Explizite Werte ignorieren Regeln und Erwartungen anzweifeln die Quelle des Veränderungsdrucks angreifen

Strategien	Taktiken	Beispiele
Manipulieren	Vereinnah- men Beeinflussen Kontrollieren	Einflussreiche Stakeholder integrieren Werte und Kriterien mitgestalten Anforderungen und Prozesse dominieren

Abb. 10: Strategien im Umgang mit veränderten Umweltbedingungen (nach Oliver) (in Anlehnung an Schedler, Rüegg-Stürm 2013, S. 192)

Zentrale Führungskompetenzen im multirationalen Management sind:
- „Die Kernkompetenz von Führung ist das Unplanbare zu managen" (Backhausen 2009)
- Dilemma-Akzeptanz: Dilemmatische Konstellationen aushalten und gestalten als „eminent kognitiv-emotionales Problem" (Gebert 2002).
- Hohe Ambiguitätstoleranz als die Fähigkeit, „Vieldeutigkeit, Ambivalenz, Widersprüchlichkeit, Grautöne, Paradoxien zu ertragen" (Simon 2007).
- Haltung der Führungskraft: Wachheit für Unerwartetes und detailliertes Fachwissen, um Neues wahrnehmen zu können.
- Selbstbewusstsein, die eigene Wirklichkeitskonstruktion einerseits zu kommunizieren, andererseits aber auch infrage stellen zu lassen.
- Fähigkeit, allgemeine und diffuse Dilemmata und Widersprüche der Organisation in formulier- und greifbare Spannungsfelder und Dilemmata zu überführen: Management als „Paradoxieentfaltungsinstanz" (Kühl 2015).
- Bereitschaft, immer wieder neu zu überprüfen, welche Widersprüche neu zu bearbeiten sind und wo auf bestehende Muster zurückgegriffen werden kann. Maß der Absorption von Ungewissheit immer wieder neu überlegen.
- Lernbereitschaft, die in der Organisation vorhandene Pluralität im Sinne eines Diversity Managements als Chance zu sehen" (Grunwald 2016, Folien 20/21).

Kontrollfragen

1. Worin besteht der wesentliche Unterschied zwischen merkmalsorientierten Einstufungsverfahren und zielorientierten Beurteilungsverfahren?
2. Worin besteht der Unterschied zwischen Beurteilungsverfahren (merkmalsorientierten Einstufungsverfahren und zielorientierten Beurteilungsverfahren) und Potenzialanalysen?
3. In welcher Verbindung stehen Personalbeurteilungsverfahren und situatives Feedback zueinander?
4. Warum sollten sich sozialwirtschaftliche Arbeitgeber als Arbeitgebermarke (Employer Brand) positionieren?
5. Worin besteht der Bedarf an Diversity Management in der Sozialwirtschaft?
6. Warum bedarf es multinationalen Managements in der Sozialwirtschaft?

Literatur:

Adamaschek, Berd, Oechsler, Walter (Hrsg.) 2001. Leistungsabhängige Bezahlung im öffentlichen Dienst, Gütersloh: Verlag Bertelsmann Stiftung.

Arnold, Ulli, Grunwald, Klaus, Maelicke, Bernd (Hrsg.) 2014. Lehrbuch der Sozialwirtschaft, 4., erweiterte Auflage. Baden Baden: Nomos Verlag.

Backhausen, Wilhem J.: (2009). Management 2. Ordnung. Chancen und Risiken des notwendigen Wandels. Wiesbaden: Gabler Verlag.

Beck, Christoph (Hrsg.) (2012). Personalmarketing 2.0 – Vom Employer Branding zum Recruiting. 2., neu bearbeitete und erweiterte Auflage. Köln: Luchterhand-Verlag.

Beenen, Anja, Stöwe, Christian (2013). Mitarbeiterbeurteilung und Zielvereinbarung. 4. Auflage. Freiburg/München: Haufe Verlag.

Berg, Ann (2012). Hybride Organisationsformen in der Praxis. Stn. 55-60 in Deutscher Verein für öffentliche und private Fürsorge e. V. – Koordinierungsstelle Nationales Forum für Engagement und Partizipation (Hrsg.) Hybride Organisationen: Neue Chancen für die Engagementlandschaft? Berlin.

Böhmer, Anselm (2014). Choreographie der Sozialplanung – Hybride Steuerungsmodi im Wohlfahrtsmix. In: Tabatt-Hirschfeldt, Andrea (Hrsg.), Öffentliche und Soziale Steuerung – Public Management und Sozialmanagement im Diskurs. Baden-Baden: Nomos Verlag, S. 65-83.

Breisig, Thomas (2012). Grundsätze und Verfahren der Personalbeurteilung. Frankfurt a.M.: Bund Verlag.

Bundesministerium des Innern (2014). Leitfaden Krisenkommunikation. Berlin.

Czollek, Lea Carola, Perko, Gudrun (2010). Gender und Diversity in ihrer Intersektionalität – Schlüsselkompetenzen in der Sozialen Arbeit (Stn. 37-48). In: Sozial Extra 9/10.

Czollek, Lea Carola, Perko, Gudrun, Weinbach, Heike (2012). Praxishandbuch social justice und diversity: Theorien, Training, Methoden, Übungen, Weinheim: Beltz Juventa.

CONZepte 3/2011, Diversity Management: Rekrutierung osteuropäischer Pflegekräfte, Interview mit Jürgen Hecht, http://www.contec.de/conzepte/conzepte-03-2011/973-diversity-manag.

DEBA, Deutsche Employer Branding Akademie. http://www.employerbranding.org/.

Deutscher Paritätischer Wohlfahrtsverband, Landesverband Nordrhein-Westfalen e. V. (2014) (Hrsg.). Praxishandbuch Gute Arbeit – Attraktive Arbeitsplätze in der Sozialwirtschaft. Fachgruppe Arbeit, Armut, soziale Hilfen, Europa Wuppertal: Heider Druck GmbH.

Dietz, Thomas, Holetz, Klaus, Schreyögg, Astrid (2012). Grundlagen – Definition des Praxisfeldes Coaching. Begriffsbestimmung. Stn. 20-21. In: Leitlinien und Empfehlungen für die Entwicklung von C oaching als Profession. 4. Auflage. Osnabrück: Deutscher Bundesverband Coaching e. V.

Doppler, Klaus, Lautenburg, Christopph (2014). Change Management, den Unternehmenswandel gestalten. 13., aktualisierte und erweiterte Auflage. Frankfurt/New York: Campus Verlag.

Edelkraut Frank (2012). Mentoring, Handbuch PersonalEntwickeln. Wiesbaden: Springer

Edelkraut Frank, Graf, Nele N (2011). Der Mentor – Rolle, Erwartungen, Realität. Lengerich: Pabst Science Publishers.

Führungsakademie Hessen (2017). Gutes Feedback – Regeln für eine wirksame Rückmeldung. http://dms-portal.bildung.hessen.de/elc/weiterbildung/pv_pm/personalge winnung/regeln_fuer_gutes_feedback.pdf

Gabler Wirtschaftslexikon (2017) Personalbeurteilung. In: http://wirtschaftslexikon.ga bler.de/Archiv/85224/mitarbeiterbeurteilung-v 12.html

Gebert, Diether (2002). Führung und Innovation, Stuttgart: Kohlhammer Verlag.

Germeten-Ortmann, Brigitte von (2011). Heraus aus der Grauzone. Ein Projekt des Caritasverbandes für das Erzbistum Paderborn e. V., Vortrag ConSozial vom 03.11.2011.

Graf, Nele, Edelkraut, Frank (2014). Mentoring. Das Praxisbuch für Personalverantwortliche und Unternehmer. Wiesbaden: Springer Gabler.

Grunwald, Klaus (2016). „Governance in der Sozialen Arbeit" – Herausforderungen für das Management hybrider Organisationen. Vortrag auf der Tagung „Governance in der Sozialwirtschaft" der BAG Sozialmanagement / Sozialwirtschaft, des DV und des HDL am 26.11.2016 (unveröffentlicht).

Grunwald, Klaus, Roß, Paul-Stafen (2014). Governance Sozialer Arbeit. Versuch einer theoriebasierten Handlungsorientierung für die Sozialwirtschaft. Stn. 17-64. In: Tabatt-Hirschfeldt, Andrea (Hrsg.), Öffentliche und Soziale Steuerung – Public Management und Sozialmanagement im Diskurs. Baden-Baden: Nomos Verlag.

Heider-Winter, Cornelia (2014a). Interview Projektteam GUTE ARBEIT LEBEN mit Cornelia Heider-Winter vom Paritätischen Wohlfahrtsverband Hamburg e.V. (geführt am 23.07.2014).

Heider-Winter, Cornelia (2014). Employer Branding in der Sozialwirtschaft, Wiesbaden: Springer-Gabler.

Jäger, Urs P., Schröer, Andreas (2013). Erfolgsmessung im Kontext hybrider Organisationen. In: Gmür, Markus, Schauer, Reinbert, Theuvsen, Ludwig (Hrsg.), Performance Management in Nonprofit Organisationen, Bern/Stuttgart/Wien: Haupt Verlag, , S. 12-25.

Keuk, Eva van, Joksimovic, Ljiljana., Ghaderi, Cinur (2011). Diversity im klinischen und sozialen Alltag: Kompetenter Umgang mit kultureller Vielfalt (Stn. 83-103). In: v. Keuk, Ghaderi, Joksimovoc, David, Diversity – Transkulturelle Kompetenz in klinischen und sozialen Arbeitsfeldern, Stuttgart: Verlag Kohlhammer.

Kleve, Heiko (2010). Vielfalt und Differenz zwischen Integration/ Desintegration und Inklusion/Exklusion. Stn. 47-61. In: Krönchen, Sabine (Hrsg.), Vielfalt & Inklusion – Herausforderungen an die Praxis und die Ausbildung in der Sozialen Arbeit und der Kulturpädagogik, Schriften des Fachbereichs Sozialwesen der Hochschule Niederrhein, Bd. 51.

Kühl, Stefan (2015). Sisyphos im Management. Die vergebliche Suche nach der optimalen Organisationsstruktur. 2., aktualisierte Auflage. Frankfurt/New York: Campus Verlag.

Laufer, Hartmut (2008). Personalbeurteilung im Unternehmen. Gabal Verlag: Offenbach.

Loebbert, Michael (2017), Coaching Theorie – Eine Einführung. 2. Auflage. Wiesbaden: Springer Fachmedien.

Mandler Gayer Corinna (2015). DiversityProzesse in und durch Verwaltungen anstoßen: von merkmalsspezifischen zu zielgruppenübergreifenden Maßnahmen zur Herstellung von Chancengleichheit. Eine Handreichung für Verwaltungsbeschäftigte. Antidiskriminierungsstelle des Bundes. Berlin.

McKinsey Deutschland (2011). Wettbewerbsfaktor Fachkräfte – Strategien für Deutschlands Unternehmen. Berlin: My Kinsey.

Popescu-Willigmann, Silvester, Thege, Britta (2014). Zur Notwendigkeit der Verankerung einer diversitygerechten Personalführung in der Führungspraxis ambulanter Pflegebetriebe – eine diversity-reflexive Betrachtung, Stn. 24-56. In: Kölner Journal – wissenschaftliches Forum für Sozialmanagement und Sozialwirtschaft 1.

Rastetter, Daniela (2006). Management Diversity in Teams, Erkenntnisse aus der Gruppenforschung. Stn. 81-108. In: Krell, Gertrude, Wächter, Hartmut (Hrsg.), Diversity- Management – Impulse aus der Personalforschung, Trierer Beiträge zum Diversity-Management. Bd. 7. München und Mering: Rainer Hampp Verlag.

Rauen, Christopher (2005). Varianten des Coachings im Personalentwicklungsbereich. Stn. 111-136. In: Rauen, Christopher (Hrsg.). Handbuch Coaching. 3. Auflage. Göttingen: Hogrefe Verlag.

Andrea Tabatt-Hirschfeldt

Rohrschneider, Uta, Friedrichs, Sarah, Lorenz, Michael (2010). Erfolgsfaktor Potenzialanalyse – Aktuelles Praxiswissen zu Methoden und Umsetzung in der modernen Personalentwicklung. Wiesbaden: Gabler Verlag, Springer Fachmedien.

Roß, Paul-Stefan (2012). Demokratie weiter denken. Reflexionen zur Förderung bürgerschaftlichen Engagements in der Bürgerkommune, Baden-Baden: Nomos Verlag.

Sauter, Rebekka (2006). Crossmedia-Kampagnen: Aspekte der inhaltlichen und formalen Integration. Hamburg: Diplomica.

Schedler, Kuno, Rüegg-Stürm, Johannes (Hrsg.) (2013). Multirationales Management – Der erfolgreiche Umgang mit widersprüchlichen Anforderungen an die Organisation. Bern: Haupt Verlag.

Scherm, Ewald, Süß, Stefan (2010). Personalmanagement. 2., überarbeitete und ergänzte Auflage. München: Verlag Franz Vahlen

Scherenberg, Viviane (2012). Zwischen Sein und Schein: Employer Branding im Gesundheitswesen. Stn. 120-121. In: Jahrbuch und Monitoring Gesundheitswirtschaft 2012 – Prozessoptimierung, Technologien, Politik & Recht. Berlin: Wegweiser Media & Conference GmbH.

Schreyögg, Astrid (2003). Coaching. 6. Auflage. Frankfurt a.M.: Campus Verlag.

Schröer, Hubertus (2012). Diversity Management und Soziale Arbeit. Stn. 4-16. In: Diversity Management und Soziale Arbeit, Archiv für Wissenschaft und Praxis der Sozialen Arbeit 1, Berlin: Deutscher Verein für öffentliche und private Fürsorge.

Schubert, Herbert (2015). Lokale Governance – Einführung in das Konzept. Stn. 113-129. In: Knabe, Judith, van Rießen, Anne, Bladow, Rolf (Hrsg.), Städtische Quartiere gestalten. Bielefeld: transcript Verlag.

Simon, Fritz B. (2007). Paradoxiemanagent – Genie und Wahnsinn der Organisation. Stn. 68-87. In: Revue für postheroisches Management, Heft 1.

StepStone Deutschland (2013). Jobsuche 2013 – Wie Recruiter und Bewerber vorgehen und was sie erwarten. StepStone Deutschland GmbH, Düsseldorf. http://www.s tepstone.de/b2b/stellenanbieter/jobboerse-stepstone/upload/StepStone-Studie-Jobsu che-013.pdf?cid=B2C_CLC_SYS19.

Themen der Gesundheit (2017). Bildung _ Feedback geben und nehmen, Feedback Regeln, 360 Grad Feedback. http://themen-der-gesundheit.de/feedback-geben-und-neh men-feedback-regeln-360-grad-feedback/.

Trost, Armin (Hrsg.) (2009). Employer Branding – Arbeitgeber positionieren und präsentieren. Köln: Luchterhand-Verlag.

Vedder, Günther (2011). Die Grundlagen von Diversity Management. Stn. 1-18. In: Vedder, Günther, Göbel, Elisabeth, Krause, Florian (Hrsg.), Fallstudien zum Diversity Management, München und Mering: Rainer Hampp Verlag.

VIA Bayern – Verband für interkulturelle Arbeit e. V.: Diversity Management. Abrufbar im Internet: www.vielfalt-gestalten.de > Diversity > Diversity-Dimensionen.

Watrinet, Christine (2012). Diversity Management – Veränderungsprozesse zukunftsfähig gestalten. Stn 159–168. In: Bundesarbeitsgemeinschaft der Freien Wohlfahrtspflege (Hrsg.), Den Wandel steuern. Personal und Finanzen als Erfolgsfaktoren. Bundesarbeitsgemeinschaft Freie Wohlfahrtspflege (BAGFW) e.V. (Hg.). Baden-Baden: Nomos-Verlag.

Weinbach, Heike (2006). Social Justice statt Kultur der Kälte Alternativen zur Diskriminierungspolitik in der Bundesrepublik Deutschland. Berlin: Karl Dietz Verlag.

Weingärtner, Esther (2014). Coaching in der Sozialwirtschaft Führungskräfteentwicklung im Bereich sozialer Dienstleistungen. Wiesbaden: Springer VS.

Wendt, Wolf Rainer (2010). Arrangements der Wohlfahrtsproduktion in der sozialwirtschaftlichen Bewerkstelligung von Versorgung, Stn. 11-49. In: Wendt, Wolf Rainer (Hrsg.), Wohlfahrtsarrangements, Neue Wege in der Sozialwirtschaft, Forschung und Entwicklung in der Sozialwirtschaft, Baden-Baden: Nomos-Verlag.

Wöhrle, Armin, Beck, Reinhilde, Grunwald, Klaus, Schellberg, Klaus, Schwarz, Gotthardt, Wendt, Wolf Rainer (2013). Grundlagen des Managements in der Sozialwirtschaft. Baden-Baden: Nomos Verlag.

Zick, Andreas, Küpper, Beata (2011). Vorurteile und Toleranz von Vielfalt – von den Fallen alltäglicher Wahrnehmung, Stn. 54-65. In: van Keuk, Eva, Ghaderi, Cinur, Joksimovoc, Ljiljana, David, Dagmar, Diversity – Transkulturelle Kompetenz in klinischen und sozialen Arbeitsfeldern, Stuttgart: Verlag Kohlhammer.

Zieblo Kathrin (2014). Neue Trends in der Personalbeschaffung – Recruiting Prozesse optimieren. IT Zoom. Wissensportal der Magazine IT-DIRECTOR, IT-MITTELSTAND, MOBILE BUSINESS und DV-Dialog. Bergisch-Gladbach 23.10.2014. http://www.it-zoom.de/it-mittelstand/e/recruiting-prozesse-optimieren-9645/

6. Besonderheiten des Personalmanagements bei kleinen Trägern und Möglichkeiten trägerübergreifender Personalentwicklung

Peggy Gruna/Raik Zillmann

Wurde bisher vor allem das Personalmanagement mittlerer und größerer Organisationen behandelt, sollen in diesem Abschnitt die Möglichkeiten der Personalentwicklung kleinster und kleiner Organisationen im Mittelpunkt stehen. Im ersten Teil wird beschrieben, warum die wirtschaftliche Situation der Organisationen im intermediären Sektor immer schwieriger wird und warum diese Situation bei kleinen und kleinsten Organisationen besonders aufmerksam betrachtet werden muss. Die zentrale Fragestellung ist, ob durch trägerübergreifende Kooperationen diesen Organisationen ein Instrument an die Hand gegeben werden kann, um die komplexen Aufgaben der nächsten Jahre zu meistern. Ein Großteil der Erkenntnisse dieses Artikels beruhen auf den Forschungsergebnissen der Hochschule Mittweida innerhalb des Forschungsprojekts bepeso von 2015–2018 (siehe dazu auch: bepeso 2018).

Lernziele

1. Sie erhalten einen Überblick über den Anteil kleiner Organisationen im Dritten Sektor und können deren Relevanz in diesem Arbeitsfeld einschätzen.
2. Sie erfahren, welchen Schwierigkeiten und Herausforderungen sich kleine Organisationen im Bereich des Personalmanagements stellen müssen und welche Möglichkeiten trägerübergreifende Kooperationen bieten können.
3. Sie lernen verschiedene Arten und Formalisierungsgrade von Kooperationen kennen und können Vor- und Nachteile den verschiedener Kooperationsformen zuordnen.
4. Ihnen wird ein Instrument der gemeinsamen Personalentwicklung – Kooperationsverbünde – aufgezeigt und sie lernen Ziele und Chancen sowie Vor- und Nachteile einer Kooperation aus der Sicht der Forschung wie auch der Akteure in der Praxis kennen.

6.1 Situation der Träger sozialer Dienstleistungen in Deutschland

6.1.1 Wirtschaftliche Situation im Dritten Sektor

Bei der Erbringung sozialer Dienst- und Unterstützungsleistungen hat sich seit dem Beginn der 1990er Jahre in mehrfacher Hinsicht eine „neue Unübersichtlichkeit" eingestellt (Grunwald u. Roß 2017, S. 171). Soziale Dienstleistungen werden demnach dabei immer häufiger in einem (Wohlfahrts-)Mix aus Eigeninitiativen der Betroffenen, privaten Unterstützungsleistungen informeller Netzwerke (Familie, Freundeskreis usw.), staatlichen Unterstützungsleistungen, beruflich erbrachten Dienstleistungen öffentlicher, freier oder privat-gewerblicher Träger sowie freiwilligem Engagement (Ehrenamt) erbracht. Die politische Steuerung der Erbringung sozialer Dienstleistungen findet immer stärker parallel in Verhandlungsnetzwerken statt, in denen sich die Steuerungslogiken von Staat, Markt und Assoziationen vermischen. Die auffällige Folge dieser Entwicklung ist, dass sozialwirtschaftliche Organisationen vor diesem Hintergrund in ihrem Handeln zwischen Markt, Staat und dem Dritten Sektor „nach außen wie nach innen zunehmend einer Mischung staatlicher, ökonomischer und zivilgesellschaftlicher Logiken folgen" würden (Grunwald u. Roß 2017, S. 171 f.).

Die Frage nach der Art der Finanzierung dieser Non-Profit-Organisationen (NPO) durch die öffentliche Hand ist eine Frage nach der Handlungsfähigkeit der Organisationen. Waren in der Kameralistik bis zu Beginn der „Neuen Steuerung" noch Festbetrags- und Vollfinanzierungen möglich, beziehen sich die Förderungen heutzutage immer auf Anteilsfinanzierung und Fehlbetragsfinanzierung (vgl. Wöhrle 2013). Sind Organisationen vollständig von diesen Förderbedingungen abhängig, wird die Finanzierung des Overheads, von Weiterbildungen und die Bildung von dringend benötigten Rücklagen immer schwieriger. In der Folge kann kaum in eine strategische Personalentwicklung investiert werden. Je nach Situation der Organisation ist dann der Trend zu beobachten, wirtschaftliche Teilbereiche (z.B. die Ausbildung von hybriden Organisationen im „dritten Sektor") in die Organisation zu integrieren, um die ideellen, aber unzureichend finanzierten Bereiche zu finanzieren (u.a. Wendt 2017, S. 13). Kritisch sehen Simsa et al. (2016, S. 65) die oft bzw. mehrheitlich und zeitlich verzögerte Finanzierung der geleisteten Arbeit der NPOs. Dies gilt vor allem für jene Fälle, in denen NPOs im Auftrag der öffentlichen Hand handeln. Dies ist in der Regel zwar kein neues Phänomen, würde aber hinsichtlich der sich immer mehr verstärkenden Abhängigkeiten von NPOs von der Förderung der öffentlichen Hand besonders bedeutsam werden.

Zu diesen wirtschaftlichen Problemen kommen die im ersten Kapitel dieses Bandes (Wöhrle) aufgeführten Faktoren hinzu, durch die sich die Situation in der Sozialwirtschaft weiter verschärfen wird:

– Demografischer Wandel,
– Sociosclerose und schlechte Bezahlung,
– Prekäre Arbeitsverhältnisse,
– Fachliche Ausdünnung in den Arbeitsbezügen und Unzufriedenheit bei den Fachkräften,
– Fluktuation,
– Generation Y.

6.1.2 Die Trägergröße als Problematik für das Personalmanagement

Eine weitere Verschärfung der Situation stellt dar, dass die Träger der Sozialen Arbeit bzw. Jugendhilfe mehrheitlich kleine und kleinste Organisationsgrößen aufweisen. Nach der Richtlinie der Europäischen Union gelten Betriebsgrößen von bis zu zehn Mitarbeitenden als Kleinstunternehmen, bis zu 50 Mitarbeitende als Kleinunternehmen, bis 250 Mitarbeitende als mittlere Unternehmen und darüber hinaus als Großunternehmen. Eine Studie der Stiftung ergab 2011 für die Sozialwirtschaft, dass die Organisationsgröße im Dritten Sektor in Deutschland deutlich in Richtung kleine und kleinste Organisationen zeigt.

Anzahl der Beschäftigten je Organisation im Dritten Sektor in Deutschland Datenbasis Erhebung Wissenschaftszentrum Berlin (WZB) 2011, n=3011 Organisationen			
1 bis 5	6 bis 20	21 bis 100	über 100
40 Prozent	26 Prozent	21 Prozent	13 Prozent

Abb. 1: Organisationsgrößen im Dritten Sektor in Deutschland (Übernahme aus Priller et al. 2012, S. 15)

Obwohl diese Erhebung eine andere Größenaufteilung als die Richtlinie der EU benutzt, wird hier deutlich, dass mindestens 66 Prozent der Beschäftigten im Dritten Sektor in Kleinst- und Kleinorganisationen tätig sind. Selbst wenn man den Anteil der Kleinunternehmen innerhalb der 3. Kategorie (21 bis 100 Mitarbeitende) sehr vorsichtig schätzt, kann man mit hoher Sicherheit von über 70 Prozent ausgehen.

Für das Bundesland Sachsen konnten innerhalb des Projekts bepeso 2017 ähnliche Zahlen für den Bereich der Kinder- und Jugendhilfe ermittelt werden:

Anzahl der Beschäftigten je Organisation in der Kinder- und Jugendhilfe in Sachsen 2014 Datenbasis Erhebung HS Mittweida 2018 auf Basis Statistisches Landesamt Sachsen, n=670 Organisationen		
1 bis 2	2 bis 5	über 5
40 Prozent	30 Prozent	30 Prozent

Abb. 2: Organisationsgrößen in der Kinder- und Jugendhilfe in Sachsen (Quelle: Statistisches Landesamt Sachsen 2018)

Hier zeigt sich, dass mindestens 70 Prozent der in Sachsen in der Kinder- und Jugendhilfe aktiven Träger und Einrichtungen zu den Kleinstorganisationen gezählt werden müssen. Doch schon innerhalb der kleinen und mittleren Organisationen im Dritten Sektor gibt es nur wenige oder gar keine Ressourcen für ein geregeltes Personalmanagement. Auch zeigte sich, dass die hier befragten Organisationen in der Jugendhilfe zu ca. 73 Prozent weder ein festgeschriebenes noch ein flexibles Personalentwicklungskonzept besaßen (vgl. Faust 2013, S. 18). Dazu kommt, dass es bei den wenigen Organisationen mit einem Personalentwicklungskonzept große Defizite bei der Evaluation der Ergebnisse der Personalentwicklungsmaßnahmen gibt. Der Rückfluss der Ergebnisse einer Evaluation wird innerhalb dieser Organisationen so gut wie nie aufbereitet. Trotz nachvollziehbar fehlender Kennziffern wie Eigenkapitalquote, Rentabilität und Produktivität bei Organisationen im Dritten Sektor, sollte aber in Zukunft eine mindestoptimale Betriebsgröße zumindest im wissenschaftlichen Diskurs mit beachtet werden. Es ist offensichtlich, dass die (mindest-)optimale Betriebsgröße im intermediären Sektor nicht mit den Kenngrößen der allgemeinen Betriebswirtschaft wie z.B. Produktions-, Absatz- und Investitionskosten (vgl. Albers 1977, S. 564) ermittelt werden kann. Trotzdem sollten entsprechende Faktoren nicht unberücksichtigt bleiben: Die Budgetgröße einer NPO bestimmt den Anteil an öffentlichen Mitteln, beeinflusst den Ressourcenmix und hat Einfluss auf die Anzahl der Erwerbsarbeitsplätze. Kleine Organisationen tendieren zur Stagnation und können nur unzureichend auf Veränderungsprozesse reagieren (vgl. Betzelt u. Bauer 2000).

Zusammenfassend kann man feststellen, dass die hier skizzierte Situation eine Herausforderung für das Personalmanagement in jeder Organisation der Sozialwirtschaft darstellt. Zugespitzt wird diese Herausforderung aber für kleine Träger, die keine Kapazitäten für ein explizites Personalmanagement haben, sowie für Regionen, in denen überwiegend kleine Träger anzutreffen sind. Das hier besprochene Projekt widmete sich insbesondere diesen verschärften Herausforderungen.

6.1.3 Probleme bei fehlender Personalentwicklung

Die Herausforderungen, denen sich Personalmanagement unter den oben genannten Bedingungen stellen muss, sind vielfältig: Verlängerung des Arbeitslebens, demografischer Wandel zu immer älteren Mitarbeitenden und die allgemeine Veränderung der sozialen und wirtschaftlichen Rahmenbedingungen (u. a. Fuchs 2013 und Fuchs u. Zika 2010). Sie verweisen auf einen umfassenden Wandel in der aktuellen und zukünftigen Arbeitswelt. Wenn es noch als unsicher gilt, ob berufsbegleitende Qualifizierungen den Fachkräftemangel überhaupt verringern oder vermeiden können, gilt es als sicher, dass zum größten Teil das bestehende Personal diese Lücke ausgleichen muss.

Während die Herausforderung in der Sozialwirtschaft in diesem Zusammenhang besonders hoch sind (siehe dazu u. a. Berger 2008, S. 117 ff.), weil die Mitarbeitenden durch physisch und psychisch belastende Berufe und hohe Arbeitszeiten bzw. Schichtdienste stark gefordert werden, fehlen insbesondere in den kleinen und mittleren Organisationen der Sozialwirtschaft die Voraussetzungen, um Abhilfe zu schaffen. Es fehlen die Voraussetzungen für ein strategisches Personalmanagement, um systemisch auf diese Herausforderungen regieren zu können (siehe Kapitel 3) und es fehlen die Ressourcen für die Anwendung der ganzen Palette von Strategien, Verfahren, Methoden und Instrumenten des Personalmanagements und der Personalentwicklung (siehe Kapitel 5). Oft lassen sich selbst Anforderungen an Personalführung (siehe Kapitel 4) aufgrund fehlender Ausstattung und Qualifikation nicht erfüllen.

Selbst die Ressourcen für Weiterbildungen sind stark eingeschränkt, so dass eine Weiterbildung oft privat finanziert und in der Freizeit durchgeführt werden muss. Auch mit höheren Abschlüssen gehen oft keine Gehaltserhöhungen bzw. beruflicher Aufstieg einher. Das Problem des Fachkräftemangels wird weiterhin durch die Überalterung vieler Fachkräfte verstärkt. Zum einen müssen ältere Fachkräfte auch über ihren Leistungszenit in der Organisation gehalten werden, zum anderen müssen neu eingestellte Mitarbeiterinnen und Mitarbeiter aufgrund von Aufweichung von Fachstandards *on the job* im Zuge erhöhter Arbeitsverdichtung qualifiziert werden. Diese Situation war in der Jugendhilfe besonders im Bereich der Aufnahme von unbegleiteten Jugendlichen in den Jahren 2015/16 und darüber hinaus zu beobachten (siehe dazu u.a. Struck 2017).

Die Transaktionskosten für nur eine unbesetzte Stelle in der Sozialen Arbeit bzw. eine Neubesetzung können kleine Organisationen an die Grenze ihrer Leistungsfähigkeit bringen. Die beim Wechsel oder der Nichtbesetzung einer Stelle entstehenden Kostenarten und realen Kosten werden oftmals unterschätzt:

– Reale Kosten durch unbesetzte Stellen (Wegfall bzw. Rückforderung von Fördermitteln),
– Arbeitsverdichtung für bestehendes Personal mit dem Risiko der Demotivierung,
– Rekrutierungskosten (Ausschreibung, Vorstellungsgespräche) und
– Einarbeitungskosten (bei hoher Fluktuation evtl. mehrmals).

Auch wenn die direkten Kosten aufgrund anderer Grundvoraussetzungen im Dritten Sektor anders als in Bereichen der freien Wirtschaft zum Tragen kommen, können die indirekten Kosten einer Neubesetzung die Organisation erheblich belasten. Dazu kommt das Fehlen von mittel- und langfristiger Personalentwicklung.

Ständige Fördermittelkürzungen vonseiten der Träger, wenig oder keine Fremdmittel für den Überbau, oft veralteter IT-Bestand, wenig Erfahrung mit der Einwerbung von Eigenmitteln, hoher Überbestand von Überstunden sowie fehlende Rücklagen, diese auszahlen zu lassen und die Verlagerung von dienstlichen Verpflichtungen in die Freizeit bestimmen somit die Arbeitsweise vieler kleiner Träger im operativen Geschäft (vgl. Funk und Möller 2006, S. 145 f.). Sind jetzt auch die ehrenamtlichen Kräfte der Vereine bzw. die Mitglieder des Vorstands nicht mehr in der Lage, die strategischen Aufgaben wahrzunehmen, kann von einer umfassenden krisenhaften Situation der kleinen und mittleren Organisationen gesprochen werden. Es ist schwer abzuschätzen, wie viele dieser Organisationen die dringend notwendige Umstrukturierung leisten können. Drei mögliche Gefahren bei der Gestaltung des Wandels sind dabei zu beobachten:

Peggy Gruna/Raik Zillmann

- Non-Profit-Organisationen verweigern sich einer Professionalisierung des Managements und der wirtschaftlichen Anpassung ihrer Leistungen und werden in der Folge bei der Vergabe von kommunalen Aufgaben weniger berücksichtigt.
- Die Organisationen „opfern" die Qualität ihre sozialen Leistungen am Klientel den wirtschaftlichen Erfordernissen und riskieren so ihre Identität.
- Die Organisationen reagieren situationsbezogen und übernehmen zusätzlich zu den Non-Profit-Bereichen scheinbar profitable Bereiche wie Kindergärten oder, wie im Spätherbst 2015 oft geschehen, die Betreuung von unbegleiteten Flüchtlingen, geraten damit aber wieder in eine neue Drucksituation.

Bei allen drei Möglichkeiten besteht die Gefahr, dass eine Organisation die Umstrukturierung auf Kosten ihrer wichtigsten Ressource – den engagierten Mitarbeiterinnen – durchführen muss. Mögliche Folgen können dann Frustration, Resignation oder Burnout bei den Mitarbeiterinnen und Mitarbeitern sein. Dies wiederum führt zu einer gesteigerten Fluktuation, welche besonders in Zeiten von Fachkräftemangel zu einer weiteren existentiellen Bedrohung für die Einrichtungen führt. Einige Organisationen versuchen diese Gefahren durch Personalentwicklungskonzepte zu minimieren. Einen umfassenden Einblick in die Praxis von Personalentwicklung mit verschiedenen Fallbetrachtungen bei Non-Profit-Organisationen bietet Knoch (2016, S. 67 ff.).

Es konnte aufgezeigt werden, dass die wirtschaftliche Situation der Organisationen im intermediären Sektor strukturell immer komplexer und wirtschaftlich schwieriger wird. Das führt oft dazu, dass wichtige Elemente der strategischen Personalentwicklung vernachlässigt werden. Weiterhin verschärft sich die Situation für die NPOs dadurch, dass deren Organisationsgrößen vor allem aus kleinen und kleinsten Organisationseinheiten mit entsprechend geringen Ressourcen bestehen. Innerhalb dieser kleinen Organisationsgrößen sind dringend benötigte Maßnahmen zur Personalentwicklung in vielen Fällen nicht zu leisten.

Zusammenfassend lässt sich sagen, dass sich in der Sozialen Arbeit (besonders in der Jugendhilfe) eine prekäre Situation entwickelt hat:

- Die allgemeine Situation in der Sozialwirtschaft wird mittel- bis langfristig durch Fachkräftemangel und den demografischen Wandel bestimmt.
- Die Organisationsgröße der Organisationen ist mehrheitlich klein bis sehr klein.

- Die Anzahl der unbesetzten Stellen wächst.
- Unbesetzte Stellen gefährden die Arbeitsfähigkeit der Gesamtorganisation.
- Personalmanagement findet aus personellen und finanziellen Gründen so gut wie nicht statt.
- Es fehlen konkrete Ideen oder Entwürfe für ein Personalmanagement in kleinen Organisationen der Sozialen Arbeit.

6.2 Möglichkeiten organisationsübergreifenden Personalmanagements für kleine Träger

Standen bisher die negativ wirkenden Entwicklungen wie Fachkräftemangel, Größe der Organisation und fehlende Möglichkeiten des Personalmanagements im intermediären Bereich im Mittelpunkt, geht es im folgenden Abschnitt um Maßnahmen, diesen entgegenzuwirken. Im folgenden Abschnitt werden verschiedene Möglichkeiten der Kooperationen kleiner Träger dargestellt. Dabei ist zu beachten, dass viele kleine Träger einer engen Zusammenarbeit, vor allem aber Fusionen sehr skeptisch gegenüberstehen. Entsprechende Programme müssen mit genau darauf abgestimmten Methoden der Organisationsentwicklung koordiniert werden, sollen diese nicht schon in der Vorbereitungsphase scheitern.

6.2.1 Trägerübergreifende Netzwerke

Kooperationen, Fusionen sowie Übernahmen bestimmen die Schlagzeilen der gewinnorientierten Wirtschaftswelt ebenso wie Dissoziationen. Obwohl die gesellschaftlichen Veränderungen auch in den sozialen Sektor wirken und bekannt ist, dass die Bedingungen in der Sozialwirtschaft einer aktiven Veränderung bedürfen, ist hier eine eher abwartende Haltung der Leitungskräfte sowie der Mitarbeitenden gleichermaßen zu bemerken.

Peggy Gruna/Raik Zillmann

Die verschiedenen Ausprägungen von trägerübergreifenden Kooperationen zeigt die folgende Tabelle:

Kooperationsart	Vorteile	Nachteile	Anmerkungen
Fonds für gemeinsame Weiterbildung	schnelle und unbürokratischste Lösung	geringe Reichweite, Problemlösung betrifft nur einen Teilbereich der Personalentwicklung	geringer Formalisierungsgrad
Personaltools / Nachwuchskräftepool	flexible Lösung bei Personalmangel	rechtlich schwieriger Rahmen aufgrund des Arbeitnehmerüberlassungsgesetzes	politische Lösung nötig
Arbeitgeberzusammenschlüsse (AGZ)[12]	in Zeiten des Personalüberschusses wie auch des Personalmangels	rechtlich schwieriger Rahmen	Konzept aus Frankreich; AGZ aber auch in Deutschland, Österreich und der Schweiz.
Dachverband / Genossenschaft	Gemeinsames Personalmanagement möglich; Eigenständigkeit der Einzelorganisationen bleibt gewahrt.	Relativ hoher Verwaltungsaufwand; Genossenschaft hat eigenen Geschäftssinn und muss unternehmerisch handeln.	Genossenschaften in Deutschland im Dritten Sektor nicht verbreitet.
Fusionen	Könnte bei Kleinstorganisationen das Überleben garantieren.	hohe Ablehnung bei den Beteiligten; hohe bürokratische Hürden.	hoher Formalisierungsgrad.

Abb. 3: Übersicht über trägerübergreifende Kooperationen (Übersicht: Gruna/Zillmann)

Dabei können Kooperationen und Verbünde nach unserer Einschätzung in drei graduell unterscheidbare Ausprägungen eingeteilt werden:
– *informelle Kooperationen*, in denen sich Organisationen auf trägerübergreifende Maßnahmen z.B. im Bereich des Personalmanagements oder der Verwaltung beschränken. Das könnte Einzelmaßnahmen wie z.B. kollektives Personalmanagement in Randregionen, gemeinsame

---

12 Arbeitgeberzusammenschlüsse (AGZ) als Zusammenschlüsse von Organisationen, die sich Personal teilen, sind in Deutschland noch nicht sehr weit verbreitet. Stand April 2015 gab es deutschlandweit sieben AGZ, davon sechs in den Neuen Bundesländern. Nur einer der AGZ (AGZ Fachkräftenetzwerk Oberlausitz) kann teilweise im Dritten Sektor verortet werden. Die jeweiligen Zusammenschlüsse bewegen sich zwischen 4 und 53 Organisationen und haben Mitarbeiterinnenpools von 0 bis 49 Beschäftigten. Für weitere Informationen siehe auch: arbeitgeberzusammenschluesse.de.

Buchführung oder Fonds für teamübergreifende Weiterbildungsmaßnahmen betreffen.

– Weiterführend sind *Personalpools* denkbar, in denen zwar gemeinsam auf Fachkräfte zugegriffen werden kann, die jeweilige Organisation aber ihre vollumfängliche Unabhängigkeit bewahrt. In verschiedenen Wirtschaftsbereichen haben sich hier Personal- und Nachwuchskräftepools sowie Arbeitgeberzusammenschlüsse (Arbeitgeberkooperationen) bewährt.

– Als am stärksten formalisierte Kooperationen können *Zusammenschlüsse* innerhalb von Dachverbänden, Genossenschaften und Fusionen gelten. Hier werden nicht nur einzelne Bereiche wie Personalmanagement oder -entwicklung der jeweiligen Organisation kooperativ gelenkt, sondern die bisher unabhängig agierenden einzelnen Träger schließen sich operativ und strategisch zu größeren Organisationsverbänden zusammen.

6.2.2 Chancen innerhalb von Kooperationen

Trotz vieler Bedenken und Befürchtungen bei den Akteuren und Akteurinnen in der Sozialwirtschaft gibt es Beispiele für gelingende Netzwerke. Dazu zählen Ansätze in trägerübergreifenden Koordinierungsstellen der Schulsozialarbeit in Dortmund und Berlin sowie eine Kooperation von Erziehungsstellenarbeit in Leipzig. Das Beispiel aus Leipzig soll hier kurz angeführt werden, um die Möglichkeiten einer solchen Kooperation aufzuzeigen. In Leipzig haben sich vier eingetragene Vereine (davon zwei den Spitzenverbänden zugehörig) im Bereich der Erziehungsstellen durch einen Kooperationsvertrag zusammengeschlossen. Nach außen treten die Vereine mit einem subsumierenden Logo unter dem Namen „Trägerverbund Erziehungsstellen" und einer gemeinsamen Onlinepräsenz auf. Die Zusammenarbeit umfasst:

– die konzeptionelle Entwicklung,
– den fachlichen Austausch,
– die Kontaktgestaltung zum Jugendamt,
– gemeinsame Veranstaltungen mit den Erziehungsstellenfamilien aller Träger,
– die Mitarbeit in Gremien und Arbeitskreisen sowie
– trägerübergreifende Fortbildungsangebote und gemeinsame Weiterbildungen.

Im Folgenden sollen die Bereiche gemeinsame Weiterbildungsmaßnahmen und die oftmals damit einhergehende Integration von Fachkräften mit höherem Lebenserwerbsalter aufgezeigt werden.

Beispiel: Gemeinsame Weiterbildungen

Schon niedrigschwellige Kooperationen in Trägerverbünden wie gemeinsam organisierte und koordinierte Weiterbildungen können einige der bestehenden Probleme in den Organisationen beheben helfen. Insgesamt stellt Mure (2007, S. 30) fest, „dass die Investition in Weiterbildung sowohl für die Unternehmen wie auch für die Arbeitnehmer mit positiven und teilweise großen Erträgen verbunden" sei. Gerade bei Fachkräftemangel ist es besonders wichtig, vorhandene Fachkräfte an die Organisation zu binden. Dabei beinhaltet die Personalerhaltung alle Maßnahmen und Instrumente, um vorhandene Mitarbeiterinnen und Mitarbeiter an eine Organisation zu binden und Austrittsentscheidungen zu verhindern (Friedrich 2010, S. 33). Einen besonderen Stellenwert nehmen in diesem Zusammenhang berufsbegleitende Qualifikationen und Weiterbildungen ein.

Hier zählt nicht allein der extrinsische Anreiz, durch Weiterbildung und Qualifikation höhere Löhne zu erhalten oder Aufstiegschancen wahrzunehmen, sondern auch die Motivation, deutlich länger in einem vertrauten Arbeitsumfeld arbeiten zu können. Gerade in vielen Berufen der Sozialwirtschaft erscheint ein Erwerbsleben mit Schichtdienst und physisch und psychisch belastenden Arbeitsfeldern bis zu dieser Altersgrenze nicht möglich. Berger (2008, S. 117) spricht davon, dass Organisationen zwar auf Mitarbeiterinnen und Mitarbeiter „jenseits der 40" angewiesen wären, deren Arbeits(bewältigungs)fähigkeit aber von „Verschleiß" bedroht sei. Hier kann ein Anreiz für Weiterbildung darin liegen, neue Arbeitsaufgaben (Verwaltung, Management oder Dienstaufsicht) durch Qualifikation zu ermöglichen.

Ein Ziel der Weiterbildung, vor allem im Bereich der Sozialen Arbeit, besteht darin, auch in kleineren und mittleren Organisationen der Sozialwirtschaft eine Professionalisierung des organisationalen Lernens zu erreichen. Nach Gesmann (2012, S. 130) suche man „...eine systematisierte Planung und Umsetzung von Weiterbildungsaktivitäten zur Flankierung dieses Professionalisierungsprozesses in der Praxis oftmals vergeblich."

So wird nach Gesmann – anstatt bei Fort- und Weiterbildungen die Organisationsziele und Mitarbeiterinteressen im gleichen Maße zu berücksichtigen, um hier ein Optimum für die Entwicklung der Organisation und der Mitarbeiter zu erreichen – die Auswahl der Maßnahmen primär nach dem Wunschprinzip der Mitarbeitenden durchgeführt.

Kleinen und kleinsten Organisationen stehen meist keine ausreichenden Ressourcen für eine strategische Planung der Personalentwicklung durch Weiterbildung zur Verfügung. Kooperationsverbünde könnten hier gezielt in einem Bereich ansetzen, welcher bei den Mitarbeiterinnen und Mitarbeitern oft positiv besetzt ist und Unsicherheiten bei Kooperationen abmildern könnte.

Beispiel: Integration von Fachkräften auch bei Erhöhung des Lebenserwerbsalters

Aus der Vielzahl von Arbeiten zur Gesunderhaltung im Alter zeigt die Studie von Berger (2008) treffend und übersichtlich das Spezifische an der Situation der Sozialwirtschaft. Er verweist in seinen Ausführungen auf das international bewährte Konzept der „Arbeits(bewältigungs)fähigkeit" (ABF)[13] als ein „…geeignetes Modell des Verstehens und als eine wichtige Grundlage für ein strategisch ausgerichtetes Handeln in der Praxis" (Berger 2008, S. 117). Dabei arbeitet er wichtige Punkte für Organisationen zur Gesunderhaltung ihrer Mitarbeitenden im höheren Erwerbsalter heraus:

– Bei der Erhaltung bzw. Stärkung der Arbeitsfähigkeit im Rahmen des Personalmanagements gehe es sowohl um die Weiterentwicklung der Mitarbeitenden wie auch um die Entwicklung der Organisation.
– Arbeitserhaltung im höheren Lebensalter erfolge nur innerhalb eines strategischen Maßnahmenkonzepts.
– Zwar ist eine Gefährdung der Arbeitsbewältigungsfähigkeit mit zunehmender Betriebszugehörigkeit bzw. zunehmendem Alter wahrscheinlich, aber „kein unabwendbares ‚Schicksal'" von (Sozial)Unternehmen (Berger 2008, S. 118).

Berger geht so weit, dass er zwei Typen von Unternehmen identifiziert, die sich sehr deutlich darin unterscheiden würden, wie sie mit der Arbeitsbewältigungsfähigkeit ihrer Mitarbeiterinnen und Mitarbeiter umgehen:

---

13 Arbeits(bewältigungs)fähigkeit (ABF) meint „die Summe von Faktoren, die eine Frau oder einen Mann in einer bestimmten Situation in die Lage versetzen, eine gestellte Aufgabe erfolgreich zu bewältigen" (Berger 2008, S. 117).

Peggy Gruna/Raik Zillmann

- Unternehmen des Typs I gelänge es trotz hoher Arbeitsbelastung, zunehmender Beschäftigungsdauer und/oder höherem Alter der Mitarbeitenden, die Arbeitsbewältigungsfähigkeit der Mitarbeitenden auf hohem Niveau zu halten.
- Unternehmen des Typs II gelinge dies nicht. Nach ca. sieben Jahren kommen Mitarbeitende dieser Unternehmen in eine kritische Phase: Sie sind „stark verschlissen" und innere Kündigung und Burnout würden drohen.

Als eine der vier zentralen Handlungsfelder (Leistungsfähigkeit, Qualifikation, Arbeitsorganisation und Führungskultur) des empirisch gestützten ABF-Konzepts (Berger 2008, S. 118) sieht er die Qualifikation älterer Mitarbeitender an. Würden diese nicht explizit und altersgerecht in den Qualifizierungsprozess der Organisation eingebunden, ginge das Älterwerden der Mitarbeitenden mit „… Lernentwöhnung und einem Rückgang der beruflichen Handlungskompetenzen einher" (Berger u. Zimber 2004, S. 69). Würden bei den betrieblichen Qualifizierungen bzw. beim organisationalen Lernen die anstehenden demografischen Veränderungen nicht beachtet, wäre die Wettbewerbs- und Zukunftsfähigkeit vieler Unternehmen gefährdet.

Im Zusammenhang mit Kooperationen in der Sozialwirtschaft kann dies bedeuten, dass ältere Mitarbeitende nicht mehr auf einen Arbeitsplatz und die damit einhergehenden begrenzten Arbeitsinhalte in einer Organisation angewiesen sein müssten, sondern sich neuen (altersgerechten) Aufgaben in Kooperationsverbünden widmen könnten. Die möglichen Vorteile könnten dann sein:

- Einen zukunftssicheren Platz für ältere Mitarbeiterinnen und Mitarbeiter in der Sozialwirtschaft zu schaffen,
- ältere Mitarbeiterinnen und Mitarbeiter als zukünftige Zielgruppe der Personalgewinnung berücksichtigen,
- Informationsverlust durch Mitarbeitendenwechsel entgegenwirken und
- die Fähigkeiten der Generation Y und die Erfahrungen älterer Mitarbeitender verbinden. Hier kann bewusstes *Diversity Managing* helfen, bisherige Hemmnisse in Treiber von Wandel und Anpassung (vgl. Neuberger 2003, S. 337) zu verwandeln.

In den nächsten Schritten sollen weitere Vor- und Nachteile von Trägerverbünden aufgezeigt werden.

6.3 Ziele und Vorteile von Trägerverbünden

Aus der praktischen Arbeit innerhalb des Forschungsprojektes bepeso mit einem Trägerverbund in Westsachsen konnten folgende Ziele und Gründe herausgearbeitet werden:

1. Flexibler Personaleinsatz kann Engpässe vermeiden.

   Personalübergreifende Kooperationen können im Bedarfsfall auf eine größere Anzahl an Mitarbeitern und Mitarbeiterinnen zurückgreifen. Auf diese Weise kann bei Krankheit, Urlaub oder Elternzeitvertretung flexibler reagiert und Tätigkeiten kontinuierlich fortgeführt werden (vgl. Andler et al. 2016, S. 77). Weiterhin können Abläufe besser abgesichert und Kolleginnen und Kollegen vor Zusatzbelastungen geschützt werden. Flexibilität im Personaleinsatz kann ebenso bedeuten, dass Mitarbeitende je nach Lebens- und Alterssituation sowie Interessenlage passgenaue Tätigkeiten ausüben und innerhalb der Organisation wechseln können, ohne diese zu verlassen oder einen Ausschluss aus der Berufstätigkeit riskieren zu müssen.

2. Attraktive Arbeitsbedingungen können Fachkräfte an die Organisation binden.

   Kaum zu deckende Bedarfe in der Sozialwirtschaft, eine schwierige Finanzierungslage und Fachkräftemangel kennzeichnen die Arbeit der Organisationen im Dritten Sektor. Gerade für die Zukunftsfähigkeit der kleinen Träger erscheint es elementar, dass diese trotz der schwierigen Rahmenbedingungen als attraktive Arbeitgeber wahrgenommen werden.

   Je mehr Personal zur Verfügung steht, desto breiter kann sich eine Organisation aufstellen und spezielle Qualifikationen einsetzen. Damit entstehen in Organisationen mit größerer Angebotsvielfalt für die Mitarbeitenden bessere Aufstiegs- und Karrierechancen sowie verschiedene Entwicklungsmöglichkeiten durch neue Aufgabenbereiche. Damit verbunden ist wiederum eine bessere individuelle Bezahlung möglich. Zudem bestehen bessere Chancen, eigens ausgebildete junge Fachkräfte tatsächlich auch zu übernehmen, ungewünschte Teilzeitstellen zu vermeiden und auf Befristungen zu verzichten (vgl. Hoffmann 2010, 22; Wiener 2009, 10 f.).

3. Starker Verhandlungspartner werden

   Die isolierten kleinen Träger empfinden sich einer starken öffentlichen Verwaltung gegenüber als hilflos. Sie besitzen keine Verhandlungsmacht und können keinen Lobbyismus betreiben. Da größeren Organisationen meist mehr Chancen zur Mitsprache eingeräumt werden, ist für soziale Organisationen eine bestimmte Größenordnung von Bedeutung (vgl. Gruna et al. 2016, S. 11). Ein Trägerverbund könnte dazu führen, als gleichwertiger Verhandlungspartner gegenüber den Förderinstanzen wahrgenommen zu werden. Letztendlich könnte das Ziel darin bestehen, ein einheitliches Vergütungssystem zu schaffen und neue Standards festzulegen. Ein erster Schritt wäre, dass die öffentlichen Finanzgeber die gleichen Vergütungen für Personalstellen anerkennen und wie in ihrer eigenen Verwaltung finanzieren.

4. Qualitätssteigerung durch Ressourcenbündelung
   Zur Existenzabsicherung für kleine Träger könnte auch gehören, dass sie in Kooperationsverbünden – ebenso wie größere Organisationen – Ressourcen besser bündeln und einsetzen können. Denkbar wären Kooperationen, in denen die Haustechnik, die Buchhaltung und eventuell sogar die operative Geschäftsführung gemeinsam genutzt wird, anstatt dass jede kleine Organisation (Fach)Kräfte dafür einsetzen muss, diese Rahmenbedingungen selbst zu schaffen (vgl. Andler et al. 2016, S. 77). Diese Synergien reduzieren die Kosten für den einzelnen Träger erheblich, können Effizienz- sowie Umsatzsteigerungen zur Folge haben (vgl. ebd., 74, 84). Zusätzlich könnte es so den Fachkräften der Sozialen Arbeit ermöglicht werden, fachfremde Arbeitsaufgaben zu reduzieren und die Qualität der sozialen Kernaufgaben zu steigern.

6.4 Schwierigkeiten und Nachteile von Trägerverbünden

Neben den offensichtlichen Vorteilen einer Kooperation gibt es auch mögliche Hürden zu bedenken. Unabhängig von schwierigen politischen und rechtlichen Rahmenbedingungen waren im Forschungsprojekt diverse hemmende Faktoren zu beobachten. Fünf dieser Hemmnisse sollen kurz dargestellt werden.

1. *Konkurrenzsituation:* Außerhalb von direkten Fusionen müssen sich Organisationen auch in Kooperationsverbünden immer um ihr Fortbestehen sorgen. Sie werden andere Marktteilnehmer als Konkurrenten betrachten, selbst wenn sie mit ihnen kooperieren. Hier könnte ein Spannungsfeld zwischen dem Kooperationsanliegen und damit erwünschter Transparenz und einem *gesunden* Misstrauen potenzieller Konkurrenten gegenüber entstehen. So kann es zu berechtigen Befürchtungen, aber auch irrationalen Ängsten kommen, die mit externer,

professioneller Beratung und Moderation bearbeitet und entschärft werden können.

2. *Werte und Strukturen – die Organisationskultur*: Die Träger in der Sozialwirtschaft – vor allem kleine sozial motivierte Vereine – entstanden mit einem konkreten Ziel, nach bestimmten Werten zu arbeiten und verfolgen eine oft in Satzungen und Leitbildern festgeschriebene Philosophie. Im Rahmen einer Personalkooperation werden daher häufig strukturelle und wertebasierte Einwände vorgebracht. Zusätzlich müssen ehrenamtlich wirkende Mitarbeitende für die neue Struktur gewonnen werden. Hier ist ein behutsames Vorgehen zu empfehlen, da Organisationskulturen schwer und nur langsam verändert und vereint werden können. Ein erster Schritt sollte darin bestehen, die Verschiedenheit der Kooperationspartner zu thematisieren, bevor über mögliche Formen einer Personalkooperation überhaupt gesprochen werden kann.

3. *Unflexibler Overhead:* Gerade kleinen engagierten Organisationen wird nachgesagt, dass sie besonders flexibel auf neue Bedarfe oder sich verändernde Bedingungen reagieren können. Bei möglichen Kooperationen formulieren Fachkräfte oft ihre Angst vor einem unflexiblen Überbau, einem übermächtigen großen Trägerverband oder Fremdbestimmung. Dieser Angst könnte mit autark und eigenverantwortlich agierenden Facheinheiten (vgl. Wöhrle 2016) entgegengetreten werden.

4. *Organisatorischer Mehraufwand:* Ganz ähnlich wie die Angst vor einem unflexiblen Overhead wird ein organisatorischer Mehraufwand bei der Umsetzung von Verbünden angemahnt. Viele kleine Träger müssen sich oft zwischen fachlicher Arbeit und koordinativen Aufgaben im Tagesgeschäft entscheiden. Der erhebliche organisatorische Aufwand, einen Verbund zu planen, auf den Weg zu bringen und zu konsolidieren, schreckt die Träger ab, obwohl die Vermutung naheliegt, dass vor allem kleinere Träger von trägerübergreifenden Personalkooperationen besonders profitieren. Hier kann die Beschäftigung mit gelungenen Beispielen von Verbünden ein Motivationsanreiz sein.

5. *Bedenken der Mitarbeitenden:* Die Mitarbeitenden, als wichtigste Ressource des Dritten Sektors, müssen die Veränderungen, die eine Kooperation mit sich bringt, im großen Umfang unterstützen. Doch bei vielen Mitarbeitenden lösen nicht nur die damit einhergehenden umfänglichen Veränderungen, sondern schon die im Vorfeld vorhandenen Irritationen ein Gefühl der Angst aus: Sind Arbeitsstellen bedroht oder wechselt das Kollegium? Können die oft jahrelang gegen Kürzungen

verteidigten Konzepte weitergeführt werden und wie werden sich in Zukunft die Beziehungen der Fachkräfte zu den Klienten und Klientinnen gestaltet? Hier ist ein sensibler Umgang, Transparenz und Vertrauensarbeit notwendig, um inneren Widerständen der Fachkräfte und ehrenamtlichen Helfern entsprechend begegnen zu können.

Auf jeden Fall müssen die organisationsinternen Bedenken der Führungskräfte wie der Mitarbeitenden ernst genommen werden. Das Ziel von Kooperationsverbünden soll de facto die Bindung von Fachkräften sein und nicht dazu führen, dass diese aufgrund von strukturellen Umgestaltungen die Organisation verlassen.

In diesem Kapitel wurden verschiedene Arten trägerübergreifender Netzwerke und drei Grade deren Formalisierung (informell, wenig formell und stark formalisiert) aufgezeigt. Des Weiteren wurde verdeutlicht, dass sowohl vonseiten der Mitarbeitenden wie auch von der Seite der Geschäftsführung Widerstände gegen Zusammenschlüsse erwartet werden können. Zu den Chancen gemeinsamer Weiterbildungen innerhalb von wenig formalisierten Kooperationen zählt, dass hier die kleinen Organisationen einen Grad der Professionalisierung organisationalen Lernens erreichen könnten, welcher ohne Kooperation aufgrund mangelnder Ressourcen nicht möglich erscheint. Damit kann einhergehen, dass durch gezieltere Weiterbildungen Fachkräfte auch bei Erhöhung des Lebenserwerbsalters in den Organisationen gehalten werden können, was in Zeiten des Fachkräftemangels eine nicht zu unterschätzende Ressource darstellen kann.

Als Ziele und Vorteile konnten Engpassvermeidung, attraktivere Arbeitsbedingungen für dringend benötigte Fachkräfte, Stärkung der Verhandlungsposition bei der öffentlichen Verwaltung und Qualitätssteigerung durch Ressourcenbündelung hervorgehoben werden. Die Steigerung der Quantität des Personaleinsatzes kann für eine größere Angebotsvielfalt und letztendlich immer zur qualitativen Ausweitung der Tätigkeiten und Existenzsicherung des Trägers genutzt werden.

Es wurde dargestellt, welche Nachteile von Kooperationen bedacht werden müssen, denn Träger im Dritten Sektor befinden sich oft in einer Konkurrenzsituation mit anderen Organisationen. Wichtig ist, die jeweilige Organisationskultur zu beachten, die in den meisten Fällen nur schwer und langfristig veränderbar ist. Dazu kommt der organisatorische Mehraufwand von Kooperationen bzw. Zusammenschlüssen. Weiterhin befürchten Mitarbeitende bei einer Vergrößerung der Organisation einen unflexibler werdenden Overhead. Als Lösungsansatz kann ein sensibler Umgang mit solchen Bedenken, hohe Transparenz und Schaffung autarker Fachbereiche genannt werden.

6.5 Trägerübergreifende Kooperationen – ein Fazit

Viele kleine und mittlere Organisationen in der Sozialwirtschaft befinden sich unter den gegenwärtigen Rahmenbedingungen in einem Dilemma. Zum einen ergibt sich aus der krisenhaften Situation im Dritten Sektor mit geringen Verhandlungsoptionen, Nachwuchs- und Fachkräftemangel, hohen Anforderungen, unsicherer Finanzierung und wachsenden Bedarfen die Notwendigkeit, neue und progressive Ideen des Personalmanagements aufzugreifen. Das Forschungsprojekt bepeso hat gezeigt, dass ein möglicher Lösungsansatz in trägerübergreifenden Kooperationen bestehen könnte. Zum anderen aber zeigt sich, dass in den meisten Organisationen zahlreiche Vorbehalte gegen Kooperationsverbünde vorhanden sind. Auch wird immer wieder auf das Fehlen notwendiger Ressourcen für die Umsetzung dieser langfristigen Prozesse aufmerksam gemacht. In partizipativen Prozessen können aber, wie im Vogtland, passgenaue Formen des Personalmanagements gemeinsam erarbeitet und auf den Weg gebracht werden. Diesem schwierigen und auch immer wieder vom Scheitern bedrohten Prozess würde als Gewinn aber ein erweiterter Pool an Ressourcen, Netzwerken und vor allem eine gestärkte Verhandlungsposition entgegenstehen.

Aus dem Gesamtprojekt können eine Reihe weiterer Folgerungen gezogen und Möglichkeiten für die Personalentwicklung sichtbar werden (siehe dazu auch: Vortrag zu bepeso auf dem INAS-Kongress 2018 und die im Druck befindliche Tagungspublikation; Stand Juni 2018). Hinsichtlich des Ausschnitts, der hier behandelt wurde, sollte Folgendes deutlich werden:

– Fusionen sind von den Verantwortlichen in den kleinen Organisationen der Sozialwirtschaft bisher nur schwer denkbar. Obwohl aus Sicht der Organisationstheorien und Managementlehre deutlich zutage tritt, dass Organisationen eine gewisse Größe aufweisen müssen, um all ihre Funktionen erfüllen zu können und überlebensfähig zu sein, wird dies bei kleinen Trägern nicht so gesehen. Demgegenüber herrscht eine Kultur des Überlebenskampfes vor, der die Selbstausbeutung gegenüber dem Aufbau stabiler Strukturen bevorzugt.

- Trägerübergreifendes Personalmanagement wird bei kleinen Trägern, obwohl alle Bedingungen diesen Schritt erfordern, nur sehr schwer in Erwägung gezogen. Es wäre interessant, weitere Untersuchungen anzuschließen, um die organisationsinternen, insbesondere kulturbedingten Gründe besser verstehen zu können.
- Es ist deutlich zu belegen, dass rechtliche und strukturelle Rahmenbedingungen die Realisierung von trägerübergreifender Kooperation hinsichtlich der Personalentwicklung erschweren. Gleichwohl haben einbezogene Experten und Expertinnen versichert, dass hierfür Lösungen gefunden werden können.
- Um den sich verschärfenden Fachkräftemangel zu lindern, wäre es notwendig, dass in Politik und Verwaltung die Einsicht reift, dass die kleinen Träger hinsichtlich ihres Personalmanagements überfordert sind. Hier wäre die Gesamtverantwortung und Planungshoheit in Politik und Verwaltung gefragt, um eine übergreifende Personalentwicklung zu denken und mittels Förderrichtlinien die Verbünde zu begünstigen. Es erscheint dringend notwendig, dass rechtliche Hindernisse (z.B. bei der Personalüberlassung) abgebaut werden und Rahmenbedingungen im Interesse einer klientenorientierten Personalgewinnung und -entwicklung gefördert werden.

Ein mögliches Szenario könnte daher sein, dass sich kleinste und kleine Organisationen in der Jugendhilfe zu Kooperationen / Fusionen zusammenschließen und ihre vielfältigen Angebote weiter anbieten können. Oder in Zukunft bestimmen hauptsächlich die Spitzenverbände der Wohlfahrt das Angebot im Dritten Sektor und für die kleinen Organisationen bleiben dann eventuell nur noch die wenig rentablen oder regional unattraktiven Bereiche, die nur noch mithilfe ehrenamtlicher Arbeit und Selbstausbeutung der Fachkräfte angeboten werden können.

Kooperationen bzw. Fusionen oder Zusammenschlüsse können im Vorfeld nicht in allen Einzelheiten geplant werden. Das Vorgehen nach Best-Practice-Leitfäden oder standardisierten Vorgaben werden mit großer Wahrscheinlichkeit scheitern. Jeder kooperative Prozess im Dritten Sektor wird mit Sicherheit ein spezifisches Vorgehen erfordern, da Ausgangslage und Bedürfnisse hochkomplex und individuell verschieden sind.

Die hier vorgestellten Fakten, die ermittelten Erfahrungswerte und aufgeworfenen Fragen sollten verdeutlicht haben, dass für die vielen kleinen und kleinsten Träger in der Sozialwirtschaft Personalmanagement eng mit der Überlebenssicherung als Organisation und dem Nachdenken über strukturelle, organisationsübergreifende Fragen verbunden ist. Personalmanagement und Personalentwicklung ist hier kaum noch als organisationsinternes Thema zu behandeln, sondern bedarf der Einbeziehung wirtschaftlicher, gesellschaftlicher und politischer Rahmenbedingungen.

Kontrollfragen

1. Welche strukturellen Faktoren erschweren das Personalmanagement in der Sozialwirtschaft?
2. Welche spezifischen Probleme im Personalmanagement haben kleine Organisationen in der Sozialen Arbeit?
3. An welchen Merkmalen lassen sich die prekären Arbeitsbedingungen in Organisationen der sozialen Arbeit festmachen?
4. Es können unterschiedliche Ausprägungen von Kooperationen unterschieden werden. Nennen Sie je eine Ausprägung und Kooperationsform und beschreiben Sie diese kurz.
5. Nennen sie mindestens drei Vorteile von Kooperationsverbänden und charakterisieren sie diese kurz.
6. Nennen sie mindestens drei Nachteile von Kooperationsverbänden und charakterisieren sie diese kurz.

Literatur

Albers, W. (1977). Handwörterbuch der Wirtschaftswissenschaft: (HdWW); zugleich Neuauflage des Handwörterbuchs der Sozialwissenschaften.

Andler, G., Böhme, D., Fröhlich, H. u. a. (2016). Forschungsbericht des Projektes „Personalentwicklung freier Träger der Kinder- und Jugendhilfe in Sachsen". Mittweida: Hochschule Mittweida, Fakultät Soziale Arbeit.

bepeso (Hrsg.) (2018). Potentiale entfalten, Zukunft gestalten. Personal- und Organisationsentwicklung in der Sozialwirtschaft. Chemnitz: AGJF Sachsen.

Berger, G. (2008). Alt werden und jung bleiben im Beruf: Das Potenzial (nicht nur) der älteren Mitarbeiter/innen stärken. In: V. Brinkmann (Hrsg.), Personalentwicklung und Personalmanagement in der Sozialwirtschaft. Tagungsband der 2. Norddeutschen Sozialwirtschaftsmesse. Wiesbaden: VS Verlag für Sozialwissenschaften | GWV Fachverlage GmbH, S. 117–125.

Berger, G. u. Zimber, A. (2004). Alter(n)sgerechte Arbeitsplätze in der Altenpflege: Wege zur Stärkung der Arbeits(bewältigungs)fähigkeit (nicht nur) der älteren Mitarbeiter/innen. Paritätische Wohlfahrtsverband Baden-Württemberg e.V.

Betzelt, S. u. Bauer, R. (2000). Nonprofit-Organisationen als Arbeitgeber. Wiesbaden: VS Verlag für Sozialwissenschaften.

Evans, M., Galtschenko, W. u. Hilbert, J. (2012). Projekt PESSIS: Promoting employers' social services organisations in social dialogue. Befund „Sociosclerose": Arbeitgeber-Arbeitnehmerbeziehungen in der Sozialwirtschaft in Deutschland in Modernisierungsverantwortung. http://www.iatge.de/files/pessisendberichtdeutschefass ungfin51.pdf (Stand: 28.11.2017).

Faust, W. (2013). Personalentwicklung in Organisationen der Jugendhilfe in Sachsen. In: Respekt, Publikation im Rahmen des Projektes „Respekt! – Erfahrung als Ressource", Hrsg.: Arbeitsgemeinschaft Jugendfreizeitstätten Sachsen e.V. Chemnitz, S. 18–20.

Friedrich, A. (2010). Personalarbeit in Organisationen Sozialer Arbeit: Theorie und Praxis der Professionalisierung. Wiesbaden: VS Verlag für Sozialwissenschaft.

Fuchs, J. (2013). Demografie und Fachkräftemangel. Die künftigen arbeitsmarktpolitischen Herausforderungen [Demography and labor shortage. Future challenges of labor market policy]. Bundesgesundheitsblatt, Gesundheitsforschung, Gesundheitsschutz, 56(3), S. 399–405.

Fuchs, J., u. Zika, G. (2010). Demografie gibt die Richtung vor. Arbeitsmarktbilanz bis 2025 (IAB Kurzbericht).

Funk, H. u. Möller, B. (2006). Befreiende Fluchtpunkte im Kopf – Mädchenzufluchten in Ostdeutschland. In: Bütow, B., Chassé, K.A. u. Maurer, S. (Hrsg.), Soziale Arbeit zwischen Aufbau und Abbau. Transformationsprozesse im Osten Deutschlands und die Kinder- und Jugendhilfe. Wiesbaden: Springer VS, S. 133–148.

Gesmann, S. (2012). Systemisches Weiterbildungsmanagement als Bindeglied zwischen individuellem und organisationalem Lernen. In: Bassarak, H. u. Noll, S. (Hrsg.), Personal im Sozialmanagement. Wiesbaden: VS Verlag für Sozialwissenschaften, S. 125–146.

Gruna, P., Werner, C. u. Uhlig, J. (2016). Größenordnungen von Organisationen, Arbeitsbedingungen, Altersstruktur und die Eingruppierung von Beschäftigten in der sächsischen Sozialwirtschaft mit dem besonderen Schwerpunkt Kinder- und Jugendhilfe. Arbeitspaket 3 - bepeso. Mittweida: Hochschule Mittweida.

Grunwald, K. u. Roß, P.-S. (2017). Sozialmanagement als Steuerung hybrider sozialwirtschaftlicher Organisationen. In: Wöhrle, A., Fritze, A., Prinz, T. u. Schwarz, G. (Hrsg.), Sozialmanagement – Eine Zwischenbilanz. Wiesbaden: Springer, S 171–184.

Hilbert, J., Evans, M. u. Galtchenko, V. (2013). Sociosclerose. Zukunftsfähigkeit gefährdet. In: SOZIALwirtschaft 3, S. 7–9.

Hoffmann, W. (2012). Verantwortung für Berufsbiographien als Folge der demographischen Entwicklung in der Sozialwirtschaft. In: Bassarak. H u. Noll, S. (Hrsg.), Personal im Sozialmanagement. Wiesbaden: Springer VS, S. 25–32.

Knoch, C. (2016). Professionalisierung von Personalentwicklung: Theorie und Praxis für Schulen und Non-Profit-Organisationen. Wiesbaden: Springer Gabler.

Mure, J. (2007). Weiterbildungsfinanzierung und Fluktuation. Theoretische Erklärungsansätze und empirische Befunde auf Basis des Skill-Weights Approach. Diss. Univ. Zürich. München: Hampp (Beiträge zur Personal- und Organisationsökonomik, Bd. 16).

Peggy Gruna/Raik Zillmann   213

Neuberger, O. (2002). Führen und führen lassen. Stuttgart: Lucius & Lucius.

Priller, E., Anheier, H. K. u. Zimmer, A. (2013). Der Nonprofit-Sektor in Deutschland. In: Simsa, R., Meyer M. und Badelt C. (Hrsg.), Handbuch der Nonprofit-Organisation. Strukturen und Management. 5., überarbeitete Auflage. Stuttgart: Schäffer-Poeschel, S. 15–36.

SDB (Soziale Dienste Berlin-Brandenburg e. V.) (2011). Abschlussbericht Befragung zur sozialen und beruflichen Lage von Fachkräften der Sozialen Dienste in Berlin und Brandenburg. Berlin, online unter: unter: https://www.gew-berlin.de/public/media/MO_Abschlussbericht_Fachkraeftebefragung.pdf (Stand: 06.09.2017).

Simsa, R., Auf, M., Bratke, S.-M., Hazzi, O., Herndler, M., Hoff, M., Kieninger, J., Meyer, M., Mourad, M., Pervan Al-Soqauer, I., Rameder, P. u. Rothbauer, J. (2016). Beiträge der Zivilgesellschaft zur Bewältigung der Flüchtlingskrise – Leistungen und Lernchancen, Projektauswertung, Wirtschaftsuniversität Wien. Wien.

Statistisches Landesamt Sachsen (2018). Kinder- und Jugendhilfe im Freistaat Sachsen. Angebote der Kinder- und Jugendarbeit 2015, online unter: https://www.statistik.sachsen.de/download/100_Berichte-K/K_V_3_2j15_SN.pdf (Stand: 26.03.2018).

Struck, N. (2017). „Spezialstandards für junge Flüchtlinge darf es nicht geben!". In: Sozial Extra, Heft 41, Nr. 2, S. 42–45.

Wendt, W.R. (2017). Marktlich oder nichtmarktlich vorankommen? Strategische Optionen der Sozialwirtschaft und des Sozialmanagements in Europa. In: Grillitsch, W., Brandl, P. u. Schuller, S. (Hrsg.), Gegenwart und Zukunft des Sozialmanagements und der Sozialwirtschaft: Aktuelle Herausforderungen, strategische Ansätze und fachliche Perspektiven. Wiesbaden: Springer VS, S. 59–77.

Wiener, B. (2009). Der Nachwuchskräftepool. Ein personalstrategisches Instrument in Zeiten der Krise. Präsentation bei der Herbsttagung am 5.11.2009.

Willi A. (Hrsg.) (1977). Handwörterbuch der Wirtschaftswissenschaft, Bd. 1, S. 559.

Wöhrle, A. (2016). Zwischen Sociosclerose und Personalentwicklung. Referat zum Fachforum „Trägerübergreifende Vernetzung im Personalmanagement" am 25.4.2016. bepeso.

Wöhrle, A. u.a. (2013). Grundlagen des Managements in der Sozialwirtschaft. Baden-Baden: Nomos.

Peggy Gruna/Raik Zillmann

Lernzielkontrolle

Antworten zu den Kontrollfragen in den Kapiteln:

Kapitel 1: Personalsituation in der Sozialwirtschaft und
Herausforderungen für das Personalmanagement (Wöhrle)

1. Welche Faktoren sprechen dafür, dass der Fachkräftemangel in der Sozialwirtschaft für das Personalmanagement eine größere Herausforderung ist als für das Personalmanagement in anderen Branchen?

   In profitorientierten Branchen richtet sich der Arbeitsmarkt nach Marktmechanismen aus. Wenn eine steigende Nachfrage nach Beschäftigten besteht, steigt der Preis für die „Ware Arbeitskraft", weil die entsprechenden Interessensvertretungen auf Arbeitgeber- und Arbeitnehmerseite neue Tarifabschlüsse aushandeln. Aufgrund der Abhängigkeit der Leistungsanbieter von öffentlichen Aufträgen und der Sociosclerose ist in der Sozialwirtschaft dieser Mechanismus gestört. Dies führt dazu, dass – trotz steigender Nachfrage nach Arbeitskräften - Leistungsanbietende in der Konkurrenz um Aufträge immer noch den Preis ihrer Leistungen zu drücken versuchen, was bei den arbeitsintensiven und wenig rationalisierbaren Leistungen nur zulasten der Bezahlung der Beschäftigten möglich ist. Außerhalb von Tarifverträgen ist der Negativspirale keine Grenze gesetzt. Im Ergebnis muss das Personalmanagement in Konkurrenz mit anderen Arbeitsfeldern mehr Personal zu gewinnen suchen und hat zunehmend nur unterbezahlte und prekäre Arbeitsverhältnisse zu bieten.

2. Was muss getan werden, um dem Fachkräftemangel in der Sozialwirtschaft zu begegnen?
   - Die Organisationen der Sozialwirtschaft müssen ihr Potenzial, mit dem sie zur gesellschaftlichen Wertschöpfung beitragen und sinnstiftende Beschäftigungen schaffen, insbesondere mit dem Blick auf die Generation Y in der Öffentlichkeit mehr verdeutlichen.

– Die Attraktivität der sozialen Berufe muss durch entsprechende beschäftigungsbezogene Fördermaßnahmen in den Organisationen, aber auch durch eine wertschätzende öffentliche Debatte verbessert werden.

– Es muss ein professionelles Personalmanagement in den Organisationen wirksam sein. Zu kleine Organisationen, die das nicht realisieren können, müssen nach organisationsübergreifenden Möglichkeiten der Personalentwicklung suchen.

– Es muss ein einheitlicher und allgemein verbindlicher Tarifvertrag abgeschlossen werden, um die Negativspirale der Unterbezahlung und der prekären Arbeitsverhältnisse zu unterbrechen. Es müssen eine der Qualifikation angemessene Bezahlung und für die Beschäftigten annehmbare Arbeitsbedingungen erreicht werden.

Kapitel 2: Bestandteile der Personalwirtschaft und des Personalmanagements (Kolhoff)

1. Womit beschäftigt sich die Personalbedarfsplanung?
   Die Personalbedarfsplanung fragt, wie viele MitarbeiterInnen wann und wo insgesamt benötigt werden und welche Qualifikationen sie aufweisen müssen.

2. Wie erfolgt die Personalauswahl in der Sozialwirtschaft?
   In den meisten Unternehmen der Sozialwirtschaft erfolgt die Personalauswahl aufgrund einer Bewertung der eingereichten Bewerbungsunterlagen und des Eindrucks im Vorstellungsgespräch.

3. Was ist die Kernaussage inhaltsorientierter Motivationstheorien?
   Inhaltsorientierte Motivationstheorien gehen davon aus, dass Menschen motiviert werden können, wenn ihre Bedürfnisse befriedigt werden. Es wird eine Bedürfnishierarchie zugrunde gelegt.

4. Was ist die Kernaussage prozessorientierter Motivationsansätze?
   Prozessorientierte Ansätze stellen die Frage, wie Menschen zu motivieren sind und gehen davon aus, dass Menschen sich instrumentell verhalten und dann motiviert sind, wenn der individuelle Nutzen steigt.

5. Wovon gehen klassische Führungsstile aus?

   Klassische eindimensionale Führungsstile gehen davon aus, dass das Verhalten der Geführten vom Verhalten der Führungsperson geprägt ist, ob autoritär, demokratisch, Laisser-faire, charismatisch oder bürokratisch. Der Führende orientiert sich am Führungsverhalten der Führungsperson. Dieses Führungsverhalten ist sehr stark von der Charakterstruktur der Führungsperson abhängig.

6. Wie unterscheiden sich zweidimensionale Führungsstile von den eindimensionalen Führungsstilen?

   Zweidimensionale Führungsstile ergänzen die Dimension der Mitarbeiterorientierung um die Dimension der Aufgabenorientierung. Je nach Ausprägung von Mitarbeiter- und Aufgabenorientierung ergeben sich in einer Matrix unterschiedliche Führungsstile.

7. Wie unterscheiden sich dreidimensionale Führungsstile von zweidimensionalen Führungsstilen?

   Dreidimensionale Führungsstile nehmen ergänzend situative Komponenten mit auf.

8. Wie unterscheiden sich das 3-D-Modell von Reddin und die Reifegradtheorie von Hersey/Blanchard?

   Reddin geht davon aus, dass die Effektivität eines Führungsstils von der Situation abhängig ist. So ist beispielsweise ein verfahrensorientierter Manager in technostrukturierten Organisationen effektiv, während er in soziostrukturierten Organisationen ineffektiv sein kann, und umgekehrt ist der beziehungsorientierte Manager in soziostrukturierten Organisationsformen erfolgreich und in technostrukturierten Organisationsformen weniger erfolgreich. Das Reifegradmodell von Hersey/Blanchard orientiert sich weniger an den Organisationstypen, sondern an dem Reifegrad der Mitarbeiter, die durch Indikatoren wie Leistungswille, Fähigkeit, Ausbildung und Erfahrung, arbeitsrelevante Kenntnisse oder Selbstsicherheit und Achtung gekennzeichnet sind. Je nach Reifegrad der Mitarbeiter kommen unterschiedliche Führungsstile zum Tragen.

Kapitel 3: Anforderungen an ein strategisches Personalmanagement (Kortendieck)

1. Wodurch zeichnen sich strategische Entscheidungen aus?
   Strategische Entscheidungen zeichnen sich dadurch aus, dass sie das langfristige Wohlergehen der Einrichtung maßgeblich beeinflussen.

2. Wozu dienen strategische Entscheidungen?
   Sie sichern die Existenzgrundlage der Einrichtung, in dem sie versuchen, das Reaktionspotenzial zu vergrößern und die Anpassungslasten zu verringern.

3. Vor welcher Dilemmasituation stehen Einrichtungen, die bislang eine Monopolstellung innehatten?
   Den Wohlfahrtsverbänden ist in der Vergangenheit immer wieder vorgeworfen worden, dass sie bedingt durch ihren Versorgungsauftrag eine monopolistische Marktposition innehaben. Monopole neigen dazu, eher mindere Qualität zu überhöhten Kosten anzubieten, weil der günstigere/bessere durch den stärkeren Wettbewerber (mit mehr Macht auf dem Markt) ausgeschaltet ist. Öffnet man den Markt, so wie in der sozialen Arbeit in den neunziger Jahren geschehen, konkurrieren plötzlich billigere und bessere Konkurrenten. Will man besser werden, erhöhen sich aber die Kosten, was wiederum die Marktposition gegenüber billigeren Anbietern schwächt.

4. Was versteht M. Gmür (2010) unter einer strukturorientierten Strategie?
   Die Einrichtung richtet ihr Handeln in erster Linie an bewährten Strukturen aus. Das Leistungsspektrum drückt Tradition und Kontinuität aus. Die Mitarbeitenden handeln entsprechend. Stärken sind effiziente Leistungserbringung und innere Stabilität, Schwächen sind Erstarrung und Unattraktivität für neue Arbeitskräfte.

5. Personalstrategie und Unternehmensstrategie können unabhängig voneinander gesehen werden: Welche Annahmen bezüglich des strategischen Personalmanagements trifft diese Einschätzung?
   Grundsätzlich unterstellt diese Strategieausrichtung diese Perspektive, dass es Best-Practice Ansätze gibt. Unabhängig von der Unterneh-

mensstrategie gibt es Personalinstrumente der Einstellung, Entlohnung, Beurteilung und Entwicklung, die „immer" funktionieren.

6. Erläutern Sie den Human-Resource-based Ansatz!
Aus den Kernkompetenzen resultiert die Strategie, wie man sich im Wettbewerb durchsetzen will (inside-out). Die Personalstrategie bestimmt die Unternehmensstrategie und dadurch die Performance der Einrichtung.

7. Warum ist die Erfolgsmessung bei personaler Arbeit im Sozialen Bereich so schwierig?
Soziale Arbeit weist eine Reihe von Besonderheiten auf, die unter anderem daraus resultieren, dass es sich um Dienstleistungen handelt. Aufgrund der Immaterialität und Interaktivität von Dienstleistungen ist zum einen kein direktes Produktionsergebnis greifbar und der Anteil des Klienten als externer Produktionsfaktor nur schwer abschätzbar. Hinzu kommt aufgrund der Besonderheiten des Sozialen Bereichs, wie bspw. der nicht schlüssigen Austauaschbeziehungen und der eingeschränkten Konsumentensouveränität der Klienten, dass diese die Arbeit des Personals nur zum Teil beurteilen und damit korrigieren können.

8. Die Human-Ressourcen-Architektur stellt einen wesentlichen Baustein des strategischen Personalmanagements dar. Welche idealtypischen Personalstrategien können aus ihr abgeleitet werden?
Der Idealtyp „Adminstratives Personalmanagement (HRM)" geht wenig auf die Bedürfnisse und Wertmaßstäbe der Mitarbeitenden ein. Funktionen des Personalmanagements sind stark an Effizienzgesichtspunkten angelegt, eine Rückkopplung zu einrichtungsspezifischen Werten fehlt. Kurzfristige Verträge und eine strikte Kostenorientierung herrschen wie eine Politik des „Heuerns und Feuerns" vor. Der Idealtyp „Motivierendes Personalmangement" setzt auf die intrinsische Motivation, auf interne Personalentwicklung und Partizipation. Das Wohlbefinden der Mitarbeitenden soll ihr Commitment und ihre Treue zur Einrichtung stärken. Der Idealtyp „Strategisches Personalmanagement" setzt auf die Zielerreichung für betimmte Stakholder und versucht das entsprechende Personal dafür zu finden, das unter Umständen mit monetären und nicht monetären Anreizen zu Leistungen motiviert werden soll. Wegen der zu geringen Beachtung der Mitarbeitenden-interessen

sind die Motivation und das Commitment der Beschäftigten geringer. Der Idealtyp „Wertbasiertes Personalmanagement" erzielt für Oganisation und Mitarbeitende die besten Ergebnisse und gilt daher als Königsweg, weil die Mitarbeitenden die größte Motivation zeigen, die Organsiation in ihrem Tun zu unterstützen.

Kapitel 4: Anforderung an Personalführung und Vorgesetzte (Nöbauer)

1. Was sind personalwirtschaftliche Besonderheiten in der Sozialwirtschaft und welchen aktuellen Herausforderungen sieht sich das Personalmanagement in der Sozialwirtschaft gegenüber?
   - Spezifische Mitarbeiterstruktur: Neben den hauptamtlichen Mitarbeitern werden häufig Freiwillige eingesetzt, für die spezielle Maßnahmen in der Personalführung notwendig sind. Darüber hinaus ist der Sozialbereich durch einen hohen Frauenanteil gekennzeichnet.
   - Hohe intrinsische Motivation der Mitarbeitenden: Sie kann zu hohem Engagement führen, erhöht aber auch die Gefahr des ,Ausbrennens'.
   - Berufsrechtliche Regelungen und spezifische Ausbildung der Mitarbeitenden: Für viele Positionen bzw. Tätigkeiten werden spezielle Ausbildungen vorausgesetzt; die Ausbildung findet nicht in den Einrichtungen selbst, sondern in spezifischen Ausbildungseinrichtungen statt.
   - Zunehmende Professionalisierung führt zur Identifikation mit den beruflichen Standards und kann zu einer Skepsis gegenüber den Vorgaben aus dem Management (z.B. hinsichtlich Dokumentation, Kennzahlen …) führen. Die Akademisierung vieler Sozialberufe kann zu einer zunehmenden Wechselbereitschaft der Mitarbeitenden beitragen.
   - Aktuelle Herausforderungen sind:
     Steigender Kostendruck, die geringe Attraktivität des Sozialbereichs als Arbeitsfeld sowie der demografische Wandel, der zu einem Rückgang der arbeitsfähigen Bevölkerung insgesamt führt. Gleichzeitig werden den jüngeren Alterskohorten veränderte Einstellungen und Wünsche ihrem Beruf bzw. Arbeitgeber gegenüber zugeschrieben (Generation X, Y, Z).

2. Durch welche Merkmale kann zeitgemäße Personalsuche beschrieben werden?
   - Employer Branding: Es bezeichnet das bewusst gestaltete Auftreten einer Einrichtung am Arbeitsmarkt. Es baut auf den Stärken und Besonderheiten, die das Unternehmen einzigartig machen auf und kommuniziert diese in unterschiedlichen Zusammenhängen.
   - Mitarbeitende werben neue Mitarbeitende: Mitarbeiter werden als wichtige und glaubwürdige ‚Markenbotschafter' gesehen und bewusst in die Imagearbeit und Suchaktivitäten eingebunden. Daher arbeitet Employer Branding auch an der Arbeitgeberqualität um Zufriedenheit und Loyalität der bestehenden Mitarbeiter zu stärken.
   - Vorausschauende und aktive Personalsuche:
     Aktive Strategien sollten vor allem dann zum Einsatz kommen, wenn Positionen schwer zu besetzen sind (‚Engpassfunktionen'). Dabei wird das Unternehmen von sich aus aktiv und geht auf interessante Personen(gruppen) zu. Ein beliebtes Instrument sind sog. KandidatInnen-Pools, die z.B. aus früheren BewerberInnen, PraktikantInnen, TeilnehmerInnen an Fachveranstaltungen, Alumni-Vereinen o.Ä. gespeist werden. Führungskräfte haben dabei eine Schlüsselrolle, weil sie wichtige Kontaktpersonen zu den Zielgruppen darstellen und ihre Netzwerke eine wichtige Rolle für die Suche passender Mitarbeiter spielen können.
   - Realistische Rekrutierung bedeutet, dass sowohl die BewerberInnen als auch die Positionen ‚ungeschminkt' dargestellt werden. Praktika, die Aufnahme ehemaliger Mitarbeiter oder Empfehlungen bestehender Mitarbeiter basieren auf dem Prinzip einer realistischen Rekrutierung. Entscheidungen werden dadurch besser als durch klassische Auswahlverfahren abgesichert und die Frühfluktuation (Kündigung der neuen Mitarbeiter innerhalb der ersten Monate) niedrig gehalten.
   - Fairness im Rekrutierungsprozess
     Neben der ‚prognostischen Validität', also der Vorhersagekraft des Auswahlverfahrens für den späteren Berufserfolg gewinnt die sog. ‚soziale Validität' an Bedeutung. Dazu gehören z.B. eine offene Information über Unternehmen und Arbeitsplatz, die Kommunikation mit den Bewerbern auf Augenhöhe, die Schnelligkeit, mit der eine Entscheidung herbeigeführt wird, Transparenz über Methoden und

Ablauf des Verfahrens gegenüber den Bewerbern sowie ein offenes, verständliches Feedback über die Resultate.

3. Welche Phasen/Teilprozesse umfasst der Prozess der Personalsuche und -auswahl? Worin bestehen die Hauptaufgaben einer Führungskraft in diesem Prozess?
   Der Prozess besteht aus folgenden Phasen: Anforderungsermittlung, Suchprozess, Vorauswahl, Endauswahl und Onboarding. Führungskräfte haben in folgenden Phasen wichtige Aufgaben:
   – Anforderungsermittlung: Die unmittelbaren Führungskräfte haben neben erfahrenen Stelleninhabern eine Schlüsselrolle bei der Ermittlung von erfolgskritischen Situationen und des gewünschten Verhaltens. Sie kennen die Aufgaben und Erwartungen an Mitarbeitende besser als die Personalabteilung.
   – Personalsuche: Speziell aktive Suchstrategien (z.B. Mitarbeiterempfehlungen, Bewerberpools, Ansprache von ehemaligen Mitarbeitern/Praktikanten, Aktivierung von Schulkontakten) basieren auf Kontakten und Netzwerken von Führungskräften und Mitarbeitenden.
   – Endauswahl: Während eine Vorauswahl häufig von der Personalabteilung durchgeführt wird, sollte die Führungskraft in die Endauswahl eingebunden sein. Sie kann die relevanten Merkmale der Stelle authentischer vermitteln als die Personalabteilung (oder ein externer Berater), zweitens ermöglicht es ein persönliches Kennenlernen und drittens sollte die unmittelbare Führungskraft hinter der Auswahlentscheidung stehen und sie mittragen.
   – Onboarding: Die koordinative Gesamtverantwortung für die fachliche Einarbeitung und die soziale Eingliederung liegt bei der zuständigen Führungskraft. Sie muss dafür Sorge tragen, dass die erforderlichen Aktivitäten angestoßen und die Instrumente eingesetzt werden. Diese Aufgabe ist nicht an andere Mitarbeitende bzw. Paten delegierbar.

4. Welche Arten von Anforderungen an BewerberInnen können unterschieden werden?
   – Anforderungen können in Aufgaben-/Ergebnis-/Qualifikationsanforderungen, Verhaltensanforderungen und Eigenschaftsanforderungen (Schuler 2006, 52) unterschieden werden.

– Aufgaben- bzw. Ergebnisanforderungen beziehen sich auf die Bewältigung spezieller Aufgaben/Tätigkeiten einer Position, z.B. Erstellen von Dienstplänen, Führen von Einstellungsgesprächen, Einhalten der Leistungszeiten etc. Qualifikationsanforderungen definieren formale Abschlüsse oder auch Erfahrungen, die für eine bestimmte Position gefordert werden (z.B. Studium Sozialpädagogik, mindestens zwei Jahre einschlägige Berufserfahrung).

– Verhaltensanforderungen werden meist als Kompetenzen formuliert, z.B. Kommunikationsfähigkeit, Belastbarkeit usw. Eigenschafts-, Motivations- bzw. Interessensanforderungen beziehen sich auf Einstellungen oder Haltungen, die BewerberInnen mitbringen sollen.

– Diese Unterscheidung ist relevant für die Personalauswahl, weil mit den einzelnen Anforderungskategorien unterschiedliche Verfahren der Personalauswahl korrespondieren. Beispielsweise zielt die Vorauswahl in erster Linie auf Qualifikationsanforderungen ab. Assessment-Center beziehen sich in erster Linie auf Verhaltensanforderungen.

5. Was versteht man unter ‚Critical Incidents' (erfolgskritischen Situationen) in der Anforderungsermittlung bzw. Personalauswahl?

Critical Incidents bezeichnen erfolgskritische Ereignisse oder Situationen (‚Schlüsselsituationen'), die Hinweise darauf geben können, worauf es bei einer Funktion wirklich ankommt, die den Erfolg einer Tätigkeit ausmachen bzw. in denen die größte ‚Wertschöpfung' in einer Funktion entsteht. ‚Critical Incicent' bedeutet in diesem Zusammenhang, dass gerade das Verhalten in solchen Situationen eine wesentliche Bedeutung für Erfolg oder Misserfolg in einer Funktion hat. Ziel ist daher nicht eine vollständige Aufstellung aller notwendigen Anforderungen für eine Position, sondern von jenen Situationen, in denen sich erfolgreiche von weniger erfolgreichen Stelleninhabern abheben.

Die unmittelbaren Führungskräfte haben neben erfahrenen Stelleninhabern eine Schlüsselrolle bei der Ermittlung von erfolgskritischen Situationen und des gewünschten Verhaltens. Folgende Fragen/Formulierungen eignen sich zum Erheben von ‚Critical Incidents':

– Welche Situationen sind bei dieser Tätigkeit/in dieser Position/Funktion besonders erfolgsentscheidend? Wie verhalten sich in diesen Situationen besonders effiziente/weniger effiziente Mitarbeiter? (Jetter 2008, 118).

– Denken Sie an ein Beispiel für das Arbeitsverhalten eines Mitarbeiters, das eine besonders effektive/besonders ineffektive Arbeitsweise veranschaulicht. Beschreiben Sie die Umstände, das Verhalten und die Konsequenzen möglichst genau (Schuler 2006, 55).

Nach Kahlke/Schmidt (2004, 45) ist ein kritisches Ereignis nur vollständig abgebildet, wenn es sowohl die Situation als auch das zweckmäßige Verhalten und das resultierende Ergebnis beschreibt.

6. Welche Suchinstrumente zur Ansprache neuer Mitarbeitender können unterschieden werden? Welche bieten sich für die Sozialwirtschaft besonders an?

Grundsätzlich können aktive und passive Suchmethoden unterschieden werden. Letztere sind dadurch gekennzeichnet, dass Organisationen ein Angebot platzieren, dann aber wenig Einfluss auf Anzahl und Qualität der BewerberInnen nehmen können (z.B. beim klassischen Stelleninserat). Setzt eine Organisation aktive Methoden ein, dann wird sie selbst initiativ und geht gezielt auf bestimmte Zielgruppen oder Einzelpersonen zu und bietet eine Stelle an, z.B. im Zuge eines Praktikums oder wenn ehemalige MitarbeiterInnen kontaktiert werden. Aktive Methoden werden empfohlen, wenn Stellen schwer zu besetzen sind (sog. ‚Engpassfunktionen'). In den meisten Branchen geht angesichts der aktuellen Arbeitsmarktsituation der Trend zu aktiven Methoden; dies trifft auch auf viele Positionen in der Sozialwirtschaft zu.

Die Instrumente können sich außerdem an eine möglichst große Zahl möglicher BewerberInnen (‚one-to-many') (z.B. über neue Medien), an eine kleinere genau definierte Zielgruppe (‚one-to-few') (z.B. über Schulkontakte) oder sogar nur an eine ganz konkrete Person (‚one-to-one') (z.B. Headhunting) richten.

7. Was versteht man unter ‚Candidate Experience' und worin besteht die Rolle von Führungskräften darin?

Candidate Experience beschreibt, welches Image eines Unternehmens als Begleiterscheinung zum Suchprozess entsteht. Die neuere Literatur geht davon aus, dass dies nicht dem Zufall überlassen werden, sondern bewusst gestaltet werden sollte, da jeder Kontaktpunkt mit (potenziellen) BewerberInnen als ‚Bewerbung' der Einrichtung verstanden wird – und nicht umgekehrt. Führungskräfte und ihre Mitarbeiter müssen sich bewusst sein, dass alle Kontakte mit Kunden/Klienten/Bewerbern als Signale interpretiert werden, wie mit Mitarbeitern in der Einrichtung umgegangen wird. Diese Haltung schlägt sich z.B. in Artefakten wie der Homepage, der Gestaltung von Ausschreibungen bzw. der Abwicklung des Bewerbungsverfahrens insgesamt nieder. Sie wird aber auch in der Qualität des persönlichen Umgangs mit den Zielgruppen deutlich – und zwar nicht nur im Bewerbungsverfahren selbst.

8. In welchen Phasen erfolgt die Integration neuer Mitarbeitender in eine Organisation?

Die Literatur gliedert den Onboarding-/Einführungsprozess meist in drei Hauptphasen, entlang derer die Maßnahmen und Programme des Unternehmens entwickelt werden können:

Vor-Eintrittsphase/Antizipatorische Sozialisation:

Sie beschreibt den Prozess der Erwartungsbildung in Bezug auf die neue Tätigkeit, der bereits durch die Ausbildung, vorhergehende Tätigkeiten oder durch das Erleben im Bewerbungsprozess geprägt werden. Diese Vorstellungen (über das Tätigkeitsfeld, die eigene Rolle, geltende ‚Spielregeln') bringen neue in die Organisation mit. Je besser sie mit der Realität übereinstimmen, desto friktionsfreier wird sich der Neueinstieg gestalten.

Dem Unternehmen kommt dabei bereits in der Bewerbungsphase die Aufgabe zu, möglichst realitätsnahe Informationen zu ermöglichen bzw. falsche Erwartungen zu korrigieren um ein möglichst realistisches Bild vom Unternehmen bzw. vom Arbeitsplatz zu zeichnen.

Auch Aktivitäten zwischen der Zusage und dem ersten Arbeitstag können in diese Phase gesetzt werden. Dem hohen Informationsbedürfnis neuer Mitarbeiter kann entsprochen werden, wenn vor Arbeitsantritt Informationen übermittelt bzw. die Möglichkeit zu einem intensiveren Kennenlernen der künftigen Kollegen gegeben wird. Damit kann die Zeitspanne zwischen Zusage und Arbeitsbeginn überbrückt und die Bindung an die Jobzusage beim Bewerber erhalten werden. Außerdem entlastet dies die ersten Arbeitstage, in denen Neue üblicherweise mit zu vielen Informationen überschwemmt werden. Unternehmensintern geht es in dieser Phase um Vorbereitungen des Arbeitsplatzes sowie der Einarbeitung bzw. um die Information der Kollegen über die neuen Mitarbeiter.

Eintrittsphase/Konfrontation:

Sie beginnt mit dem ersten Arbeitstag und kann sich je nach Position bis in die ersten Arbeitswochen erstrecken. Besondere Bedeutung kommt der Gestaltung des Einstiegstags zu; er sollte ein positives Erlebnis für Neue sein. Häufige Aktivitäten am ersten Arbeitstag sind ein Einführungsgespräch durch die Führungskraft mit Übergabe erster Informationen, die Vorstellung bei der Arbeitsgruppe sowie ein Rundgang durch das Unternehmen.

Im Lauf der Eintrittsphase zeigen sich erste Abweichungen zu den Vorstellungen vor Arbeitsantritt, die angesprochen und bearbeitet werden sollten.

Einarbeitung/Integration:

In der letzten Phase liegt der Fokus auf der fachlichen Einarbeitung in die Aufgaben der Stelle. Checklisten bzw. Einarbeitungspläne können diese Phase strukturieren und ein systematisches Vorgehen unterstützen. Zur Einarbeitung in komplexere Tätigkeiten bzw. für Hochschulabgänger werden auch Traineeprogramme angeboten. Sie dienen der Einführung in unterschiedliche Unternehmensbereiche und enthalten zusätzliche Bildungsmaßnahmen. Unabhängig von den Einarbeitungsmaßnahmen sollten die aufgetretenen Fragen und Probleme der Einarbeitung gelöst und eine innere Bindung an das Unternehmen entstanden sein.

9. Welche Elemente umfasst der Personalentwicklungs-Zyklus? Was sind die Hauptaufgaben von Führungskräften in diesem Zyklus?

Personalentwicklung ist durch ein geplantes und systematisches Vorgehen bei der Qualifizierung von Mitarbeitenden gekennzeichnet. Becker gliedert die Personalentwicklung in folgende Phasen:

– Bedarfsanalyse und Ziele setzen: Im ersten Schritt werden die Qualifizierungsbedarfe ermittelt und konkrete Ziele für die Qualifizierungsmaßnahme formuliert. Als Instrumente zur Feststellung von Entwicklungsbedarfen dienen z.B.: Stellenbeschreibungen und Anforderungsprofile, Mitarbeitergespräche, Strategieklausuren, Leistungsbeurteilungen. Führungskräfte haben daher eine wichtige Funktion in der Bedarfsanalyse. Die Bedarfe werden meist von der Personalentwicklung zu Zielen konkretisiert.

– Kreatives Gestalten: Darauf aufbauend werden die Lernprozesse gestaltet. Dabei kann auf eine Vielzahl unterschiedlicher Instrumente und Methoden zurückgegriffen werden, die sich grob in Maßnahmen on the job und off the job kategorisieren lassen. Zu ersteren gehören z.B. Projektarbeit oder Job Rotation. Maßnahmen off the job sind z.B. Seminare, Exkursionen oder Fachlektüre.

– Führungskräfte sind vor allem dann Mitgestalter von Lernprozessen, wenn es um arbeitsplatznahe Formen des Lernens und um informelles Lernen geht. Dies betrifft neben Maßnahmen ‚on the job‘ (z.B. Projektarbeit, Stellvertretung, Sonderaufgaben, Unterweisung am Arbeitsplatz) auch die Gestaltung einer lernförderlichen Gestaltung von Arbeitsplätzen sowie die Förderung der Lernkultur, unabhängig von Alter und Betriebszugehörigkeit.

– Durchführung: Sie umfasst die konkrete Organisation und Umsetzung der Qualifizierungsmaßnahme. Dies ist in der Regel Aufgabe der Personalentwicklung.

– Evaluierung und Transfer: Evaluierung bezeichnet die Erfolgsmessung in Bezug auf die Maßnahme. Sie kann auf unterschiedlichen Ebenen ansetzen (Zufriedenheit, Lernerfolg, Umsetzung am Arbeitsplatz bzw. Erfolg am Arbeitsplatz). Als Lerntransfer wird die Übertragung erlernter Kenntnisse, Haltungen, Fähigkeiten, Fertigkeiten vom Lernort auf Herausforderungen des Arbeitslebens bezeichnet. Lerntransfermanagement beschreibt alle Maßnahmen zur Planung, Optimierung und Kontrolle des Lerntransfers. Dies kann bereits vor der Maßnahme erfolgen (z.B. durch die Übertragung von Aufgaben), während der Maßnahme (z. B. durch das Bearbeiten von Praxisfällen der Teilnehmenden) sowie nach der Maßnahme (z.B. durch die Übertragung von Aufgaben, in denen das Gelernte angewendet werden kann).

10. Welche Laufbahnwege sind generell bzw. in der Sozialwirtschaft möglich?
In der Literatur wird zwischen folgenden Laufbahnwegen unterschieden:

– Führungskarriere bedeutet die Übernahme von Positionen mit Leitungsaufgaben in einem hierarchischen System, z.B. als Teamleitung, KITA-Leitung.

– Fachkarriere ist durch die Zunahme von Verantwortung und Entscheidungskompetenz in einem bestimmten Fachbereich gekennzeichnet, z.B. im Bereich Demenz, Wundversorgung.

– Projektkarriere bedeutet eine zeitlich begrenzte Fach- oder Führungskarriere, z.B. zur Erprobung der Führungsfähigkeit oder zur Erweiterung des fachlichen Horizonts durch die Mitarbeit oder Leitung in einem Projekt.

Schein beschreibt neben einer vertikalen (Führungslaufbahn) eine horizontale (Wechsel zwischen Bereichen auf der gleichen Ebene) sowie
eine zentripetale Laufbahn (Zunahme an Einfluss ohne formalen Aufstieg). Letztere könnte in der Sozialwirtschaft z.B. durch die Mitarbeit
in (organisationsübergreifenden) Arbeitsgruppen/Gremien, durch interne Spezialisten-, Beratungs- oder durch Lehrtätigkeit in der Ausbildung umgesetzt werden. Dies eröffnet der Sozialwirtschaft Gestaltungsmöglichkeiten für Laufbahnen, die unterschiedliche Entwick-
lungsbedürfnisse von MitarbeiterInnen ansprechen.

11. In der Führungsforschung wird zwischen persönlich-interaktiver und
    strukturell-systemischer Führung unterschieden. Was versteht man je-
    weils darunter und welche Bedeutung hat strukturell-systemische Füh-
    rung in der Sozialwirtschaft?
    Persönlich-interaktive Führung bedeutet, dass die Führungskraft in
    persönlicher Interaktion die Handlungen der Mitarbeitenden zu beein-
    flussen versucht. Dagegen bezeichnet strukturell-systemische Führung
    verhaltensbeeinflussende Maßnahmen, Regeln oder Rahmenbedingun-
    gen, die unabhängig von persönlicher Interaktion mit einer Führungs-
    kraft wirksam werden. Sie werden in der Literatur auch als Führungs-
    substitute bezeichnet und umfassen: die professionelle Orientierung
    der Mitarbeitenden durch lange Ausbildungs- und Sozialisationszei-
    ten, die Formalisierung und Standardisierung von Aufgaben, Leis-
    tungsfeedback unmittelbar aus der Tätigkeit sowie eine kohäsive Ziel-
    identifikation innerhalb der Arbeitsgruppe. Sie alle wirken unmittelbar
    steuernd auf das Arbeitsverhalten und ersetzen persönlich-interaktive
    Führung in einem gewissen Ausmaß. Neuberger ergänzt die oben be-
    schriebenen Führungssubstitute um ‚symbolische Führung' durch ver-
    bale (Geschichten, Reden, Slogans...), interaktionale (Rituale, Ge-
    wohnheiten...) und artifizielle (Gebäude, Statussymbole, Logos...)
    Medien. Weiters lenken auch technische Systeme (z.B. Eingabemas-
    ken einer Pflegedokumentation, Bestellabläufe) das Mitarbeiterverhal-
    ten (Neuberger 2002).

12. Welche Führungskonzepte für die Sozialwirtschaft werden in der aktu-
    ellen Literatur diskutiert? Was sind die Grundaussagen des jeweiligen
    Führungskonzeptes?
    Für die Sozialwirtschaft sind folgende aktuelle Führungsansätze be-
    sonders relevant:

- Der Empowerment-Ansatz:
Darunter wird die Erhöhung des Handlungsspielraums der Mitarbeiter verstanden. Dabei spielen zwei Formen eine Rolle: Strukturelles Empowerment zielt vor allem auf eine Veränderung der Arbeitsgestaltung mit stärkeren Handlungs- und Entscheidungsspielräumen. Wichtige Gestaltungsparameter sind flache Hierarchien, Job Enrichment, Teilautonome Gruppen, Betriebliches Vorschlagswesen und Arbeitszeitautonomie.
Individuelles Empowerment betont die subjektive Wahrnehmung der Arbeitsrolle durch die Mitarbeitenden. Dabei spielen das individuelle Kompetenzerleben (Zutrauen in die eigenen Fähigkeiten), das Bedeutsamkeitserleben (Sinnhaftigkeit der Tätigkeit), das Einflusserleben (Beeinflussbarkeit von Ergebnissen) sowie das Selbstbestimmungserleben bei der Bearbeitung der Aufgaben (Autonomie) eine Rolle. Der Führungskraft kommt die Aufgabe zu, diese Parameter so zu gestalten, dass diese Faktoren als hoch ausgeprägt wahrgenommen werden. Dieser Ansatz unterstützt die hohe intrinsische Motivation, die den Mitarbeitenden in der Sozialwirtschaft zugeschrieben wird.
- Transformationale Führung:
Darunter wird ein Führungsverhalten verstanden, das die Identifikation und Leistungsbereitschaft der Mitarbeitenden erhöht, weil sie sich mit dem Unternehmen und seinen Zielen verbunden fühlen. Transformationale Führung spricht ebenso die intrinsische Motivation an und kann durch folgende Verhaltensweisen der Führungskraft charakterisiert werden:
  - Idealisierter Einfluss/Charisma (idealized influence): Die Führungskraft schafft Identifikationsmöglichkeiten durch Vorbildwirkung und authentisches Verhalten. Sie fördert dadurch Stolz, Respekt und Vertrauen bei den Mitarbeitenden.
  - Inspirierende Motivation (inspirational motivation): Die Führungskraft artikuliert eine Vision für die Zukunft und kommuniziert sie begeisternd. Sie formuliert hohe Erwartungen an die Mitarbeitenden, gleichzeitig zeigt sie Wege auf, wie die Vision erreicht werden kann.
  - Intellektuelle Stimulierung (intellectual stimulation): Die Führungskraft ermutigt zu kreativen und unkonventionellen Herangehensweisen und nimmt das Risiko von Fehlern in Kauf.
  - Individuelle Wahrnehmung (individualized consideration): Die Mitarbeitenden erfahren Wertschätzung und Aufmerksamkeit für ihre

individuellen Bedürfnisse und Potenziale. Die Führungskraft fördert die Entwicklungschancen der Einzelnen.
- Transformationaler Führung wird speziell in Veränderungsprozessen eine hohe Bedeutung zugeschrieben. Sie ermöglicht den professionell ausgebildeten Mitarbeitenden in der Sozialwirtschaft, ihr Expertenwissen einzusetzen, um kreative Lösungen zu erarbeiten und innovative Vorschläge zu machen.
- Gesundheitsförderliche Führung:
Sie umfasst sowohl die Mitarbeiterführung als auch die Selbstführung der Führungskraft. Beides beinhaltet folgende Aspekte: den Stellenwert von Gesundheit für die Führungskraft (Wichtigkeit), das bewusste Wahrnehmen von Belastungsgrenzen bei sich selbst und den Mitarbeitenden (Achtsamkeit) sowie gesundheitsrelevante Handlungen bzw. Verhaltensweisen (Aktivität). Folgende Verhaltensweisen der Führungskraft wirken unmittelbar auf die Gesundheit der Mitarbeitenden:
  - Vorbildwirkung: Das gesundheitsbezogene Verhalten der Führungskraft ist häufig Orientierung für das Verhalten der Mitarbeitenden. Setzt sich die Führungskraft nicht mit der eigenen Gesundheit, mit Stressoren und Ressourcen auseinander, wird sie nicht in der Lage sein, dies bei den Mitarbeitenden zu beurteilen oder zu fördern.
  - Gestalten von Arbeitsbedingungen: Um diese Aufgabe wahrzunehmen, müssen die Führungskräfte über Wissen zu gesundheitsförderlichen Arbeitsbedingungen und entsprechende Gestaltungsspielräume verfügen.
  - Stressmildernde Ressourcen bereitstellen: Coaching und kollegiale Fallberatung sind zwei Möglichkeiten, um stressauslösende Situationen zu reflektieren und Bewältigungsstrategien zu erarbeiten.
  - Aktivieren von Unterstützungsressourcen auf Teamebene: Dazu gehören vor allem der Aufbau einer Identität als Team und die Förderung einer Teamkultur, in der sich die Mitglieder gegenseitig unterstützen. Sie können einerseits eine präventive Funktion haben, sich aber auch auf den Krankheitsfall beziehen, wenn z.B. Strategien erarbeitet werden, wie krankheitsbedingte Ausfälle gemeinsam gut bewältigt werden können.
  - Mitarbeiterorientierte Führung, d.h. die Orientierung am Einzelnen und die Berücksichtigung der individuellen Werte, Normen und Bedürfnisse der einzelnen Mitarbeitenden.

Dieser Führungsansatz berücksichtigt die Tatsache, dass die Mitarbeitenden in der Sozialwirtschaft häufig besonders hohen psychischen Anforderungen ausgesetzt sind.

Kapitel 5: Bestandteile des Personalmanagements: Strategien, Verfahren, Methoden und Instrumente (Tabatt-Hirschfeld)

1. Worin besteht der wesentliche Unterschied zwischen merkmalsorientierten Einstufungsverfahren und zielorientierten Beurteilungsverfahren?
   Die Verfahren sind Bestandteil in unterschiedlichen Personalstrategien: Zielorientierte Verfahren sind Bestandteil des Gesamtkonzeptes „Management by Objectives" und richten die Leistung der Mitarbeitenden an Unternehmenszielen aus. Merkmalsorientierte Einstufungsverfahren beurteilen die Leistung der Mitarbeitenden ganzheitlicher und dienen allgemein der Personalentwicklung.

2. Worin besteht der Unterschied zwischen Beurteilungsverfahren (merkmalsorientierten Einstufungsverfahren und zielorientierten Beurteilungsverfahren) und Potenzialanalysen?
   Die Beurteilungsverfahren beziehen sich i.d.R. auf die gesamte Belegschaft, Potenzialanalysen auf bestimmte Zielgruppen (Leistungsträger, Auswahlverfahrens für den Führungskräftenachwuchs, anstehende Stellenneubesetzungen etc.). Beurteilungsverfahren orientieren sich primär an der Leistung der vergangenen Beurteilungsperiode, obgleich sie daraus künftige Personalentwicklungsmaßnahmen ableiten. Potenzialanalysen orientieren sich auch auf der Grundlage vergangener Beurteilungen primär an den zukünftigen Entwicklungsmöglichkeiten.

3. In welcher Verbindung stehen Personalbeurteilungsverfahren und situatives Feedback zueinander?
   Im Gegensatz zu den formalisierten Beurteilungsverfahren, die i.d.R. einmal jährlich stattfinden, geht es beim situativen Feedback um eine direkte Rückmeldung des wahrgenommenen Verhaltens durch die Führungskraft. Diese dient der Entwicklung einer vertrauensvollen Arbeitsbeziehung. Es handelt sich daher um eine sinnvolle Ergänzung der

Beurteilung auf informeller Ebene, die sich zudem auf die Organisationskultur auswirkt.

4. Warum sollten sich sozialwirtschaftliche Arbeitgeber als Arbeitgebermarke (Employer Brand) positionieren?
   Im Allgemeinen hat sich der Sozialmarkt „gedreht", es besteht mittlerweile ein Wettbewerb um sozialwirtschaftliche Berufe (vgl. Kapitel 1). Im Zuge dieser Konkurrenz geht es um die Erhöhung des Bekanntheitsgrades um mehr und passendere Bewerber_innen anzusprechen, die Verringerung der Fluktuation sowie verbesserte Mitarbeiter_innenbindung, Verbesserung des Arbeitgeberimages sowie Betriebsklimas, Steigerung der Arbeitsproduktivität sowie Einsparung der Personalkosten. Im Besonderen geht es darum, Identitätsmöglichkeiten für künftige wie auch bestehende Mitarbeitende zu schaffen, weil das leitende Motiv, soziale Berufe zu ergreifen und darin zu arbeiten, altruistisch ist.

5. Worin besteht der Bedarf an Diversity Management in der Sozialwirtschaft?
   Da die Adressat_innen der Sozialen Arbeit aus unterschiedlichen Herkunftsländern stammen, fühlen sie sich durch Mitarbeitende dieser Herkunftsländer besser verstanden. Die Personalstruktur sollte daher die Kundenstruktur widerspiegeln. Dem fehlenden Führungsnachwuchs in der Sozialwirtschaft kann durch Altersdiversity begegnet werden. Mit der Ansprache neuer Bewerbergruppen wie Menschen mit Migrationshintergrund, Behinderung oder ältere Arbeitnehmer_innen lässt sich die Vielfalt der Arbeitgeber in der Sozialwirtschaft stärken. Die Arbeitgeber gewinnen an Weltoffenheit und Attraktivität, wenn entsprechende Konzepte der Integration in die sozialwirtschaftende Organisation umgesetzt werden.

6. Warum bedarf es des multinationalen Managements in der Sozialwirtschaft?
   Der intermediäre Sektor weitet sich in der Sozialwirtschaft aus, der Wohlfahrtsmix gewinnt zunehmend an Bedeutung. Damit hybridisieren sozialwirtschaftende Organisationen immer mehr, sie müssen verschiedene Ziele und Strategien verfolgen und diese miteinander koppeln. Auch das Agieren und Gestalten in Netzwerken außerhalb der eigenen Organisation gewinnt damit an Bedeutung. Führungskräfte müssen da-

rauf mit multirationalem Management reagieren und in verschiedenen Rationalitäten agieren können.

Kapitel 6: Besonderheiten des Personalmanagements bei kleinen Trägern und trägerübergreifende Personalentwicklung (Gruna/Zillmann)

1. Welche strukturellen Faktoren erschweren das Personalmanagement in der Sozialwirtschaft?
Finanzierung der NPOs: Die Finanzierung des Overheads und von Weiterbildungen sowie die Investition in strategische Personalentwicklungskonzepte werden im intermediären Bereich immer schwieriger.
Der demografische Wandel: Die Substitutionsrate für Beschäftigte in der Sozialwirtschaft wird wahrscheinlich bis 2036 auf 55 Prozent sinken.
Sociosclerose: Der intermediäre Bereich wird durch zersplitterte Repräsentations- und Verhandlungsstrukturen charakterisiert, welche aufgrund eines erhöhten Kostendrucks abgeschlossen wurden und eine Negativspirale hinsichtlich der Bezahlung und dem Grad der Organisiertheit von Beschäftigten in der Sozialwirtschaft erzeugen.
Unterbezahlung: Fachlich hoch qualifizierte Beschäftigte in diesen Arbeitsfeldern verdienen weit unter dem üblichen Vergütungsniveau für vergleichbare Hochschulabsolventen und es gibt einen hohen Anteil prekärer, ungeschützter und tariflich ungebundener Beschäftigungsverhältnisse in freier Trägerschaft.

2. Welche spezifischen Probleme im Personalmanagement haben kleine Organisationen in der Sozialen Arbeit?
Die bei allen Stellenwechseln wirksamen Transaktionskosten belasten kleinere Organisationen z.B. aufgrund geringerer Rücklagen stärker, als zum Beispiel Spitzenverbände der Freien Wohlfahrt. Auch stehen nur geringe Ressourcen für Weiterbildungen zur Verfügung.

3. An welchen Merkmalen lassen sich die prekären Arbeitsbedingungen in Organisationen der Sozialen Arbeit festmachen?
Die allgemeine Situation in der Sozialwirtschaft wird mittel- bis langfristig durch Fachkräftemangel und den demografischen Wandel bestimmt, wobei die Anzahl der unbesetzten Stellen wachsen wird. Un-

besetzte Stellen gefährden oft die Arbeitsfähigkeit der kleinen und kleinsten Organisation. Verschärft wird die Situation dadurch, dass Personalmanagement aus personellen und finanziellen Gründen so gut wie nicht stattfindet. Oft fehlt es auch an konkreten Ideen oder Entwürfen für ein Personalmanagement in kleinen Organisationen der Sozialen Arbeit.

4. Es können unterschiedliche Ausprägungen von Kooperationen unterschieden werden. Nennen Sie je eine Ausprägung und Kooperationsform und beschreiben Sie diese kurz.

   Kooperationen können in informelle, formalisierte und stark formalisierte Kooperationen eingeteilt werden. Als informelle Kooperation können trägerübergreifende Maßnahmen z.B. im Bereich des Personalmanagements oder der Verwaltung bezeichnet werden. Dazu gehören Einzelmaßnahmen wie z.B. kollektives Personalmanagement, gemeinsame Verwaltungsstrukturen oder Fonds für teamübergreifende Weiterbildungsmaßnahmen.

   Formalisierte Kooperationen sind z.B. *Personalpools*, in denen gemeinsam auf Fachkräfte zugegriffen werden kann, die jeweilige Organisation aber ihre vollumfängliche Unabhängigkeit bewahrt. Bewährt haben sich hier Personal- und Nachwuchskräftepools.

   Die am stärksten formalisierten Kooperationen sind konkrete *Zusammenschlüsse* innerhalb von Dachverbänden, Genossenschaften und Fusionen. Hier werden nicht nur einzelne Bereiche wie Personalmanagement oder -entwicklung der jeweiligen Organisation kooperativ gelenkt, sondern die bisher unabhängig agierenden einzelnen Träger schließen sich operativ und strategisch zu größeren Organisationsverbänden zusammen.

5. Nennen sie mindestens drei Vorteile von Kooperationsverbänden und charakterisieren sie diese kurz.

   Mithilfe von Kooperationsverbünden können durch *flexibleren Personaleinsatz* Engpässe vermieden werden. Weiterhin können Mitarbeitende durch passgenaue Arbeitsinhalte je nach Lebens- und Alterssituation länger in den Organisationen verbleiben.

   Attraktive Arbeitsbedingungen helfen, Fachkräfte an die Organisation zu binden. In größeren Personalverbänden erhöhen sich die beruflichen Entwicklungsmöglichkeiten und die Karrierechancen steigen mit neuen Aufgabengebieten.

Stärkung der Verhandlungsposition: Größeren Organisationen werden oft mehr Möglichkeiten zur Mitsprache eingeräumt, daher kann für soziale Organisationen eine bestimmte Größenordnung von Bedeutung sein. Ein kooperativer Trägerverbund könnte dazu führen, dass auch die kleinen und kleinsten Träger als gleichwertiger Verhandlungspartner gegenüber den Förderinstanzen wahrgenommen werden.

Die bessere Bündelung von Ressourcen kann zu Qualitätssteigerung bei der fachlichen Arbeit führen. Eine gemeinsame Nutzung von Haustechnik, Buchhaltung und eine gemeinsame operative Geschäftsführung könnte es den Fachkräften der Sozialen Arbeit ermöglichen, fachfremde Arbeitsaufgaben zu reduzieren und die Qualität der sozialen Kernaufgaben zu steigern.

6. Nennen sie mindestens drei Nachteile von Kooperationsverbänden und charakterisieren sie diese kurz.

    Konkurrenzsituation: Oft werden andere Marktteilnehmer als Konkurrenten betrachtet, es kann zu berechtigten Befürchtungen, aber auch irrationalen Ängsten kommen.

    Bewahrung der eigenen *Organisationskultur*: Häufig werden strukturelle und wertebasierte Einwände gegen konkrete Kooperationsvorschläge vorgebracht und oft müssen ehrenamtlich wirkende Mitarbeitende (auch in den Vorständen) für eine neue Struktur gewonnen werden.

    Angst vor einem unflexibler werdenden Überbau: Bei möglichen Kooperationen formulieren Fachkräfte oft ihre Angst vor einem unflexiblen Überbau in einem übermächtigen großen Trägerverband und verweisen auf die Gefahr der Fremdbestimmung.

    Organisatorischer Mehraufwand bei der Umsetzung von Verbünden: Bei der Entscheidung zwischen fachlicher Arbeit im Tagesgeschäft und strukturellen Zukunftsplanungen schreckt viele Träger der organisatorische Aufwand, einen Verbund zu planen, auf den Weg zu bringen und zu konsolidieren, ab.

    Bedenken der Mitarbeitenden: Ein sensibler Umgang, hohe Transparenz und Vertrauensarbeit sind notwendig, um inneren Widerständen der Fachkräfte und ehrenamtlichen Helfern begegnen zu können. Als wichtigste Ressource im Dritten Sektor müssen die Mitarbeitenden eine Kooperation in vollem Umfang unterstützen.

Angaben zu den Autorinnen und Autoren

Peggy Gruna (MA Soziale Arbeit) war Projektverantwortliche des Forschungsprojektes „Berufswege und Personalentwicklung in der Sozialwirtschaft" (bepeso) an der Hochschule Mittweida. Dazu gehören Analysen zur Lage der Sozialwirtschaft, die Untersuchung von Organisationen in der Sozialwirtschaft und organisations- bzw. trägerübergreifendem Personalmanagement.

Prof. Dr. **Ludger Kolhoff** ist Studiengangleiter „Master of Social Management" an der Ostfalia (Hochschule Braunschweig/Wolfenbüttel), Mitherausgeber der Schriftenreihen „Basiswissen Sozialwirtschaft und Sozialmanagement" und „Perspektiven Sozialwirtschaft und Sozialmanagement" bei Springer VS, Vorsitzender der Bundearbeitsgemeinschaft Sozialmanagement/Sozialwirtschaft an Hochschulen e.V. (BAGSMSW).

Prof. Dr. **Georg Kortendieck** ist seit 2017 Dekan der Fakultät Soziale Arbeit an der Ostfalia (Hochschule Braunschweig/Wolfenbüttel). Er lehrt Betriebswirtschaft im Sozialen Bereich.

Prof. Dr. **Brigitta Nöbauer** ist Professorin für Personalmanagement am Department Gesundheits-, Sozial- und Public Management der Fachhochschule Oberösterreich in Linz. Ihre Schwerpunkte in Forschung, Lehre und Beratung sind Personalgewinnung, Personalentwicklung und Mitarbeiterbindung in Gesundheits- und Sozialeinrichtungen. Ein weiterer Arbeitsschwerpunkt ist Sozialplanung und die Qualifizierung von Führungskräften im Seniorenbereich.

Prof. Dr. **Andrea Tabatt-Hirschfeldt** ist seit 2009 Professorin für Organisationslehre, Sozialwirtschaft und Sozialmanagement an der Hochschule Coburg, Fakultät Soziale Arbeit und Gesundheit, stellvertretende Vorsitzende der Bundesarbeitsgemeinschaft Sozialmanagement/Sozialwirtschaft an Hochschulen e.V. (BAGSMW), Vertreterin Deutschlands und Mitglied im erweiterten Vorstand der Internationalen Arbeitsgemeinschaft Sozialmanagement/Sozialwirtschaft (INAS).

Prof. Dr. **Armin Wöhrle** lehrte bis 2016 an der Hochschule Mittweida und beschäftigt sich forschend und beratend mit Sozialmanagement, Organisations- und Personalentwicklung. Er ist Autor, Herausgeber, Mitglied in verschiedenen Fachgremien und war bis 2017 der deutsche Vertreter im Vorstand der Internationalen Arbeitsgemeinschaft Sozialmanagement/ Sozialwirtschaft (INAS).

Dr. **Raik Zillmann** ist Kultursoziologe und MA Sozialmanagement und war freier wissenschaftlicher Mitarbeiter im bepeso-Projekt an der Hochschule Mittweida. Er initiiert und begleitet Forschungsprojekte der qualitativen Sozialwissenschaften unter den Themenschwerpunkten Change-Management und Personalentwicklung.